NO AR
RAREFEITO

JON KRAKAUER

NO AR RAREFEITO

Um relato da tragédia no Everest em 1996

Tradução
Beth Vieira

8ª reimpressão

Copyright © 1997 by Jon Krakauer
Publicado mediante acordo com Villard Books, selo da
Random House, uma divisão da Penguin Random House LLC.

*Grafia atualizada segundo o Acordo Ortográfico da Língua Portuguesa de 1990,
que entrou em vigor no Brasil em 2009.*

Título original
Into thin air — A personal account of the mt. Everest disaster

Capa
Jeff Fisher

Consultoria técnica
Waldemar Niclevicz, autor de *Everest, o diário de uma vitória*

Preparação
Magnólia Costa

Revisão
Renato Potenza Rodrigues
José Muniz Jr.

Atualização ortográfica
Verba Editorial

Dados Internacionais de Catalogação na Publicação (CIP)
(Câmara Brasileira do Livro, SP, Brasil)

Krakauer, Jon
   No ar rarefeito : um relato da tragédia no Everest em 1996 /
Jon Krakauer — São Paulo : Companhia das Letras, 2006.

   Título original: Into Thin Air.
   ISBN 978-85-359-0847-3

   1. Krakauer, Jon 2. Monte Everest (China e Nepal) —
Alpinismo — Acidentes 3. Monte Everest — Expedições (1996)
I. Título.

06-3033   CDD-796.522095496

Índice para catálogo sistemático:
1. Monte Everest : China e Nepal : Alpinismo : Acidentes
    796.522095496

Todos os direitos desta edição reservados à
EDITORA SCHWARCZ S.A.
Rua Bandeira Paulista, 702, cj. 32
04532-002 — São Paulo — SP
Telefone: (11) 3707-3500
www.companhiadasletras.com.br
www.blogdacompanhia.com.br

Para Linda;

*e em memória de Andy Harris,
Doug Hansen, Rob Hall, Yasuko
Namba, Scott Fischer, Ngawang
Topche Sherpa, Chen Yu-Nan,
Bruce Herrod e Lopsang Jangbu Sherpa.*

*Os homens encenam tragédias porque
não acreditam na realidade da tragédia
que de fato está se desenrolando
no mundo civilizado.*
JOSÉ ORTEGA Y GASSET

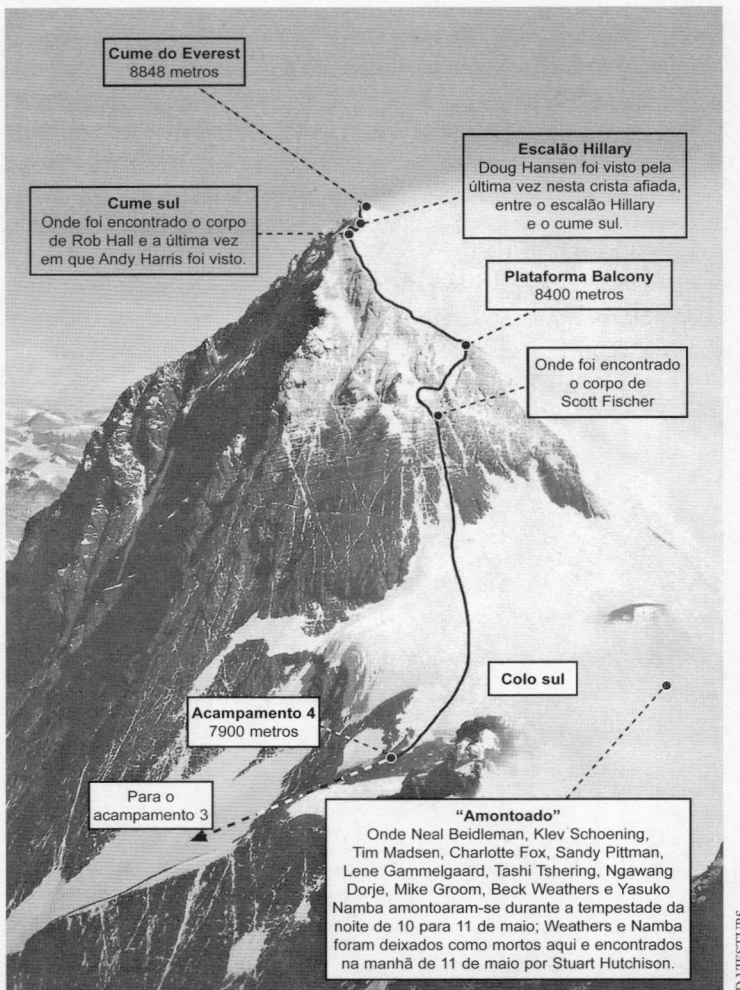

As encostas superiores do monte Everest vistas do cume do Lhotse. *O jet stream (ventos fortíssimos), marca registrada do Everest, pode ser visto soprando do topo da crista sudeste, a rota padrão para o pico.*

SUMÁRIO

Introdução 9
Dramatis Personae 12

1. Cume do Everest 18
2. Dehra Dun, Índia 24
3. Sobre o norte da Índia 39
4. Phakding 50
5. Lobuje 67
6. Acampamento-base do Everest 83
7. Acampamento 1 97
8. Acampamento 1 112
9. Acampamento 2 131
10. Flanco do Lhotse 142
11. Acampamento-base 151
12. Acampamento 3 165
13. Crista sudeste 179
14. Cume 189
15. Cume 201
16. Colo sul 219
17. Cume 224
18. Crista nordeste 238
19. Colo sul 242
20. Esporão de Genebra 256
21. Acampamento-base do Everest 263
    Epílogo, Seattle 277

Nota do autor *283*
Bibliografia selecionada *286*
Sobre o autor *287*

INTRODUÇÃO

EM MARÇO DE 1996, a revista *Outside* enviou-me ao Nepal para participar de uma escalada guiada ao monte Everest e escrever sobre ela. Fui na qualidade de um dos oito clientes da expedição chefiada por um conhecido guia da Nova Zelândia, chamado Rob Hall. No dia 10 de maio cheguei ao topo do mundo, porém a um custo tremendo.

Entre os cinco companheiros de equipe que atingiram o topo, quatro, inclusive Hall, pereceram numa tempestade terrível que chegou sem avisar enquanto ainda estávamos no pico. Até eu descer ao acampamento-base, nove alpinistas, de quatro expedições diferentes, estavam mortos e três outras vidas se perderiam antes que o mês terminasse.

A expedição me deixou muito abalado e foi um artigo difícil de escrever. Ainda assim, cinco semanas depois de ter voltado do Nepal, entreguei um manuscrito à *Outside* que foi publicado na edição de setembro da revista. Cumprida essa parte, tentei tirar o Everest de minha cabeça e de minha vida, mas foi impossível. Em meio a um nevoeiro de emoções confusas, continuei tentando dar um sentido ao que acontecera lá em cima e a martelar as circunstâncias em que meus companheiros morreram.

O artigo para a *Outside* foi tão preciso quanto possível, dadas as circunstâncias: eu tinha um prazo, a sequência de eventos fora de uma complexidade frustrante e as lembranças dos sobreviventes estavam muito distorcidas pela exaustão, falta de oxigênio e choque. Em certo ponto de minha pesquisa, pedi a três outras pessoas para contarem um incidente que nós quatro testemunhamos, na alta montanha, mas ninguém foi capaz de concordar quanto a fatos cruciais, como a hora, o que fora dito e nem mesmo quanto a quem estava presente. Alguns dias depois que o artigo para a *Outside* foi impresso, descobri que alguns detalhes por mim narrados estavam errados. Eram enganos de pouca importância, a maioria deles do tipo que inevitavelmente acontece no jornalismo. Contudo, um de meus enganos foi mais significativo, tendo um impacto devastador nos amigos e na família de uma das vítimas.

Apenas um pouco menos desconcertante do que os erros factuais do artigo foi o material que se teve de omitir por falta de espaço. Mark Bryant, o editor da *Outside*, me deu um espaço extraordinário para contar a história: eles publicaram o artigo com 17 mil palavras — quatro a cinco vezes maior que uma matéria convencional de revista. Mesmo assim, senti que fora abreviado demais para fazer justiça à tragédia. A escalada do Everest abalou até o âmago de minha vida; tornou-se desesperadamente importante, para mim, registrar os eventos em todos os detalhes, livre das limitações de uma revista. Este livro é fruto dessa compulsão.

A impressionante falta de confiabilidade na mente humana a grandes altitudes tornou a pesquisa problemática. Para não me fiar apenas em minhas próprias impressões, entrevistei longamente a maioria dos protagonistas e em várias ocasiões. Sempre que possível, confirmei os detalhes com os registros das transmissões de rádio mantidos pelo pessoal alojado no acampamento-base, onde ainda havia lucidez de pensamento. Os leitores familiarizados com o artigo da *Outside* notarão discrepâncias entre certos detalhes (sobretudo em relação às horas) narrados na revista e os reproduzidos no livro; as revisões refletem novas informações que vieram à luz após a publicação do artigo.

Vários autores e editores que respeito aconselharam-me a não escrever o livro tão depressa quanto o fiz; pediram-me para esperar dois ou três anos e colocar uma certa distância entre mim e a expedição, a fim de enxergar os fatos com uma clareza maior. O conselho deles era bom, mas no fim terminei por ignorá-lo — principalmente porque o que houve na montanha estava me roendo as entranhas. Pensei que, escrevendo o livro, poderia expurgar o Everest de minha vida.

Claro que isso não ocorreu. Reconheço que os leitores em geral saem perdendo quando um autor escreve como um ato de catarse, como eu fiz aqui. Mas eu esperava que pudesse obter algo mais ao desnudar minha alma na turvação e no calor do momento, logo após a calamidade. Queria que meu relato tivesse uma espécie de honestidade crua, impiedosa, que talvez me escapasse com a passagem do tempo e a dissipação da angústia.

Algumas das pessoas que me aconselharam a não escrever tão depressa também tinham me aconselhado, em primeiro lugar, a não ir ao Everest. Havia muitas e ótimas razões para não ir, mas tentar escalar o Everest é um ato intrinsecamente irracional — um triunfo do desejo sobre a sensatez. Qualquer pessoa que contemple tal possibilidade com seriedade está quase que por definição além do alcance de argumentos racionais.

A verdade é que eu sabia que não deveria ir, mas fui assim mesmo. E, ao ir, acompanhei de perto a morte de pessoas boas. Isso é algo que talvez permaneça em minha consciência por muito tempo.

Jon Krakauer
Seattle, novembro de 1996

DRAMATIS PERSONAE
*Monte Everest, primavera de 1996**

EXPEDIÇÃO GUIADA DA ADVENTURE CONSULTANTS

Rob Hall	Nova Zelândia, líder e guia-chefe
Mike Groom	Austrália, guia
Andy "Harold" Harris	Nova Zelândia, guia
Helen Wilton	Nova Zelândia, gerente do acampamento-base
Dra. Caroline Mackenzie	Nova Zelândia, médica do acampamento-base
Ang Tshering	Nepal, *sirdar* do acampamento-base
Ang Dorje	Nepal, *sirdar* da escalada
Lhakpa Chhiri	Nepal, alpinista sherpa
Kami	Nepal, alpinista sherpa
Tenzing	Nepal, alpinista sherpa
Arita	Nepal, alpinista sherpa
Ngwang Norbu	Nepal, alpinista sherpa
Chuldum	Nepal, alpinista sherpa
Chhongba	Nepal, cozinheiro do acampamento-base
Pemba	Nepal, sherpa do acampamento-base
Tendi	Nepal, auxiliar de cozinha
Doug Hansen	EUA, cliente
Dr. Seaborn Beck Weathers	EUA, cliente
Yasuko Namba	Japão, cliente
Dr. Stuart Hutchison	Canadá, cliente
Frank Fischbeck	Hong Kong, cliente
Lou Kasischke	EUA, cliente
Dr. John Taske	Austrália, cliente
Jon Krakauer	EUA, cliente e jornalista
Susan Allen	Austrália, *trekker*
Nancy Hutchison	Canadá, *trekker*

* Nem todos os presentes no monte Everest na primavera de 1996 estão citados aqui.

EXPEDIÇÃO GUIADA DA MOUNTAIN MADNESS

Scott Fischer	EUA, líder e guia-chefe
Anatoli Boukreev	Rússia, guia
Neal Beidleman	EUA, guia
Dra. Ingrid Hunt	EUA, gerente e médica da equipe do acampamento-base
Lopsang Jangbu	Nepal, *sirdar* da escalada
Ngima Kale	Nepal, *sirdar* do acampamento-base
Ngawang Topche	Nepal, alpinista sherpa
Tashi Tshering	Nepal, alpinista sherpa
Ngawang Dorje	Nepal, alpinista sherpa
Ngawang Sya Kya	Nepal, alpinista sherpa
Tendi	Nepal, alpinista sherpa
"Big" Pemba	Nepal, alpinista sherpa
Pemba	Nepal, auxiliar de cozinha do acampamento-base
Sandy Hill Pittman	EUA, cliente e jornalista
Charlotte Fox	EUA, cliente
Tim Madsen	EUA, cliente
Pete Schoening	EUA, cliente
Klev Schoening	EUA, cliente
Lene Gammelgaard	Dinamarca, cliente
Martin Adams	EUA, cliente
Dr. Dale Kruse	EUA, cliente
Jane Bromet	EUA, jornalista

EXPEDIÇÃO MACGILLIVRAY FREEMAN IMAX/IWERKS

David Breashears	EUA, líder e diretor do filme
Jamling Norgay	Índia, vice-líder e estrela do filme
Ed Viesturs	EUA, alpinista e estrela do filme
Araceli Segarra	Espanha, alpinista e estrela do filme
Sumiyo Tsuzuki	Japão, alpinista e estrela do filme
Robert Schauer	Áustria, alpinista e fotógrafo do filme
Paula Barton Viesturs	EUA, gerente do acampamento-base
Audrey Salkeld	Grã-Bretanha, jornalista
Liz Cohen	EUA, gerente de produção
Liesl Clark	EUA, produtora e escritora

EXPEDIÇÃO NACIONAL TAIWANESA

"Makalu" Gau Ming-Ho	Taiwan, líder
Chen Yu-Nan	Taiwan, alpinista
Kami Dorje	Nepal, *sirdar* da escalada
Ngima Gombu	Nepal, alpinista sherpa
Mingma Tshering	Nepal, alpinista sherpa

EXPEDIÇÃO DO *SUNDAY TIMES* DE JOHANNESBURG

Ian Woodall	Grã-Bretanha, líder
Bruce Herrod	Grã-Bretanha, vice-líder e fotógrafo
Cathy O'Dowd	África do Sul, alpinista
Deshun Deysel	África do Sul, alpinista
Andy de Klerk	África do Sul, alpinista
Andy Hackland	África do Sul, alpinista
Ken Woodall	África do Sul, alpinista
Tierry Renard	França, alpinista
Ken Owen	África do Sul, patrocinador e *trekker*
Philip Woodall	Grã-Bretanha, gerente do acampamento-base
Alexandrine Gaudin	França, assistente administrativa
Dra. Charlotte Noble	África do Sul, médica da equipe
Ken Vernon	África do Sul, jornalista
Richard Shorey	África do Sul, fotógrafo
Patrick Conroy	África do Sul, operador de rádio
Ang Dorje	Nepal, *sirdar* da escalada
Pemba Tendi	Nepal, alpinista sherpa
Jangbu	Nepal, alpinista sherpa
Ang Babu	Nepal, alpinista sherpa
Dawa	Nepal, alpinista sherpa

EXPEDIÇÃO GUIADA DA ALPINE ASCENTS INTERNATIONAL

Todd Burleson	EUA, líder e guia
Pete Athans	EUA, guia
Jim Williams	EUA, guia
Dr. Ken Kamler	EUA, cliente e médico da equipe
Charles Corfield	EUA, cliente
Becky Johnston	EUA, *trekker* e roteirista

EXPEDIÇÃO COMERCIAL INTERNACIONAL

Mal Duff	Grã-Bretanha, líder
Mike Trueman	Hong Kong, vice-líder
Michael Burns	Grã-Bretanha, gerente do acampamento-base
Dr. Henrik Jessen Hansen	Dinamarca, médico da expedição
Veikka Gustafsson	Finlândia, alpinista
Kim Sejberg	Dinamarca, alpinista
Ginge Fullen	Grã-Bretanha, alpinista
Jaakko Kurvinen	Finlândia, alpinista
Euan Duncan	Grã-Bretanha, alpinista

EXPEDIÇÃO COMERCIAL HIMALAYAN GUIDES

Henry Todd	Grã-Bretanha, líder
Mark Pfetzer	EUA, alpinista
Ray Door	EUA, alpinista

EXPEDIÇÃO SUECA SOLO

Göran Kropp	Suécia, alpinista
Frederic Bloomquist	Suécia, cineasta
Ang Rita	Nepal, alpinista sherpa e membro da equipe de filmagem

EXPEDIÇÃO NORUEGUESA SOLO

Petter Neby	Noruega, alpinista

EXPEDIÇÃO GUIADA AO PUMORI, DA NOVA ZELÂNDIA E MALÁSIA

Guy Cotter	Nova Zelândia, líder e guia
Dave Hiddleston	Nova Zelândia, guia
Chris Jillet	Nova Zelândia, guia

EXPEDIÇÃO COMERCIAL AMERICANA PUMORI/LHOTSE

Dan Mazura	EUA, líder
Jonathan Pratt	EUA, colíder
Scott Darsney	EUA, alpinista e fotógrafo
Chantal Mauduit	França, alpinista
Stephen Koch	EUA, alpinista e praticante de *snowboard*
Brent Bishop	EUA, alpinista
Diane Taliaferro	EUA, alpinista
Dave Sharman	Grã-Bretanha, alpinista
Tim Horvath	EUA, alpinista
Dana Lynge	EUA, alpinista
Martha Lynge	EUA, alpinista

EXPEDIÇÃO NEPALESA DE LIMPEZA DO EVEREST

Sonam Gyalchhen	Nepal, líder sherpa

CLÍNICA DA ASSOCIAÇÃO DE SOCORRO DO HIMALAIA
(na aldeia de Pheriche)

Dr. Jim Litch	EUA, médico
Dr. Larry Silver	EUA, médico
Laura Ziemer	EUA, funcionária

EXPEDIÇÃO DA POLÍCIA DE FRONTEIRA INDO-TIBETANA
(escalando do lado tibetano da montanha)

Mohindor Singh	Índia, líder
Harbhajan Singh	Índia, vice-líder e alpinista
Tsewang Smanla	Índia, alpinista
Tsewang Paljor	Índia, alpinista
Dorje Morup	Índia, alpinista
Hira Ram	Índia, alpinista
Tashi Ram	Índia, alpinista
Sange	Índia, alpinista sherpa
Nadra	Índia, alpinista sherpa
Koshing	Índia, alpinista sherpa

EXPEDIÇÃO JAPONESA FUKUOKA AO EVEREST
(escalando do lado tibetano da montanha)

Koji Yada	Japão, líder
Hiroshi Hanada	Japão, alpinista
Eisuke Shigekawa	Japão, alpinista
Pasang Tshering	Nepal, alpinista sherpa
Pasang Kami	Nepal, alpinista sherpa
Any Gyalzen	Nepal, alpinista sherpa

1. CUME DO EVEREST
10 DE MAIO DE 1996
8848 M

> *É quase como se houvesse um cordão de isolamento em volta da parte superior desses grandes picos, além do qual homem nenhum tem permissão de entrar. A verdade é que a altitudes acima de 7600 metros os efeitos da baixa pressão atmosférica sobre o corpo humano são tão severos que escaladas realmente difíceis tornam-se impossíveis; as consequências de uma tempestade, ainda que branda, podem ser fatais, tanto assim que só as mais perfeitas condições de tempo e neve oferecem uma chance mínima de sucesso, e, na última etapa, nenhuma equipe está em condições de escolher o dia certo. [...]*
>
> *Não, não é extraordinário que o Everest não tenha cedido às primeiras tentativas; na verdade, teria sido uma grande surpresa e até um tanto triste se o tivesse feito, pois não é esse o comportamento das grandes montanhas. Talvez tivéssemos ficado meio arrogantes com nossas belas novidades técnicas, garras para gelo e solados emborrachados, produtos desta nossa era de facilidades mecânicas. Havíamos esquecido que a montanha ainda detém o grande trunfo e que só nos permitirá a vitória quando bem lhe aprouver. Que outra razão para o profundo fascínio exercido pelo alpinismo?*
>
> Eric Shipton, em 1938, *Upon that mountain*

MONTADO NO TOPO DO MUNDO, um pé na China, outro no Nepal, limpei o gelo de minha máscara de oxigênio, curvei o ombro para me proteger do vento e fixei o olhar distraído na vastidão do Tibete. Compreendia, em algum recanto obscuro e distante da mente, que aquela imensidão sob meus pés era uma visão espetacular. Durante meses a fio, eu tecera fantasias sobre esse momento, sobre as intensas emoções que o acompanhariam. Porém, agora que estava finalmente ali, de pé sobre o cume do monte Everest, não conseguia juntar energia suficiente para me dar conta do feito.

Era começo da tarde do dia 10 de maio de 1996. Eu não dormia havia 57 horas. O único alimento que havia ingerido nos três dias anteriores fora uma tigela de sopa *ramen* e um punhado de amendoins M&M's. Semanas de tosse violenta tinham me deixado com duas costelas deslocadas, que faziam da respiração normal uma verdadeira provação. A 8848 metros, dentro da troposfera, havia tão pouco oxigênio chegando ao cérebro que minha capacidade mental era a de uma criança um tanto lerda. Nessas circunstâncias, eu era incapaz de sentir muita coisa, exceto frio e cansaço.

Eu chegara ao cume alguns minutos depois de Anatoli Boukreev, um guia russo de alta montanha que trabalhava para uma expedição comercial americana, e um pouco à frente de Andy Harris, um dos guias da equipe neozelandesa à qual eu pertencia. Embora conhecesse Boukreev apenas de vista, durante as seis semanas anteriores eu acabara conhecendo Harris e gostando muito dele. Tirei quatro fotos rápidas dos dois fazendo pose no topo, em seguida virei as costas e comecei a descer. Meu relógio marcava 13h17. Tudo somado, eu passara menos de cinco minutos no teto do mundo.

Pouco depois, parei para tirar outra foto, dessa vez olhando para a crista sudeste, por onde havíamos subido. Focalizando minhas lentes em dois alpinistas que se aproximavam do cume, reparei em algo que até aquele momento me escapara. Na direção sul, onde o céu estivera perfeitamente limpo até uma hora antes, havia então um manto de nuvens cobrindo o Pumori, o Ama Dablam e outros picos menores que rodeiam o Everest.

Mais tarde — depois que foram localizados seis corpos, depois que a busca de outros dois foi abandonada, depois que os médicos amputaram a mão direita gangrenada de meu companheiro de equipe Beck Weathers — as pessoas se perguntariam por que, se o tempo começara a piorar, os alpinistas não prestaram atenção aos sinais. Por que aqueles veteranos guias do Himalaia continuaram subindo e conduzindo um bando de amadores relativamente inexperientes — que pagaram até 65 mil dólares para chegar em segurança ao Everest — rumo a uma evidente armadilha mortal?

Ninguém poderá responder pelos líderes dos dois grupos envolvidos, porque ambos estão mortos. Porém, posso testemunhar que nada do que vi no começo daquela tarde de 10 de maio sugeria que havia uma tempestade assassina em formação. Na minha cabeça carente de oxigênio, as nuvens que se acumulavam sobre o grande vale de gelo conhecido como Western Cwm,* ou Circo Oeste, pareciam inócuas, tênues, sem substância. Reluzindo sob o vívido sol do meio-dia, não pareciam nada diferentes dos inofensivos chumaços de condensação convectiva que subiam do vale quase todas as tardes.

Ao começar a descida, eu estava bastante preocupado, mas não com o tempo: ao conferir o nível de minha garrafa de oxigênio, percebi que estava quase vazia. Eu precisava descer, e rápido.

A parte superior do paredão da crista sudeste do Everest é uma faixa afilada de rocha, cheia de bancadas de gelo, ou icebergs suspensos, coberta de neve varrida por ventos, que serpenteia por uns quatrocentos metros entre o cume principal e um pico subordinado conhecido pelo nome de cume sul. Atravessar aquela crista serrilhada não apresenta grandes dificuldades técnicas, mas é uma rota exposta demais. Após deixar o cume principal, foram quinze minutos de cuidadosa caminhada por sobre um abismo de 2133 metros até o famoso escalão Hillary, um chanfro pronunciado na crista, que exige certa habili-

---

* Western Cwm, pronunciado *cum*, foi o nome dado por George Leigh Mallory. Ele foi o primeiro a vê-lo durante a primeira expedição ao Everest, em 1921, que partiu de Lho La, um alto desfiladeiro na fronteira entre o Nepal e o Tibete. *Cwm* é o termo galês para vale ou circo glacial.

dade técnica. Assim que me engatei numa corda fixa para fazer o *rappel** pela borda, deparei com uma visão assustadora.

Um pouco abaixo, a cerca de nove metros, havia mais de uma dúzia de pessoas enfileiradas na base do escalão. Três alpinistas já estavam subindo, atrelados à mesma corda pela qual eu me preparava para descer. Minha única opção foi desengatar-me da linha comunitária de segurança e sair do caminho.

O congestionamento era formado por alpinistas de três expedições: a equipe a que eu pertencia, com um grupo de clientes pagantes liderados pelo célebre guia neozelandês Rob Hall; uma outra equipe guiada pelo norte-americano Scott Fischer; e uma equipe taiwanesa não comercial. Movendo-se no passo de lesma que vem a ser a norma acima dos 7900 metros, as pessoas iam subindo com grande dificuldade o escalão Hillary, uma a uma, enquanto eu contava os segundos.

Harris, que saíra do cume pouco depois de mim, logo encostou atrás. Querendo conservar o pouco oxigênio que me restava na garrafa, pedi-lhe que enfiasse a mão em minha mochila e desligasse a válvula do regulador; foi o que ele fez. Durante os dez minutos seguintes senti-me muito bem. Minha cabeça clareou. Na verdade, eu parecia menos cansado do que estivera com o oxigênio ligado. Aí, de repente, senti que estava sufocando. Minha vista escureceu e a cabeça começou a girar. Estava à beira de perder os sentidos.

Mentalmente alterado pela hipóxia, Harris se confundira e, em vez de fechar o oxigênio, abrira de vez a válvula, esvaziando a garrafa. Eu acabara de desperdiçar o pouco que me restava de oxigênio, para não ir a lugar algum. Havia uma outra garrafa à minha espera no cume sul, 76 metros abaixo; contudo, para chegar até lá, teria que descer o terreno mais exposto da rota sem auxílio de oxigênio suplementar.

---

* *Rappel*, termo que vem do francês, é usado mundialmente nos círculos alpinistas. Significa descer com o auxílio de uma corda fixa. (Waldemar Niclevicz (W. N.))

Antes, porém, era preciso esperar a multidão passar. Tirei a máscara, agora inútil, enterrei minha picareta de gelo na carapaça congelada da montanha, agachando-me na aresta. Enquanto trocava os cumprimentos de praxe com os alpinistas que passavam, gritava por dentro: "Depressa, depressa!". Em silêncio, eu implorava. "Enquanto vocês ficam aí nessa moleza estou perdendo milhões de células do cérebro!"

A maioria dos que estavam passando pertencia ao grupo de Fischer, mas quase no fim da procissão dois de meus companheiros de equipe apareceram, Rob Hall e Yasuko Namba. Séria e reservada, aos 47 anos de idade Yasuko estava a quarenta minutos de se tornar a mulher mais velha do mundo a escalar o Everest e a segunda japonesa a atingir o ponto mais alto de cada um dos continentes, os chamados Sete Cumes. Embora pesasse apenas 41 quilos, seu físico de passarinho escondia uma força de vontade descomunal; em grande medida, Yasuko fora impelida montanha acima pela inabalável intensidade de seu desejo.

Mais tarde ainda, Doug Hansen chegou ao topo do escalão. Também integrante de nossa expedição, Doug era funcionário dos correios de um bairro de Seattle e tornara-se meu melhor amigo na montanha. "Está no papo!", berrei por cima do vento, tentando parecer mais animado do que me sentia. Exausto, Doug resmungou alguma coisa que eu não entendi por trás da máscara de oxigênio, apertou fracamente minha mão, depois continuou se arrastando montanha acima.

Bem no fim da fila estava Scott Fischer, a quem eu conhecia de vista, de Seattle, onde ambos morávamos. O vigor e a energia de Fischer eram lendários — em 1994 ele escalara o Everest sem usar oxigênio artificial —, e por isso fiquei surpreso ao ver a lentidão com que se movia e seu aspecto abatido, revelado quando puxou a máscara de lado para dar um alô. Com uma alegria forçada, ofegante, cumprimentou-me com seu *Bruuuuuuuce!*, uma saudação jovial de confraria, sua marca registrada. Quando lhe perguntei como estava indo, Fischer insistiu que estava ótimo: "Só um pouco devagar hoje, por algum motivo. Nada de mais". Com o escalão Hillary finalmente livre, engatei-me na corda laranja, dei a volta por trás de Fischer, que descansava apoiado no piolet, e fiz o *rappel* do degrau atrelado na corda.

Já passava das três da tarde quando enfim atingi o cume sul. Àquela altura, fiapos de neblina estavam começando a cobrir os 8510 metros do topo do Lhotse e a lamber a pirâmide do cume do Everest. O tempo não parecia mais tão benigno. Peguei um novo cilindro de oxigênio, enfiei no regulador e me apressei a descer em direção às nuvens que se aglomeravam. Momentos depois que ultrapassei o cume sul, começou a neviscar e a visibilidade foi para o espaço.

Mais acima, a 121 metros verticais, onde o cume continuava banhado de sol, sob um céu perfeitamente límpido, meus companheiros perdiam tempo comemorando sua chegada ao ápice do planeta, desfraldando bandeiras e batendo fotos, desperdiçando segundos preciosos. Nenhum deles imaginava que uma provação horrenda estava se avizinhando. Ninguém suspeitava que, ao final daquele longo dia, cada minuto seria de extrema importância.

2. DEHRA DUN, ÍNDIA
1852
680 M

> *Longe das montanhas, durante o inverno, descobri uma foto esmaecida do Everest no livro* Book of marvels, *de Richard Halliburton. Era uma péssima reprodução, na qual os picos dentados erguiam-se de encontro a um céu quase grotesco de tão enegrecido e arranhado. O Everest propriamente dito, atrás de todos os demais, nem sequer parecia o mais alto — mas isso não tinha a menor importância. Ele era o mais alto: assim dizia a lenda. A chave para a foto estava nos sonhos que permitiam a um garoto penetrá-lo, parar sobre a crista varrida pelos ventos e subir rumo ao cume, agora já não muito distante.* [...]
> *Esse é um daqueles sonhos desinibidos que chegam quando se está crescendo. Eu tinha certeza de que o meu, a respeito do Everest, não era apenas meu; o ponto mais alto da Terra, inatingível, estranho a toda e qualquer presença, estava ali para muitos garotos e homens-feitos almejarem.*
>
> Thomas F. Hornbein, *Everest: the west ridge*

OS PORMENORES DO EVENTO já não são muito nítidos, distorcidos que foram pelo acréscimo do mito. O ano era 1852, e a cena se passou nos escritórios do Great Trigonometrical Survey of India, instituto incumbido de realizar levantamentos topográficos, situado na região montanhosa de Dehra Dun, no norte da Índia. Segundo a versão mais plausível do ocorrido, um funcionário entrou esbaforido no gabinete de sir Andrew Waugh, topógrafo-geral, dizendo que um computador bengali chamado Radhanath Sikhdar, que trabalhava na repartição de Calcutá, "havia descoberto a montanha mais alta do mundo". (Nos tempos de Waugh computador era quem fazia cômputos e cálculos, não uma máquina.) Designado Pico XV por topógrafos em campo, que haviam medido pela primeira vez o ângulo de sua elevação com um teodolito de sessenta centímetros, três anos antes, a montanha em questão sobressaía da espinha do Himalaia, no reino proibido do Nepal.

Até que Sikhdar compilasse os dados do levantamento topográfico e fizesse os cálculos matemáticos, ninguém suspeitou que houvesse qualquer coisa de notável com o Pico XV. Os seis locais de onde o cume fora triangulado ficavam no norte da Índia, a mais de 160 quilômetros da montanha. Para os topógrafos, tirando-se o miolo do cume do Pico XV, tudo o mais estava oculto por várias escarpas em primeiro plano, muitas delas dando a ilusão de serem bem maiores. Todavia, segundo os meticulosos cálculos trigonométricos de Sikhdar (que levou em conta fatores como a curvatura da Terra, a refração atmosférica e a deflexão da linha de prumo), o Pico XV estava a 8839,80* metros acima do nível do mar e era, portanto, o ponto mais alto do planeta.

Em 1865, nove anos após os cálculos de Sikhdar terem sido confirmados, Waugh deu ao Pico XV o nome de monte Everest, em homenagem a sir George Everest, seu antecessor como topógrafo-geral. No entanto, os tibetanos que moravam ao norte da grande montanha já tinham um nome mais melífluo para ela, Chomolungma, que se poderia traduzir como "deusa mãe do mundo"; os nepaleses que moravam ao sul chamavam o pico de Sagarmatha, "deusa do céu". Waugh porém decidiu ignorar deliberadamente os nomes nativos (assim como a recomendação oficial de conservar os nomes locais ou antigos), e no fim Everest foi o nome que pegou.

Uma vez estabelecido que o Everest era o pico mais alto da Terra, foi apenas uma questão de tempo até que as pessoas decidissem que precisavam escalá-lo. Depois que o explorador norte-americano Robert Peary proclamou ter chegado ao Polo

---

* Levantamentos modernos, usando laser e transmissões via satélite com tecnologia de ponta e efeito Doppler, aumentaram em apenas 7,9248 metros (26 pés) a medição original, chegando aos 8848 metros (29 028 pés).

Norte, em 1909, e Roald Amundsen liderou uma equipe norueguesa ao Polo Sul, em 1911, o Everest — o chamado Terceiro Polo — tornou-se o objeto mais cobiçado no reino das explorações terrestres. Chegar ao topo, declarou Gunther O. Dyrenfurth, um influente alpinista e cronista das primeiras expedições ao Himalaia, era "uma questão de empenho humano universal, uma causa da qual não há como fugir, sejam quais forem as perdas que exija".

Essas perdas, como se veria a seguir, não foram insignificantes. Após a descoberta de Sikhdar, em 1852, seriam necessários a vida de 24 homens, os esforços de quinze expedições e o transcorrer de 101 anos até que o cume do Everest fosse finalmente atingido.

Entre alpinistas e outras pessoas conhecedoras de formas geológicas, o Everest não é tido como um pico muito bonito. Suas formas são muito parrudas, muito esparramadas, entalhadas de modo rude. Contudo, o que lhe falta em graça arquitetônica o Everest compensa com sua massa esmagadora.

Demarcando a fronteira entre o Nepal e o Tibete, assomando a mais de 3650 metros acima do vale em sua base, o Everest surge como uma pirâmide com três lados de gelo reluzente e rocha escura, estriada. As oito primeiras expedições ao Everest foram britânicas e todas tentaram escalar a montanha pelo lado norte, tibetano — não tanto porque essa face apresentasse fraquezas mais óbvias nas fantásticas defesas do pico, e sim porque em 1921 o governo tibetano enfim abriu suas fronteiras aos estrangeiros, ao passo que o Nepal continuava decididamente fora de alcance.

Os primeiros a tentar o Everest tinham que sair de Darjeeling e percorrer, a pé, mais de 640 árduos quilômetros do platô tibetano para alcançar apenas o sopé da montanha. O conhecimento que tinham dos efeitos mortais de altitudes extremas era mínimo; seu equipamento, pelos padrões modernos, parecia patético de tão inadequado. Ainda assim, em 1924, um integrante da terceira expedição britânica, Edward Felix Norton, subiu a 8572 metros —

meros 276 metros abaixo do cume —, antes de se ver derrotado pela exaustão e pela nifablepsia, uma cegueira temporária provocada pela reflexão da neve. Foi um feito extraordinário, que provavelmente não seria superado pelos 29 anos seguintes.

Digo "provavelmente" em razão do que veio à tona quatro dias depois do ataque de Norton ao cume. Na madrugada do dia 8 de junho, dois outros integrantes da equipe britânica de 1924, George Leigh Mallory e Andrew Irvine, deixaram o acampamento avançado em direção ao topo.

Mallory, cujo nome está ligado ao Everest para sempre, foi uma das forças motrizes por trás das três primeiras expedições ao pico. Durante um ciclo de palestras pelos Estados Unidos, ilustradas com slides, foi ele quem revidou com a famosa frase: "Porque está lá", quando um irritante jornalista lhe perguntou por que motivo queria escalar o Everest. Em 1924, Mallory era um professor de 38 anos, casado e com três crianças pequenas. Filho da alta burguesia inglesa, era também um esteta e um idealista, de sensibilidade decididamente romântica. Sua graça atlética, seu charme social e extraordinária beleza física o haviam tornado um dos favoritos do biógrafo Lytton Strachey e dos demais intelectuais e artistas do grupo de Bloomsbury. Confinados dentro da barraca, na encosta do Everest, Mallory e seus companheiros liam em voz alta, um para o outro, trechos de *Hamlet* e *Rei Lear*.

No momento em que Mallory e Irvine subiam, com extrema dificuldade, em direção ao cume do Everest, em 8 de junho de 1924, a neblina encobriu a parte superior da pirâmide, impedindo que os companheiros, mais abaixo na montanha, acompanhassem o progresso dos dois alpinistas. Às 12h50, um dos companheiros de equipe, Noel Odell, avistou por breves momentos a silhueta de Mallory e Irvine lá no alto. Estavam com cerca de cinco horas de atraso, mas "movendo-se com deliberação e diligência" rumo ao topo.

Os dois alpinistas, no entanto, não voltaram à barraca naquela noite. Mallory e Irvine nunca mais foram vistos. Desde então, é motivo de acalorados debates se um ou ambos conseguiram chegar ao cume antes de serem tragados pela montanha e pela lenda.

Os indícios existentes sugerem que não. De todo modo, sem provas palpáveis, não receberam o crédito pela primeira escalada.

Em 1949, após séculos de impenetrabilidade, o Nepal abriu suas fronteiras ao mundo exterior e, um ano mais tarde, o então novo regime comunista na China fechava o Tibete aos estrangeiros. Aqueles que queriam escalar o Everest transferiram, portanto, suas atenções para o lado sul do pico. Na primavera de 1953, uma grande equipe britânica, organizada com o zelo e os recursos esmagadores de uma campanha militar, tornou-se a terceira expedição a tentar o Everest a partir do Nepal. No dia 28 de maio, depois de dois meses e meio de esforços prodigiosos, um acampamento avançado foi estabelecido com precariedade na crista sudeste, a 8500 metros. Na manhã seguinte, bem cedo, Edmund Hillary, um neozelandês esguio, e Tenzing Norgay, um alpinista sherpa altamente especializado, partiram em direção ao topo, respirando oxigênio artificial.

Por volta das 9h00 estavam no cume sul, diante da estonteante crista estreita que leva ao pico propriamente dito. Uma hora depois estavam ao pé do que Hillary descreveu como "o problema mais espinhoso da crista — um escalão de rocha de uns 12 metros de altura. [...] A rocha em si, lisa e quase sem pontos de apoio, poderia ter sido um interessante desafio domingueiro para um grupo de alpinistas experientes na região inglesa de Lake District, porém ali era uma barreira cuja superação ia muito além de nossas frágeis forças".

Tenzing ficou embaixo e foi soltando a corda, nervoso, enquanto Hillary, enfiando-se numa greta entre o paredão de rocha e uma rebarba de neve em sua beirada, começava a lenta escalada do que seria conhecido dali em diante como escalão Hillary. A subida foi penosa e imperfeita, mas Hillary insistiu até que, como mais tarde escreveria,

> consegui finalmente alcançar o topo da rocha e me arrastar para fora da fenda, até uma larga saliência. Por alguns momentos fiquei ali deitado, recuperando o fôlego e, pela primeira vez, senti de fato a determinação feroz de que nada poderia

nos impedir de chegar ao topo. Firmei-me na plataforma e fiz sinal para Tenzing subir. Puxei firme a corda e Tenzing veio subindo, contorcendo-se greta acima, até finalmente chegar ao topo, exausto, desabando como um peixe gigante que acabou de ser içado do mar após uma luta terrível.

Lutando contra a exaustão, os dois alpinistas continuaram subindo pela crista ondulada. Hillary então se perguntou,

> meio embotado, se ainda teríamos forças suficientes para chegar até lá. Dei a volta por trás de outra saliência de rocha e vi que a crista adiante descia; dava para enxergarmos até o Tibete. Olhei para o alto e lá, acima de nós, havia um cone redondo de neve. Algumas estocadas do piolet, uns poucos passos cautelosos e Tensing [sic] e eu estávamos no topo.

Foi assim que, pouco antes do meio-dia do dia 29 de maio de 1953, Hillary e Tenzing tornaram-se os primeiros homens a pisar no topo do monte Everest.

Três dias depois, a rainha Elizabeth, às vésperas de sua coroação, soube da escalada. O *Times* de Londres publicou a notícia na manhã do dia 2 de junho, em sua primeira edição. O boletim fora despachado do Everest via rádio, numa mensagem codificada (para evitar que os jornais rivais publicassem o fato na frente do *Times*) por um jovem correspondente chamado James Morris, que, vinte anos depois, tendo obtido estima razoável como escritor, mudaria de sexo e passaria a se chamar Jan. Como escreveu Morris, quatro décadas depois da portentosa escalada, em *Coronation Everest: the first ascent and the scoop that crowned the queen*:

> É difícil imaginar, hoje, a satisfação quase mística com que a coincidência dos dois acontecimentos [a coroação e a conquista do Everest] foi recebida na Grã-Bretanha. Saindo, enfim, da austeridade infernal que reinava desde a Segunda Guerra, mas ao mesmo tempo enfrentando a perda de um grande império e o inevitável declínio de seu poderio no

mundo, os britânicos estavam semiconvencidos de que a jovem rainha era o símbolo de um novo começo — de uma nova era elisabetana, como os jornais gostavam de dizer. O Dia da Coroação, 2 de junho de 1953, seria um dia de esperança simbólica e júbilo, no qual todos os sentimentos patrióticos britânicos encontrariam um momento perfeito de expressão. E, maravilha das maravilhas, naquele mesmo dia, de lugares longínquos — na verdade das fronteiras do antigo império —, chega a notícia de que uma equipe britânica de alpinistas [...] havia atingido o objetivo supremo das explorações e aventuras terrestres restantes, o topo do mundo. [...]

O momento despertou toda uma sinfonia de fortes emoções entre os britânicos — orgulho, patriotismo, nostalgia pelo passado perdido de guerras e ousadia, esperança de um futuro revigorado. [...] Até hoje pessoas de uma certa idade lembram-se com clareza daquela manhã, quando, à espera da passagem do cortejo da coroação pelas ruas de Londres, sob a garoinha fina de junho, ouviram a notícia mágica de que o topo do mundo era, por assim dizer, seu.

Tenzing tornou-se um herói nacional por toda Índia, Nepal e Tibete, cada qual reivindicando para si a honra de tê-lo como cidadão. Sagrado cavaleiro pela rainha, sir Edmund Hillary viu sua imagem reproduzida em selos, histórias em quadrinhos, livros, filmes, capas de revista — da noite para o dia, o apicultor de Auckland de cara comprida e fina se via transformado num dos homens mais famosos da Terra.

Hillary e Tenzing subiram o Everest um mês antes que eu fosse concebido, de modo que não participei da emoção coletiva de orgulho e espanto que varreu o mundo — um acontecimento que um amigo mais velho diz ser comparável, em termos de impacto, à primeira vez em que o homem pousou na Lua. Uma década mais tarde, porém, uma outra escalada da montanha ajudou a traçar a trajetória de minha vida.

No dia 22 de maio de 1963, Tom Hornbein, um médico de 32 anos do Missouri, e Willi Unsoeld, 36, professor de teologia do Oregon, chegaram ao cume do Everest pela temível crista oeste, que até então nunca fora escalada. Àquela altura o cume já fora atingido em quatro ocasiões, por onze homens, entretanto a crista oeste era tida como muito mais difícil do que as duas outras rotas já estabelecidas: colo sul e crista sudeste, colo norte e crista nordeste. A escalada de Hornbein e Unsoeld foi — e continua sendo — merecidamente considerada como um dos maiores feitos nos anais do alpinismo.

Na ocasião, com o dia já bem avançado, os dois americanos escalaram um estrato de rocha empinada e quebradiça — a infame Franja Amarela. Superar esse penhasco exigia força e habilidade descomunais; até então, nada que representasse tamanho desafio técnico fora escalado numa altitude daquelas. Uma vez no topo da Franja Amarela, Hornbein e Unsoeld pressentiram que não conseguiriam descer com segurança. Sua melhor opção para sair da montanha com vida, concluíram eles, seria passar pelo topo e descer pela já bem estabelecida crista sudeste, um plano extremamente audacioso, considerando o avançado da hora, o terreno desconhecido e a reserva cada vez mais baixa na garrafa de oxigênio.

Hornbein e Unsoeld chegaram ao cume às 18h15, bem no momento em que o sol estava se pondo, e foram forçados a passar a noite ao relento, acima de 8500 metros — na época o acantonamento mais alto da história. A noite estava fria mas, por sorte, sem vento. Embora os dedos do pé de Unsoeld tenham congelado e sido amputados depois, ambos sobreviveram para contar a história.

Eu tinha nove anos, na época, e morava em Corvallis, Oregon, onde Unsoeld também fixara residência. Ele era amigo íntimo de meu pai; às vezes eu brincava com os filhos mais velhos dele — Regon, que tinha um ano mais que eu, e Devi, um ano mais novo. Poucos meses antes de Willi Unsoeld partir para o Nepal, cheguei ao cume de minha primeira montanha — meros 2743 metros na cadeia das Cascatas, hoje agraciada com um teleférico até o topo — em companhia de meu pai, Willi e Regon.

É óbvio que os relatos da epopeia de 1963 no topo do Everest ressoaram retumbante e demoradamente em minha imaginação pré-adolescente. Enquanto meus amigos idolatravam astronautas como John Glenn e esportistas como Sandy Koufax e Johnny Unitas, meus heróis eram Hornbein e Unsoeld.

Em segredo, eu sonhava escalar o Everest algum dia; por mais de uma década isso permaneceu uma ambição ardente. Ao atingir a casa dos vinte, o alpinismo se tornara o foco principal de minha existência, à exclusão de quase tudo o mais. Chegar ao topo de uma montanha era tangível, imutável, concreto. Os perigos subjacentes emprestavam ao ofício a seriedade de propósitos que em grande medida faltava ao restante de minha vida. Arrepiava-me inteiro com as perspectivas que vinham da possibilidade de virar o plano natural da existência de cabeça para baixo.

Além do mais, o alpinismo fornecia um sentido de comunidade. Tornar-se alpinista significava juntar-se a uma sociedade autossuficiente, de um idealismo ferrenho, mas quase ignorada e surpreendentemente resguardada do grande mundo. A cultura do montanhismo era caracterizada por uma competição intensa e por um machismo indisfarçável; a grande preocupação da maioria de seus integrantes era impressionar uns aos outros. Chegar ao topo de uma determinada montanha tinha muito menos importância do que a *maneira* como se chegava lá: o prestígio vinha de se atacar a mais impiedosa das rotas com o mínimo de equipamento, no estilo mais ousado que se pudesse imaginar. Ninguém era mais admirado do que o chamado solista livre: visionários que subiam sozinhos, sem corda nem ferramentas.

Naquele tempo eu vivia para escalar, sobrevivia com 5 ou 6 mil dólares ao ano trabalhando como carpinteiro ou em pesqueiros de salmão, apenas até conseguir dinheiro suficiente para bancar a próxima viagem até os montes Teton, à cadeia do Alasca, ou ao Bugaboos. Mas, em algum momento, com vinte e tantos anos, abandonei minha fantasia de infância de subir o Everest. Nessa altura tinha virado moda, entre os especialistas, denegrir o Everest e chamá-lo de algo equivalente a "monte de escória" — um pico ao qual faltavam desafios técnicos suficientes e apelo estético para se transformar em objetivo digno de um alpinista "sério", coisa que eu desesperadamente almejava ser. Comecei a torcer o nariz para a montanha mais alta do mundo.

Tamanho esnobismo tinha suas raízes no fato de que, por volta do início da década de 1980, a via mais fácil para o Everest — através do colo sul e da crista sudeste — já fora escalada mais de cem vezes. Meus colegas e eu nos referíamos à crista sudeste como a "rota do iaque". Nosso desprezo aumentou ainda mais em 1985, quando Dick Bass — um texano rico de 55 anos, com uma experiência limitada de alpinismo — foi levado ao topo do Everest por um extraordinário jovem alpinista chamado David Breashears, um evento acompanhado por um vendaval de atenções pouco críticas por parte dos meios de comunicação.

Até então o Everest fora, em grande medida, território exclusivo dos alpinistas de elite. Nas palavras de Michael Kennedy, editor da revista *Climbing*, "ser convidado para participar de uma expedição ao Everest era uma honra que se alcançava somente depois de um longo aprendizado em picos menores; chegar de fato ao cume elevava um alpinista aos pincaros do estrelato no montanhismo". A escalada de Bass mudou isso tudo. Ao abocanhar o Everest, Bass tornou-se a primeira pessoa a escalar todos os Sete Cumes,* feito que lhe valeu renome internacional e fez com que uma enxurrada de outros alpinistas

---

* Os picos mais altos em cada um dos sete continentes são: Everest, 8848 metros (Ásia); Aconcágua, 6959 metros (América do Sul); McKinley (também chamado de Denali), 6193 (América do Norte); Kilimanjaro, 5894 metros (África); Elbrus, 5641 metros (Europa); Maciço Vinson, 4897 metros (Antártida); Kosciusko, 2175 metros (Austrália). Depois que Dick Bass escalou todos os sete, um alpinista canadense chamado Patrick Morrow argumentou que como o ponto mais alto da Oceania — que engloba a Austrália — não é o Kosciusko, e sim o bem mais difícil cume do Carstensz (Jaya), de 5039 metros, situado na província indonésia de Irian Barat, Bass não fora o primeiro a escalar os Sete Cumes — ele, Morrow, era o primeiro. Mais de um crítico do conceito dos Sete Cumes já argumentou que um desafio muito maior que subir até o pico mais alto de cada continente seria escalar o segundo maior pico de cada continente, já que pelo menos dois deles são escaladas dificílimas.

de fim de semana seguisse a trilha que ele abrira graças a um guia. Sem contar que, com isso, Dick Bass empurrou o Everest para o meio da era pós-moderna.

"Para velhotes como eu, Dick Bass foi uma inspiração", explicou-me Seaborn Beck Weathers com seu carregado sotaque de texano do leste durante a caminhada até o acampamento-base do Everest, em abril de 1996. Médico patologista, 49 anos, morador de Dallas, Beck era um dos oito clientes da expedição de Rob Hall. "Bass me mostrou que o Everest estava dentro do reino das possibilidades para caras normais. Presumindo-se que você esteja em forma razoável e tenha algum dinheiro disponível, talvez o maior obstáculo seja, de fato, conseguir tirar uma folga do trabalho e abandonar a família por dois meses."

No entanto, para um número considerável de alpinistas, segundo mostram os registros, tirar uma folga da rotina diária não tem sido um obstáculo insuperável, assim como também não parece ser muito complicado desembolsar as polpudas quantias cobradas pelas expedições comerciais. Nos últimos cinco anos, o tráfego em todos os Sete Cumes, sobretudo no Everest, multiplicou-se em ritmo alucinante. E, para atender à demanda, o número de empreendimentos comerciais vendendo expedições guiadas aos Sete Cumes, em particular ao Everest, multiplicou-se na mesma velocidade. Na primavera de 1996, havia trinta expedições distintas nas encostas do Everest e pelo menos dez haviam sido organizadas com fins lucrativos.

O governo do Nepal admitiu que a quantidade de pessoas que se dirigiam ao Everest estava criando sérios problemas em termos de segurança, estética e impacto no meio ambiente. Os ministros nepaleses encarregados de tratar do assunto chegaram então a uma conclusão que parecia conter a dupla promessa de limitar a quantidade de pessoas e, ao mesmo tempo, incrementar o fluxo de moeda forte para os empobrecidos cofres nacionais: aumentar o preço da licença que permite escalar o Everest. Em 1991, o Ministério do Turismo cobrava 2300 dólares por uma licença que permitia às equipes de qualquer tamanho tentar o Everest. Em 1992, a taxa foi aumentada para 10 mil dólares para equipes de até nove alpinistas, com mais 1200 dólares para cada alpinista adicional.

Mas os alpinistas continuaram indo para o Everest, apesar das taxas mais altas. Na primavera de 1993, no quadragésimo aniversário da primeira escalada, um número recorde de quinze expedições, num total de 294 alpinistas, tentou escalar o pico pelo lado nepalês. No outono, o ministério aumentou a taxa da licença uma vez mais — para a fantástica quantia de 50 mil dólares por cinco alpinistas, mais 10 mil dólares para cada integrante adicional, até um máximo de sete pessoas em cada expedição. Além disso, o governo decretou que não seria permitida a presença de mais do que quatro expedições nas encostas nepalesas em cada temporada.

O que os ministros do Nepal não levaram em conta, no entanto, era que a China cobrava apenas 15 mil dólares para permitir que equipes de qualquer tamanho escalassem a montanha pelo lado do Tibete e, ainda por cima, não impunha limite no número de expedições por temporada. O influxo de alpinistas, portanto, mudou do Nepal para o Tibete, deixando os sherpas sem trabalho. O alarde geral que se seguiu à medida persuadiu o Nepal, na primavera de 1996, a cancelar bruscamente o limite de quatro expedições. E, já que estavam com a mão na massa, os ministros impuseram mais um aumento na taxa — dessa vez para 70 mil dólares para cada sete alpinistas, mais 10 mil por integrante adicional. Se considerarmos o número de expedições escalando pelo lado nepalês da montanha, na primavera passada — dezesseis das trinta equipes —, o altíssimo custo para se obter uma licença não parece ter sido um fator de dissuasão muito convincente.

Mesmo antes do desastroso resultado da temporada pré-monção de 1996, a proliferação das expedições comerciais já era um assunto delicado. Os tradicionalistas sentiam-se ofendidos com o fato de o pico mais alto do mundo estar sendo vendido a arrivistas ricos — alguns deles, caso não tivessem o benefício de guias, provavelmente teriam dificuldade de chegar a um pico tão modesto quanto o do monte Rainier, nos Estados Unidos. O Everest, diziam os puristas de nariz torcido, fora degradado e profanado.

Esses mesmos críticos também argumentavam que, graças à comercialização do Everest, o pico outrora sagrado fora arrastado para o lodaçal da jurisprudência americana. Tendo pago somas principescas para serem conduzidos ao topo do Everest, alguns alpinistas passaram a processar os guias sempre que por um motivo ou outro não conseguiam chegar ao cume. "De vez em quando aparece um cliente que acha que comprou um bilhete até o cume", lamenta-se Peter Athans, um guia muitíssimo respeitado que já fez onze viagens ao Everest e chegou ao topo quatro vezes. "Tem gente que não entende que uma expedição ao Everest não pode ser administrada como um trem suíço."

Infelizmente, alguns processos relacionados com o Everest não deixam de ter sua razão. Mais de uma vez, empresas ineptas ou inescrupulosas deixaram de fornecer o apoio logístico crucial — oxigênio, por exemplo —, conforme o prometido. Em algumas expedições os guias prosseguiram rumo ao cume sem nenhum dos pagantes, levando os frustrados clientes a imaginar que tinham sido levados até lá apenas para arcar com as despesas. Em 1995, o líder de uma expedição comercial sumiu com dezenas de milhares de dólares de seus clientes, antes mesmo que a expedição começasse.

Em março de 1995, recebi um telefonema de um dos editores da revista *Outside*, propondo que me juntasse a uma expedição comercial programada para partir dali a cinco dias rumo ao Everest. O objetivo era que eu escrevesse um artigo sobre a crescente comercialização da montanha e sobre a polêmica a respeito do assunto. A intenção da revista não era que eu escalasse o pico; os editores queriam simplesmente que eu permanecesse no acampamento-base e relatasse a história do glaciar Rongbuk oriental, no sopé tibetano da montanha. Pensei seriamente na oferta — cheguei inclusive a reservar um voo e tomar as vacinas necessárias — mas recuei no último minuto.

Tendo em vista o desdém que eu demonstrara pelo Everest durante anos, pode parecer que eu tenha me recusado a ir por uma questão de princípios. Na verdade, a oferta da *Outside* despertara inesperadamente um desejo fortíssimo e havia muito soterrado dentro de mim. Eu disse não apenas porque achei que seria quase insuportável a frustração de passar dois meses à sombra do Everest sem ir além do acampamento-base. Se era para atravessar metade do globo e passar oito semanas longe de minha mulher e de casa, eu queria ter a oportunidade de pelo menos tentar escalar a montanha.

Perguntei a Mark Bryant, editor da *Outside*, se ele topava adiar o compromisso por doze meses (o que me daria tempo de treinar adequadamente para as exigências físicas da expedição). Também sondei a possibilidade de a revista me integrar a um dos serviços guiados de melhor reputação — e bancar os 65 mil dólares cobrados —, dando-me assim a oportunidade de tentar chegar ao cume. No fundo eu não esperava que eles concordassem com esse plano. Havia escrito mais de sessenta artigos para a *Outside*, durante os quinze anos anteriores, e raras vezes fizera viagens cujo orçamento excedesse 2 ou 3 mil dólares.

Bryant ligou de volta um dia depois, tendo consultado a diretoria da *Outside*. Disse que a revista não poderia desembolsar os 65 mil dólares, mas que ele e outros editores achavam que a comercialização do Everest era uma matéria importante. Se eu estivesse mesmo com intenções sérias de escalar o Everest, a *Outside* acharia um jeito de tornar isso realidade.

Durante os 33 anos em que me tive na conta de alpinista, eu já concluíra alguns projetos difíceis. No Alasca, enfrentei uma rota nova e complicada no Mooses Tooth e consegui escalar, sozinho, o Devils Thumb, coisa que significou passar três semanas totalmente só numa remota calota de gelo. Eu já fizera uma série de perigosas escaladas no gelo, no Canadá e no Colorado. Perto do extremo sul da América do Sul, onde o vento varre a Terra como "a vassoura de Deus" — "*la scoba de Dios*", como dizem os habitantes da região —, escalei um assustador espigão com 1600 metros de granito vertical, chamado Cerro Torre: assolado por ventos de até cem nós de velocidade, recoberto por uma camada quebradiça de cristais de gelo, já foi considerado (embora não o seja mais) a montanha mais difícil do mundo.

Entretanto, essas aventuras haviam ocorrido anos, em alguns casos décadas, antes, quando eu estava na casa dos vinte ou trinta. Agora eu tinha 41 anos, já bem além da idade ideal para o alpinismo, e ganhara uma barba grisalha, gengivas ruins e oito quilos a mais em volta da cintura. Estava casado com uma mulher que eu amava muito — e que me amava também. Tendo encontrado uma carreira tolerável, pela primeira vez na vida estava vivendo acima da linha de pobreza. Em suma, minha fome de escalar fora amainada por um punhado de pequenas satisfações que, somadas, chegavam a beirar a felicidade.

Além do mais, nenhuma das escaladas anteriores me levara a grandes altitudes. Para dizer a verdade, eu nunca ultrapassara os 5240 metros — o que é inferior à altitude do acampamento-base do Everest.

Como ávido estudante da história do alpinismo, eu sabia que o Everest já matara mais de 130 pessoas desde que os primeiros britânicos visitaram a montanha, em 1921 — cerca de um morto para cada quatro alpinistas que chegaram ao cume —, e que muitos dos que morreram eram bem melhores e possuíam muito mais experiência de grandes altitudes do que eu. Mas descobri que os sonhos de infância custam a morrer. Dane-se o bom-senso. No final de fevereiro de 1996, Bryant ligou para dizer que havia um lugar me esperando na próxima expedição de Rob Hall ao Everest. Quando me perguntou se eu tinha certeza de querer ir, disse que sim sem nem mesmo parar para tomar fôlego.

3. SOBRE O NORTE DA ÍNDIA
29 DE MARÇO DE 1996
9144 M

> *Fui brusco e contei-lhes uma parábola. Disse-lhes: é do planeta Netuno que estou falando, apenas do feioso e corriqueiro Netuno, não do Paraíso, mesmo porque eu não conheço o Paraíso. Portanto entendam que isso diz respeito a vocês, só a vocês. Há por acaso uma grande rocha por lá e é preciso que saibam que as pessoas eram muito tolas lá em Netuno, sobretudo porque cada uma vivia amarrada em seu próprio nó. E algumas, que eu quero mencionar em particular, algumas acabaram totalmente absorvidas por essa montanha. Vocês nem acreditariam, eu disse — vida ou morte, útil ou inútil, essa gente adquirira o hábito e passava todo o tempo livre e gastava todas as suas energias perseguindo as nuvens de sua própria glória, subindo e descendo os flancos mais íngremes da região. Todos, sem exceção, voltavam revigorados. E assim deveriam voltar, eu disse, porque era interessante ver que mesmo em Netuno a maioria não poupava esforços para subir, atrás dos demais e em relativa segurança, os flancos mais fáceis. De todo modo, havia satisfação e de fato era visível, tanto na fisionomia resoluta como no contentamento que brilhava em seus olhos. E, como eu já havia salientado, isso era Netuno e não o Paraíso, onde, talvez, não haja mais nada a fazer.*
> John Menlove Edwards, *Letter from a man*

DUAS HORAS APÓS EMBARCAR em Bancoc no voo 311 da Thai Air, rumo a Katmandu, levantei-me da poltrona e fui até a traseira do avião. Perto dos banheiros, a estibordo, abaixei-me para espiar por uma janela pequena, que batia na minha cintura, na esperança de ver algumas montanhas. Não me decepcionei: lá estavam, arranhando o horizonte, os incisivos pontiagudos do Himalaia. Fiquei na janela durante o restante do voo, fascinado, debruçado sobre um saco de lixo cheio de latas de refrigerante e refeições semideglutidas, o rosto colado no Plexiglas gelado.

No mesmo instante reconheci o volume imenso e esparramado do Kanchenjunga, a 8585 metros acima do nível do mar, a terceira montanha mais alta do mundo. Quinze minutos depois, Makalu, o quinto pico mais alto, apareceu — e aí, enfim, o perfil inconfundível do próprio Everest.

A cunha negro-retinta do cume da pirâmide destacava-se em nítido relevo, acima de todas as montanhas em volta. Espetada lá no alto das fortíssimas correntes de vento do *jet stream*, a montanha rasgava uma fenda visível no furacão de 120 nós, arremessando adiante um penacho de cristais de gelo que se estendia a leste como uma longa echarpe de seda. Enquanto espiava essa esteira de vento no céu, ocorreu-me que o topo do Everest estava exatamente na mesma altitude que o jato pressurizado que me levava através do firmamento. Que eu estivesse pensando em subir à mesma altitude de cruzeiro de um Airbus 300 me pareceu, naquele momento, algo absurdo, ou ainda pior. A palma das mãos umedeceu.

Quarenta minutos depois eu descia em Katmandu. Percorrendo o saguão do aeroporto, depois de passar pela alfândega, um rapaz de ossatura grande e rosto barbeado reparou em minhas duas enormes mochilas e aproximou-se. "Você dever ser Jon, certo?", ele perguntou no sotaque cantado da Nova Zelândia, dando uma olhada rápida para uma folha impressa com as fotocópias das fotos de passaporte dos clientes de Rob Hall. Apertou minha mão e apresentou-se como sendo Andy Harris, um dos guias de Hall, que iria me acompanhar até o hotel.

Harris, que tinha 31 anos, disse que um outro cliente deveria chegar de Bancoc no mesmo voo, um advogado de 53 anos de Bloomfield Hills, Michigan, chamado Lou Kasischke. Acabou levando uma hora até que Kasischke conseguisse localizar sua bagagem e, enquanto esperávamos, Andy e eu trocamos figurinhas a respeito das escaladas mais difíceis que havíamos feito no Canadá e discutimos os méritos do esqui tradicional em comparação com o *snowboard*.* O interesse visível de Andy pelo alpinismo, seu entusiasmo genuíno pelas montanhas me deixaram com saudades da época em que escalar era, para mim, a coisa mais importante da vida, da época em que eu mapeava o curso da existência em termos das montanhas que escalara e das que esperava um dia poder escalar.

Pouco antes de Kasischke — um homem atlético, alto, de cabelos prateados, reservado e aristocrático — emergir da fila da alfândega, perguntei a Andy quantas vezes estivera no Everest. "Na verdade", ele confessou alegremente, "esta vai ser minha primeira vez, como você. Vai ser interessante ver como eu me viro lá em cima."

Hall fizera reserva para nós no Hotel Garuda, um estabelecimento simpático e sem frescuras, situado no coração de Thamel, o frenético bairro turístico de Katmandu, numa avenida estreita entupida de riquixás puxados por bicicleta e vendedores ambulantes. Há muito tempo que o Garuda é bastante popular entre as expedições para o Himalaia, e suas paredes são cobertas de fotos assinadas por alpinistas famosos que pousaram ali no decorrer dos anos: Reinhold Messner, Peter Habeler, Kitty Calhoun, John Roskelley, Jeff Lowe. Subindo as escadas até meu quarto, passei por um grande cartaz em quatro cores intitulado "Trilogia do Himalaia", no qual apareciam o Everest, o K2 e o Lhotse — a primeira, segunda e quarta maiores montanhas do mundo, respectivamente. O cartaz mostrava, sobreposto à imagem desses picos, um homem barbudo e sorridente, em traje alpino completo. Uma legenda identificava o alpinista como sendo Rob Hall. O cartaz, destinado a promover a empresa de alpinismo de Hall, a Adventure Consultants, comemorava o feito nada desprezível de ter escalado os três picos ao longo de dois meses, em 1994.

---

* O *snowboard* é uma prancha única e larga, usada para esquiar. (W. N.)

Uma hora depois conheci Hall em carne e osso. Magro como um varapau, devia ter entre 1,88 e 1,92 metro de altura. Havia qualquer coisa de angelical em seu rosto, mas parecia mais velho que seus 35 anos — talvez por causa das rugas bem marcadas no canto dos olhos, ou devido à autoridade que inspirava. Estava vestido com uma camisa havaiana e calça Levi's desbotada, remendada num dos joelhos com um símbolo bordado do yin-yang. Uma cabeleira castanha rebelde caía-lhe pela testa. A barba era um matagal emaranhado precisando ser aparado.

Gregário por natureza, Hall mostrou ser um excelente contador de casos, com seu cáustico humor neozelandês. Embarcando numa história comprida que envolvia um turista francês, um monge budista e um iaque especialmente peludo, Hall encerrou a piada com um olharzinho maroto, deu uma paradinha de efeito, depois jogou a cabeça para trás numa risada sonora, contagiante, incapaz de disfarçar a satisfação que sentia com seu próprio enredo. Gostei dele na hora.

Hall nascera numa família católica da classe operária em Christchurch, Nova Zelândia, o caçula de nove filhos. Embora tivesse uma mente rápida e científica, aos quinze anos largou a escola, depois de se desentender com um professor especialmente autoritário, e, em 1976, foi trabalhar para a Alp Sports, uma empresa de sua cidade que fabricava equipamento de alpinismo. "Ele começou fazendo serviços variados, trabalhando na máquina de costura, coisas assim", lembra Bill Atkinson, hoje alpinista consagrado e guia, que também trabalhava na Alp Sports na época. "Mas devido à excepcional capacidade de organização de Rob, que já era evidente quando ele tinha apenas dezesseis ou dezessete anos, logo mais ele estava gerenciando toda a produção da empresa."

Nessa altura Hall já era, havia alguns anos, um ávido montanhista; mais ou menos na mesma época em que foi trabalhar para a Alp Sports começou também, além de caminhar por montanhas, a escalar em rocha e no gelo. Aprendia rápido, diz Atkinson, tanto que se tornou o companheiro mais frequente de Hall nas escaladas, "tinha a capacidade de absorver as aptidões e as atitudes de qualquer pessoa".

Em 1980, quando Hall estava com dezenove anos, juntou-se a uma expedição que escalou a exigente crista norte do Ama Dablam, um pico de 6795 metros de extraordinária beleza, cerca de 24 quilômetros ao sul do Everest. Durante essa viagem, a primeira de Hall ao Himalaia, ele fez uma excursão à parte até o acampamento-base do Everest e decidiu que um dia escalaria a montanha mais alta do mundo. Foram necessários dez anos e três tentativas. Em maio de 1990, Hall finalmente atingiu o cume do Everest como líder de uma expedição que incluía Peter Hillary, filho de sir Edmund. Do topo, Hall e Hillary fizeram uma transmissão por rádio que foi veiculada ao vivo por toda a Nova Zelândia e, a 8848 metros de altura, receberam os parabéns do primeiro-ministro Geoffrey Palmer.

Por essa época, Hall era um alpinista profissional em tempo integral. Como quase todos os seus pares, buscou patrocínio de empresas para pagar suas dispendiosas expedições ao Himalaia. E foi sábio o bastante para entender que quanto mais atenção recebesse dos meios de comunicação, mais fácil seria convencer as empresas a preencher o cheque. No fim, mostrou-se extremamente hábil para fazer seu nome aparecer nos jornais e sua cara nas telas da televisão. "É", Atkinson admitiu, "Rob sempre teve talento para obter publicidade."

Em 1988, um guia de Auckland, chamado Gary Ball, tornou-se o principal parceiro de Hall nas escaladas e também seu amigo mais próximo. Ball chegou ao cume do Everest junto com Hall em 1990; logo depois de voltarem à Nova Zelândia eles elaboraram o plano de escalar os picos mais altos dos sete continentes, *à la* Dick Bass — porém aumentando o impacto da coisa, fazendo tudo em sete meses.* Com o Everest, o mais difícil do septeto, já resolvido, Hall e Ball conseguiram patrocínio de uma grande usina elétrica, a Power Build, e seguiram seu caminho. No dia 12 de dezembro de 1990, apenas quatro horas antes de se esgotar o prazo de sete meses, chegaram ao topo do

---

* Bass levou quatro anos para escalar os Sete Picos.

sétimo pico — o maciço Vinson, de 4897 metros e o ponto mais alto da Antártida —, acompanhados por considerável estardalhaço em seu país natal.

Apesar do sucesso, Hall e Ball estavam preocupados com suas perspectivas futuras dentro dos círculos profissionais do alpinismo. "Para continuar recebendo patrocínio das companhias", explica Atkinson, "um alpinista tem sempre que superar o feito anterior. A escalada seguinte tem que ser mais difícil e espetacular que a última. A coisa vira uma espiral; no fim você não está mais apto para o desafio. Rob e Gary acabaram entendendo que, cedo ou tarde, não seriam mais capazes de permanecer na linha de frente, ou então sofreriam um acidente e morreriam.

"Foi aí que eles decidiram mudar de rumo e entrar para o negócio de guia de alta montanha. Quando você está servindo de guia, você não faz as escaladas que realmente gostaria de fazer; o desafio está em levar os clientes até lá em cima e fazê-los descer em segurança, o que é um tipo de satisfação diferente. Por outro lado, é uma carreira mais viável que ficar correndo o tempo todo atrás de patrocínio. Há uma oferta ilimitada de clientes pelo mundo afora, se você lhes oferece um bom produto."

Durante a maratona dos "sete picos em sete meses", Hall e Ball decidiram tornar-se sócios em um negócio no qual serviriam de guias a clientes que desejassem ir aos Sete Picos. Convencidos de que havia um mercado inesgotável de sonhadores, com bastante dinheiro mas experiência insuficiente para escalar sozinhos as maiores montanhas do mundo, Hall e Ball abriram a empresa que batizaram com o nome de Adventure Consultants.

Quase imediatamente conseguiram um recorde impressionante. Em maio de 1992, Hall e Ball levaram seis clientes ao topo do Everest. Um ano depois, guiaram um outro grupo de sete pessoas até o cume, numa tarde em que quarenta pessoas chegaram ao topo num único dia. Mas ao voltarem daquela expedição foram recebidos com severas críticas públicas de sir Edmund Hillary, que censurava o papel de Hall na crescente comercialização do Everest. As multidões de noviços sendo escoltadas até o topo, mediante pagamento, reclamou zangado sir Edmund, "eram um desrespeito pela montanha".

Na Nova Zelândia, Hillary é uma das figuras mais admiradas do país; suas feições marcantes estão inclusive na nota de cinco dólares. Hall ficou triste e constrangido ao ser punido em público por esse semideus, por esse arquétipo de alpinista que na infância fora um de seus heróis. "Hillary é considerado uma lenda viva aqui na Nova Zelândia", diz Atkinson. "O que ele diz tem um bocado de peso e deve ter doído bastante ser criticado por ele. Rob queria fazer uma declaração pública para se defender, mas percebeu que se colocar contra uma figura venerada pelos meios de comunicação não iria levá-lo a nada."

Então, cinco meses depois que a bomba jogada por Hillary estourou, Hall foi atingido por um golpe ainda mais forte: em outubro de 1993, Gary Ball morreu de um edema cerebral — um inchaço do cérebro provocado por grandes altitudes — durante uma tentativa de escalar os 8167 metros do Dhaulagiri, a sexta montanha mais alta do mundo. Ball entrou em estado de coma dentro de uma pequena barraca no cume da montanha e morreu arfando penosamente nos braços de Hall. No dia seguinte Hall enterrou o amigo numa greta.

Durante uma entrevista a um canal de televisão neozelandês, após a expedição, Hall descreveu, de modo sombrio, como baixara o corpo de Ball até as profundezas do glaciar amarrado à sua corda preferida. "Uma corda de alpinismo serve para manter todos unidos e você jamais larga dela", ele disse. "E eu tive justamente que deixá-la correr pelas minhas mãos."

"Rob ficou arrasado quando Gary morreu", diz Helen Wilton, que trabalhou no acampamento-base de Hall no Everest em 1993, 1995 e 1996. "Mas enfrentou a situação com serenidade. Esse era o jeito de Rob — continuar tocando a vida." Hall resolveu então permanecer sozinho à frente da Adventure Consultants. Com seu modo sistemático, continuou a refinar a infraestrutura e os serviços da companhia — sempre com um sucesso incrível, conseguindo levar alpinistas amadores ao topo de grandes e remotas montanhas.

Entre 1990 e 1995, Hall foi responsável por colocar 39 alpinistas no cume do Everest — com três escaladas a mais do que as que haviam sido feitas nos primeiros vinte anos após a subida inaugural de sir Edmund Hillary. Justificadamente, Hall promovia a Adventure Consultants como "a líder mundial na escalada do Everest, com mais subidas que qualquer outra organização". O folheto que enviava a clientes em potencial dizia:

> Quer dizer que você está com sede de aventura? Talvez sonhe em visitar os sete continentes e pisar o cume de uma grande montanha. A maioria de nós não ousa concretizar nossos sonhos e mal se atreve a partilhá-los, muito menos admitir que tem um enorme desejo secreto.
>
> A Adventure Consultants é uma empresa especializada em organizar e guiar expedições de alpinismo. Somos versados no lado prático que transforma sonhos em realidade e trabalhamos junto com você, para que atinja sua meta. Nós não vamos arrastá-lo montanha acima — você vai ter de dar duro — mas garantimos que faremos o possível para maximizar a segurança e o sucesso de sua aventura.
>
> Para aqueles que têm a coragem de olhar seus sonhos de frente, esta experiência oferecerá algo muito especial, que nenhuma palavra é capaz de descrever. Nós o convidamos a escalar sua montanha conosco.

Em 1996, Hall estava cobrando 65 mil dólares por cabeça para guiar seus clientes ao topo do mundo. Não há como negar que se trata de um bocado de dinheiro — equivalente ao valor da hipoteca da minha casa em Seattle — e esse preço não incluía a passagem aérea até o Nepal nem o equipamento pessoal. Nenhuma outra companhia cobrava tão caro — na verdade alguns dos concorrentes cobravam um terço disso. Porém, graças ao sucesso fenomenal obtido por Hall, ele não teve o menor problema em preencher as vagas para essa sua oitava expedição ao Everest. Para qualquer um decidido a escalar o pico e em condições de desembolsar essa quantia, a Adventure Consultants era a escolha óbvia.

Na manhã do dia 31 de março de 1996, dois dias após ter chegado a Katmandu, os integrantes da Expedição ao Everest da Adventure Consultants cruzaram o asfalto da pista do aeroporto internacional Tribhuvan e subiram a bordo de um helicóptero Mi-17, de fabricação russa, operado pela Asian Airlines. Relíquia esfolada da guerra afegã, era tão grande quanto um ônibus escolar, com capacidade para 26 passageiros, e dava a impressão de ter sido remendado nos fundos de um quintal. O engenheiro de voo fechou a porta, distribuiu chumaços de algodão para que puséssemos no ouvido e aquele mastodonte levantou-se do chão com um barulho de estourar os tímpanos.

O chão do helicóptero estava lotado de mochilas e caixas de papelão. Espremida feito sardinha nos assentos de paraquedistas ia a carga humana, olhando cada um para si, os joelhos encaixados no peito. O barulho ensurdecedor do motor tornava qualquer tipo de conversa impossível. Não foi uma viagem confortável, mas ninguém reclamou.

Em 1963, a expedição de Tom Hornbein percorreu um longo e tortuoso trajeto até o Everest, partindo de Banepa, a uns dezenove quilômetros de distância de Katmandu, e levou 31 dias para chegar ao acampamento-base. Nós, como a maioria dos exploradores modernos do Everest, preferimos saltar grande parte daqueles quilômetros íngremes e empoeirados; o helicóptero deveria nos deixar na remota aldeia de Lukla, a 2804 metros de altitude, na encosta do Himalaia. Presumindo-se que não cairíamos no caminho, o voo nos permitiria percorrer a mesma trilha de Horbein economizando umas três semanas.

Olhando em torno do vasto interior do helicóptero, tentei guardar de cor os nomes de meus companheiros. Além dos guias, Rob Hall e Andy Harris, havia Helen Wilton, 39 anos, mãe de quatro filhos, que estava voltando pela terceira vez ao acampamento-base para trabalhar na gerência. A dra. Caroline Mackenzie — uma excelente alpinista de vinte e tantos anos — seria a médica da expedição e, como Helen, não iria além do acampamento-base. Lou Kasischke, o advogado cavalheiresco que eu conhecera no aeroporto, já escalara seis dos Sete Picos — assim como Yasuko Namba, 47 anos, uma taciturna diretora de recursos humanos da filial da Federal Express em Tóquio. Beck Weathers, 49 anos, era um patologista tagarela de Dallas. Stuart Hutchison, 34, vestido com uma camiseta da Ren & Stimpy, era um cardiologista canadense cerebral e um tanto instável que tirara folga de uma bolsa de estudos. John Taske, aos 56 anos, era o integrante mais velho do grupo, um anestesista de Brisbane que se dedicara ao alpinismo após ser reformado pelo exército australiano. Frank Fischbeck, 53, garboso e refinado dono de uma editora em Hong Kong, tentara o Everest três vezes com um dos concorrentes de Hall; em 1994 conseguira chegar até o cume sul, a menos cem metros verticais do topo. Doug Hansen, 46, era um funcionário dos correios americanos que fora ao Everest com Hall em 1995 e, como Fischbeck, chegara até o cume sul antes de dar meia-volta.

Eu não sabia muito bem o que pensar de meus companheiros pagantes. Na aparência e na experiência, estavam longe de ser os alpinistas escolados com quem eu tinha o costume de escalar montanhas. No entanto, pareciam pessoas decentes, bem-educadas, e não havia um rematado imbecil sequer em todo o grupo — pelo menos nenhum que estivesse mostrando sua verdadeira cara assim de início. Eu, contudo, não tinha muita coisa em comum com nenhum deles, à exceção de Doug. Sujeito rijo, festeiro e com um rosto precocemente envelhecido, que fazia lembrar uma bola de futebol gasta, fora funcionário dos correios por mais de 27 anos. Contou-me que conseguira pagar a viagem trabalhando no período noturno nos correios e em obras durante o dia. Como eu já tinha ganhado a vida como carpinteiro durante oito anos, antes de me tornar escritor — e também porque nossa renda anual nos distanciava dos outros clientes a olhos vistos —, sentia-me confortável na companhia de Doug, de um jeito que não ocorria com os outros.

Grande parte do tempo eu atribuía meu desconforto crescente ao fato de que nunca tinha escalado com um grupo tão grande — ainda por cima, um grupo de completos estranhos. À exceção de uma viagem ao Alasca que eu fizera 21 anos antes, todas as minhas expedições anteriores foram feitas ao lado de um ou dois amigos confiáveis, ou sozinho.

Numa escalada, ter confiança nos parceiros é uma das principais preocupações. As ações de um único alpinista podem afetar o bem-estar de toda a equipe. As consequências de um nó malfeito, de um tropeção, de uma pedra deslocada ou qualquer outra ação descuidada afetam a todos, não só àquele que cometeu o erro. Por isso, não é surpresa nenhuma que todo alpinista se sinta meio receoso ao empreender uma escalada com gente cuja boa-fé desconhece.

Todavia, confiança nos companheiros é um luxo impossível para os que participam como clientes de uma subida guiada; resta pôr toda a fé no próprio guia. À medida que o helicóptero rugia em direção a Lukla, tive a sensação de que cada um de meus companheiros estaria torcendo ardorosamente para que Hall tivesse selecionado e eliminado, com o maior cuidado, todos os clientes de habilidade duvidosa, tendo assim os meios de proteger cada um de nós das falhas alheias.

4. PHAKDING
31 DE MARÇO DE 1996
2800 M

> *Para aqueles que não perdiam tempo, nossa árdua caminhada diária terminava no início da tarde, mas raramente antes que o calor e os pés doloridos nos forçassem a perguntar a cada sherpa que passasse: "Quanto falta para o acampamento?". A resposta, como logo mais descobriríamos, era sempre a mesma: "Só mais três quilômetros, sahib [...]".*
>
> *Eram tardes tranquilas, a fumaça se espalhando silenciosamente pelo ar, abrandando o ocaso, luzes piscando na crista onde acamparíamos no dia seguinte e nuvens embaciando os contornos da garganta que iríamos atravessar dois dias depois. Uma animação crescente atraía meus pensamentos a todo momento para a crista oeste. [...]*
>
> *Havia solidão também, quando o sol se punha, porém agora as dúvidas me assaltavam cada vez menos. Aí comecei a sentir, aos poucos, que minha vida toda ficara lá atrás. Assim que chegasse à montanha eu sabia (ou pelo menos esperava) que essa sensação cederia lugar a uma absorção total na tarefa que teria pela frente. Contudo, em certas horas eu me perguntava se não teria vindo assim tão longe só para descobrir que aquilo que estava de fato procurando era algo que eu havia deixado para trás.*
>
> Thomas F. Hornbein, *Everest: the west ridge*

DE LUKLA, O CAMINHO PARA O EVEREST seguia na direção norte, através da penumbrosa garganta do Dudh Kosi, um rio gelado, pedregoso, espumante. Passamos a primeira noite da caminhada no vilarejo de Phakding, um aglomerado composto por uma meia dúzia de casas e alojamentos empoleirados numa plataforma horizontal que se projetava da encosta, acima do rio. Quando a noite caiu, o ar esfriou e, pela manhã, quando comecei a subir pela trilha, havia uma camada de geada reluzindo nas folhas dos rododendros. No entanto a latitude da região do Everest é de 28º Norte — pouco além dos trópicos — e, assim que o sol subiu o suficiente para penetrar nas profundezas do canyon, a temperatura foi lá para cima. Por volta do meio-dia, após atravessarmos uma ponte bamboleante suspensa sobre o rio — a quarta travessia do dia —, as gotas de suor já escorriam queixo abaixo e tive que ficar apenas de camiseta e calção.

Para além da ponte, a trilha de terra abandonava as margens do Dudh Kosi e subia, em zigue-zague, uma parede empinada do canyon, por um caminho perfumado pelos pinheiros. Os cumes espetacularmente delgados do Thamserku e do Kusum Kangru perfuravam o céu a mais de 3 mil metros verticais acima de nós. Era uma região magnífica, do ponto de vista topográfico, tão imponente quanto as paisagens mais fantásticas da Terra, porém não era uma área selvagem, inexplorada, aliás, havia centenas de anos que tinha deixado de sê-lo.

Cada mísero pedaço de terra fora terraplenado e plantado com cevada, trigo-sarraceno ou batata. Penduradas nas encostas, havia fileiras de bandeirolas de oração, enquanto antiquíssimos *chortens** budistas e muros de *mani*** montavam guarda até no topo dos desfiladeiros mais altos. À medida que eu ia subindo e me afastando do rio, a trilha ia ficando cada vez mais congestionada, eram filas de iaques,*** monges de vestes vermelhas

---

* Um *chorten* é um monumento religioso, em geral feito de pedra, contendo relíquias sagradas; às vezes é chamado de *stupa*.

** Os *mani* são pedras pequenas, chatas, empilhadas no meio das trilhas e formando longas muretas; foram cuidadosamente entalhadas, em sânscrito, com a invocação dos budistas tibetanos, "Om mani padme hum". Segundo o protocolo budista, os viajantes devem sempre passar os *mani* pela esquerda.

*** Estritamente falando, a grande maioria dos iaques vistos no Himalaia é,

e sherpas descalços sobrecarregados com levas pesadíssimas de lenha, querosene e refrigerante.

Noventa minutos rio acima, atingi o topo de uma crista ampla, passei por um conjunto de currais de iaque feitos de pedra e me vi, de repente, no centro de Namche Bazaar, o coração social e comercial da sociedade sherpa. Situada 3444 metros acima do nível do mar, Namche ocupa uma imensa bacia inclinada, que faz pensar numa gigantesca antena parabólica, a meio caminho de uma íngreme escarpa. Mais de cem construções aninhavam-se dramaticamente na encosta rochosa, ligadas por um labirinto de vielas e passarelas estreitas. Já perto da beirada mais baixa da cidade, localizei o alojamento Khumbu, afastei o cobertor que servia de porta e encontrei meus companheiros tomando chá de limão em volta de uma mesa arranjada no canto.

Quando me aproximei, Rob Hall apresentou-me a Mike Groom, o terceiro guia da expedição. Australiano, 33 anos, com cabelos cor de cenoura e o físico esbelto de um corredor de maratona, Groom era encanador em Brisbane e apenas de vez em quando trabalhava como guia. Em 1987, forçado a passar uma noite ao relento enquanto descia do cume do Kanchenjunga, de 8585 metros, ficou com os pés congelados e teve que amputar todos os dedos. Mas esse contratempo não atrapalhou sua carreira no Himalaia; ele continuou insistindo, acabou escalando o K2, o Lhotse, o Cho Oyu, o Ama Dablam e, em 1993, o Everest, sem oxigênio artificial. Uma criatura extremamente calma e circunspecta: Groom era uma companhia agradável. Porém era muito raro abrir a boca e, quando lhe perguntavam alguma coisa, respondia de modo conciso, numa voz que mal se escutava.

Ao jantar a conversa foi dominada pelos três clientes médicos — Stuart, John e sobretudo Beck —, um esquema que se repetiria durante boa parte da expedição. Felizmente, John e Beck, em es-

---

na verdade, *dzopkyo* — uma cruza de boi e iaque — e *dzom*, cruza de vaca e iaque. Os iaques fêmeas, quando são puros-sangues, são chamados de *naks*. A maioria dos ocidentais, contudo, tem uma dificuldade enorme em diferenciar essas criaturas peludas e as chama, todas, de iaques.

pecial, eram muito engraçados e mantinham o grupo às gargalhadas. Beck, no entanto, tinha o hábito de transformar seus monólogos em críticas acerbas contra os progressistas e, a uma certa altura, aquela noite, eu cometi o erro de discordar dele: em resposta a um de seus comentários, sugeri que elevar o salário mínimo me parecia uma medida sábia e necessária. Bem informado e debatedor experiente, Beck fez picadinho de minha titubeante declaração e eu não possuía as ferramentas para rebatê-lo. Tudo o que pude fazer foi ficar sentado em cima das mãos, de boca fechada e furibundo.

Como ele prosseguisse, com seu sotaque pantanoso de texano do leste, enumerando os diversos absurdos proporcionados pelo bem-estar social, acabei me levantando da mesa para evitar maiores humilhações. Quando voltei ao refeitório, aproximei-me da proprietária para pedir uma cerveja. Ela era uma sherpani miúda, graciosa, e estava pegando os pedidos de um grupo de norte-americanos que ali estavam para caminhar pelas montanhas. "Nós com fome", um homem de bochechas vermelhas anunciou a ela, num tom desnecessariamente alto, imitando o ato de comer. "Quer comer ba-ta-tas. Bife de iaque. Co-ca--Co-la. Você ter?"

"Gostariam de ver o cardápio?", a sherpani respondeu, num inglês impecável, com um ligeiro sotaque canadense. "Nossa seleção é bastante ampla. E creio que ainda haja um pouco de torta de maçã, assada agora há pouco, caso queiram sobremesa."

O americano, incapaz de assimilar o fato de que essa montanhesa de pele escura estivesse se dirigindo a ele no mais puro e correto inglês, continuou a falar com ela em seu cômico linguajar: "Cardá-piu. Bom, bom. Sim, a gente quer cardá-piu".

Os sherpas continuam sendo um enigma para a maioria dos estrangeiros, cuja tendência é olhá-los através de um prisma romântico. Quem não está familiarizado com a demografia do Himalaia em geral presume que todos os nepaleses sejam sherpas, quando, na verdade, não há mais que 20 mil sherpas em todo o Nepal, um país do tamanho da Carolina do Norte, com cerca de 20 milhões de habitantes e mais de cinquenta grupos étnicos diferentes. Os sherpas são um povo que habita as montanhas, budistas fiéis, cujos ancestrais migraram do Tibete para o sul, há quatro ou cinco séculos. Há aldeias sherpas espalhadas por todo o maciço do Himalaia do lado leste do Nepal, e também comunidades de dimensões consideráveis em Sikkim e Darjeeling, na Índia; porém, o coração do país sherpa é o Khumbu, composto por alguns vales que cortam as encostas sul do monte Everest — uma região pequena, muito acidentada, sem uma estrada sequer, nem carros ou veículos de rodas de nenhuma espécie.

Lavrar a terra é difícil naqueles vales de grande altitude e paredes escarpadas, de modo que a economia sherpa tradicional girava em torno do comércio com o Tibete e a Índia, e da criação de iaques. Em 1921, quando os britânicos empreenderam sua primeira expedição ao Everest, decidiram contratar sherpas como ajudantes, o que provocou uma reviravolta na cultura local.

Como o reino do Nepal manteve suas fronteiras fechadas até 1949, o reconhecimento inicial do Everest e as oito expedições seguintes foram forçadas a atacar a montanha pelo lado norte, pelo Tibete, não passando nem perto do Khumbu. Entretanto, essas primeiras nove expedições partiram para o Tibete de Darjeeling, para onde muitos sherpas haviam emigrado e onde tinham adquirido a reputação, na colônia britânica, de bons trabalhadores, afáveis e inteligentes. Além do mais, como a maioria dos sherpas vivera durante gerações em aldeias situadas entre 2700 e 4200 metros de altitude, estavam fisiologicamente adaptados aos rigores das grandes altitudes. Seguindo a recomendação de A. M. Kellas, médico escocês que escalara e viajara bastante em companhia dos sherpas, a expedição de 1921 ao Everest contratou um grande contingente de carregadores e ajudantes, prática que foi seguida por todas as demais expedições, salvo honrosas exceções, nos 75 anos seguintes.

Para melhor ou pior, nas duas últimas décadas a economia e a cultura do Khumbu mesclaram-se, de modo crescente e irrevogável, ao influxo sazonal de alpinistas e *trekkers*, com cerca de 15 mil visitantes anuais. Os sherpas que aprendem as técnicas do alpinismo e trabalham em alta montanha — principalmente os que chegam até o cume do Everest — gozam de grande estima em suas comunidades. Os que acabam virando estrelas do alpinismo têm, no entanto, grande chance de perder a vida: desde 1922, quando sete sherpas morreram sob uma avalanche, durante a segunda expedição britânica, um número desproporcional de sherpas já morreu no Everest — 53 ao todo. Na verdade, eles respondem por mais de um terço de todas as vítimas do Everest.

Apesar dos perigos, há contudo uma competição acirrada entre os sherpas pelas doze ou dezoito vagas numa expedição típica ao Everest. Os empregos mais procurados são a meia dúzia de vagas para sherpas com experiência em alpinismo, que chegam a ganhar de 1400 a 2500 dólares por dois meses de trabalho perigoso — um salário muito atraente num país entalado na mais profunda miséria, com um rendimento per capita anual de cerca de 160 dólares.

Para atender ao trânsito crescente de alpinistas e caminhantes ocidentais, novos alojamentos e casas de chá estão proliferando por toda a região do Khumbu, mas as construções novas são mais evidentes em Namche Bazaar. A caminho de Namche cruzei com inúmeros carregadores subindo das florestas, levando troncos recém-cortados que pesavam mais de cinquenta quilos — uma tarefa árdua e estafante, pela qual recebiam cerca de três dólares por dia.

Frequentadores antigos do Khumbu sentem uma grande tristeza diante da explosão turística e das mudanças havidas no que os primeiros alpinistas ocidentais consideravam um paraíso terreno, um Shangri-La. Vales inteiros foram desnudados de suas árvores para atender à crescente demanda por lenha. Os adolescentes nos salões de bilhar muito provavelmente estarão usando jeans e camisetas do Chicago Bulls, em vez dos simpáticos trajes tradicionais. As famílias com certeza passam suas noites em volta de videocassetes, vendo o último filme de Schwarzenegger.

As transformações na cultura do Khumbu com certeza não foram todas para melhor, porém não vi muitos sherpas lamentando as mudanças. A moeda forte levada por *trekkers* e alpinistas, bem como as verbas fornecidas pelas organizações internacionais de auxílio, sustentadas por esses mesmos esportistas, custearam escolas e clínicas médicas, reduziram a mortalidade infantil, construíram pontes suspensas e levaram energia hidrelétrica até Namche e outras aldeias. Parece-me uma atitude meio arrogante, da parte dos ocidentais, lamentar o fim dos velhos bons tempos, quando a vida no Khumbu era tão mais simples e pitoresca. Grande parte das pessoas que vivem nessa região acidentada não parece desejosa de permanecer isolada do mundo moderno ou do fluxo desordenado do progresso humano. A última coisa que os sherpas querem é viver preservados como espécimes de um museu antropológico.

Uma pessoa acostumada a andar longas distâncias e pré-aclimatada à altitude poderia percorrer a distância entre a pista de pouso de Lukla e o acampamento-base do Everest em dois ou três longos dias. Como a maioria de nós acabara de vir do nível do mar, no entanto, Hall teve o cuidado de manter um ritmo mais indolente, que dava ao nosso corpo tempo de se adaptar ao ar cada vez mais rarefeito. Era difícil caminharmos mais que três ou quatro horas num dia. Várias vezes, quando o itinerário de Hall exigia uma aclimatação adicional, não dávamos um passo sequer.

No dia 3 de abril, depois de um dia de aclimatação em Namche, retomamos a trilha rumo ao acampamento-base. Vinte minutos depois, virei uma curva e topei com um panorama espetacular. Abaixo, a 610 metros, rasgando uma fenda profunda na rocha circundante, o Dudh Kosi parecia um fiapo sinuoso de prata reluzindo nas sombras. Acima, a 3048 metros, o imenso espigão do Ama Dablam, iluminado por trás, assomava por cima do vale, como uma aparição. E, mais acima, a 2133 metros, era possível ver a projeção gelada do próprio Everest, quase todo oculto por trás do Nuptse. Como sempre, um chumaço de condensação horizontal estendia-se do topo, como fumaça congelada, traindo a violência dos ventos de monção, o *jet stream*.

Fiquei ali parado, olhando o pico durante uns trinta minutos talvez, tentando entender como seria estar lá, de pé naquele vértice varrido por ventos fortíssimos. Embora eu já tivesse escalado centenas de montanhas, o Everest era tão diferente de todas as minhas experiências anteriores que minha imaginação não conseguia dar conta do recado. O cume parecia tão gelado, tão alto, tão impossivelmente distante. Senti como se estivesse numa expedição para a Lua. Quando retomei a caminhada, minhas emoções oscilavam entre uma antecipação nervosa e uma sensação de pavor quase incontrolável.

No final daquela tarde cheguei a Tengboche,* o maior mosteiro budista do Khumbu. Chhongba, um homem rijo e ponderado, que se unira a nossa expedição como cozinheiro, ofereceu-se para arranjar um encontro com o *rimpoche* — "o lama mais importante de todo o Nepal", Chhongba explicou, "um homem muito santo. Ontem mesmo ele encerrou um longo período de meditação silenciosa — ele não falou durante os três últimos meses. Seremos seus primeiros visitantes. Isso é muito auspicioso". Doug, Lou e eu demos, cada um, cem rúpias (cerca de dois dólares) para que ele comprasse *katas* cerimoniais — echarpes de seda que seriam ofertadas ao *rimpoche*. Depois tiramos os sapatos e Chhongba nos levou até um pequeno salão cheio de correntes de ar, atrás do templo principal.

Sentado de pernas cruzadas sobre uma almofada de brocado, envolto por mantos cor de vinho, vi um homem baixo, rotundo, de careca luzidia. Parecia muito velho e cansado. Chhongba curvou-se com toda a reverência, falou rapidamente com ele na língua sherpa e fez sinal para que nos aproximássemos. O *rimpoche* então nos abençoou a todos, colocando os *katas* que havíamos

---

* Diversamente da tibetana, com a qual tem íntima relação, a língua sherpa não é escrita, de modo que os ocidentais são obrigados a recorrer a uma grafia fonética. Por esse motivo, os nomes e palavras sherpas são grafados de modos diversos. Tengboche, por exemplo, pode vir escrito como Tèngpoche ou Thyangboche. Discrepâncias semelhantes vivem aparecendo na grafia da maioria das palavras sherpas.

comprado em volta de nosso pescoço. Depois sorriu, beatífico, e nos ofereceu chá. "Este *kata* você deve levar até o cume do Everest",* aconselhou-me Chhongba, com voz solene. "Isso agrada a Deus e afasta os perigos."

Incerto sobre qual a melhor maneira de agir diante da presença divina, dessa reencarnação de um antigo e ilustre lama, estava apavorado, com medo de, sem querer, cometer alguma ofensa ou de dar algum fora imperdoável. Enquanto eu tomava goles de chá doce e me contorcia de nervosismo, sua Santidade dirigiu-se a um gabinete adjacente, tirou de lá um grande livro todo decorado e me entregou. Limpei minhas mãos encardidas na calça e abri-o, preocupado. Era um álbum de fotografias. O *rimpoche*, como percebi logo depois, tinha viajado recentemente pelos Estados Unidos, pela primeira vez na vida, e ali estavam as fotos dessa viagem: sua Santidade em Washington, postado diante do Memorial de Lincoln e do Museu Aeroespacial; sua Santidade na Califórnia, no píer Santa Monica. Sorrindo de orelha a orelha, ele apontou, muito animado, suas duas fotos prediletas de todo o álbum: sua Santidade posando ao lado de Richard Gere e uma outra dele com Steve Seagal.

Os primeiros seis dias de trilha transcorreram em meio a uma deliciosa névoa mental. A rota nos levou por clareiras entre bosques de juníperos, bétulas anãs, pinheiros azuis, por cascatas ensurdecedoras, jardins de pedra encantadores e riachos borbulhantes. Ao longe, no horizonte, assomavam os picos sobre os quais eu lera a vida toda. Como grande parte de nosso equipamento estava sendo transportada pelos iaques e carregadores, minha mochila continha pouca coisa além de uma jaqueta, algumas barras de chocolate e a máquina fotográfica. Leve e sem

* Embora o nome tibetano para o cume seja Chomolungma e o nome nepalês seja Sagarmatha, parece que a maioria dos sherpas se refere à montanha como "Everest", nas conversas do dia a dia — mesmo quando falam com outros sherpas.

pressa, enredado no simples prazer de caminhar por uma região exótica, caí numa espécie de transe — mas a euforia nunca durava muito tempo. Mais cedo ou mais tarde eu lembrava para onde estava indo e a sombra do Everest, pairando em minha mente, logo me fazia recobrar a vigilância.

Cada um caminhava em seu próprio ritmo, parando muitas vezes para tomar alguma coisa numa das casas de chá espalhadas ao longo da trilha e para bater um papo com algum passante. Com muita frequência eu me pegava viajando em companhia de Doug Hansen, o funcionário dos correios, e de Andy Harris, o tranquilo guia júnior de Rob Hall. Andy — que Rob e todos os seus amigos neozelandeses chamavam de "Harold" — era um rapagão grande, forte, com um físico de atacante de futebol americano e uma beleza tosca, do tipo que se vê em comerciais de cigarro. Durante os invernos do outro lado do mundo, trabalhava na função — por sinal hoje muito requisitada — de guia de *helicopter-skiing*.* No verão, Andy trabalhava para cientistas realizando pesquisas geológicas na Antártida ou escoltava alpinistas até os Alpes do Sul, na Nova Zelândia.

Enquanto subíamos a trilha, Andy falava com grande saudade da mulher com quem vivia, uma médica chamada Fiona McPherson. Quando paramos para descansar numa pedra, ele tirou uma foto da mochila para me mostrar. Era uma mulher loira, alta, de aparência atlética. Andy contou que ele e Fiona estavam construindo uma casa juntos, nas montanhas em volta de Queenstown. Divagando com entusiasmo sobre os prazeres descomplicados de serrar vigas e martelar pregos, Andy admitiu que, quando Rob lhe oferecera esse trabalho no Everest, ficara indeciso sobre aceitá-lo ou não: "Foi um negócio muito difícil largar Fi e a casa, na verdade. Tínhamos acabado de colocar o telhado, entende? Mas como é que alguém pode recusar uma chance de escalar o Everest? Prin-

---

* Prática de esqui em que o esquiador é deixado no alto da montanha por helicóptero, para depois descê-la esquiando. Com isso, o esportista não fica limitado às pistas com teleférico. (W. N.)

cipalmente quando se tem a oportunidade de trabalhar junto com alguém como Rob Hall".

Embora Andy nunca tivesse estado no Everest antes, não era nenhum novato no Himalaia. Em 1985, escalara um pico dificílimo, chamado Chobutse, de 6683 metros de altura, situado a uns 48 quilômetros a oeste do Everest. E, no outono de 1994, passara quatro meses ajudando Fiona a dirigir a clínica médica de Pheriche, uma aldeola soturna e varrida por ventos, situada 4267 metros acima do nível do mar, onde passamos as noites de 4 e 5 de abril.

A clínica era financiada por uma fundação chamada Himalayan Rescue Association [Associação de Socorro do Himalaia], cujo objetivo principal era tratar enfermidades relacionadas com altitude (embora também oferecesse tratamento gratuito aos sherpas da região) e educar os *trekkers* sobre os perigos insidiosos de subir alto ou rápido demais. A clínica foi aberta em 1973, depois que quatro membros de um único grupo de japoneses, que haviam ido ao Himalaia fazer *trekking*, sucumbiram à altitude e morreram ali mesmo. Antes da existência da clínica, o mal da montanha matava cerca de um ou dois entre os quinhentos *trekkers* que passavam por Pheriche. Laura Ziemer — uma advogada cheia de vida que, à época de nossa visita, estava trabalhando naquele estabelecimento de quatro aposentos com o marido médico, Jim Litch, e um outro jovem médico chamado Larry Silver — fez questão de salientar que a alarmante taxa de mortalidade não fora aumentada por acidentes de alpinismo; as vítimas eram "apenas montanhistas comuns que nunca se aventuraram para além das trilhas preestabelecidas".

Agora, graças aos seminários educativos e ao socorro de emergência a cargo dos voluntários da clínica, a taxa de mortalidade fora reduzida a menos de uma morte para cada 30 mil *trekkers*. Embora ocidentais idealistas como Ziemer, que trabalham na clínica de Pheriche, não recebam nenhuma remuneração e tenham que pagar inclusive todas suas despesas de viagem, trata-se de um posto de prestígio que atrai candidatos altamente qualificados do mundo todo. Caroline Mackenzie, a médica da expedição de Hall, já trabalhara nessa clínica com Fiona McPherson e Andy, no outono de 1994.

Em 1990, ano em que Hall chegou pela primeira vez ao cume do Everest, a diretora da clínica era uma excelente médica da Nova Zelândia, chamada Jan Arnold. Hall a conheceu quando passava por Pheriche, a caminho das montanhas, e ficou caído por ela no mesmo instante. "Convidei Jan para sair comigo assim que desci do Everest", Hall recordou, em nossa primeira noite na aldeia. "No primeiro encontro propus a ela irmos juntos ao Alasca para escalar o monte McKinley. E ela topou." Casaram-se dois anos depois. Em 1993, Jan chegou ao topo do Everest com Hall; em 1994 e 1995, ela viajou até o acampamento-base para trabalhar como médica da expedição. Jan Arnold teria voltado uma vez mais à montanha, nesse ano, se não fosse o fato de estar grávida de sete meses do primeiro filho deles. De modo que a vaga foi ocupada pela dra. Mackenzie.

Após o jantar na quinta-feira, em nossa primeira noite em Pheriche, Laura Ziemer e Jim Litch convidaram Hall, Harris e Helen Wilton, nossa gerente do acampamento-base, para dar um pulo até a clínica, tomar alguma coisa e saber das novidades. No decorrer da noite, a conversa descambou para os riscos inerentes de empreender — e guiar — uma escalada do Everest. Litch lembra-se da discussão com uma nitidez arrepiante: Hall, Harris e Litch estavam de pleno acordo que, cedo ou tarde, um grande desastre envolvendo um número considerável de clientes seria "inevitável". Porém, disse Litch — que havia escalado o Everest a partir do Tibete, na primavera anterior —, "a sensação de Rob é que não seria com ele; estava preocupado tão somente com 'ter que salvar a vida de uma outra equipe' e com o fato de que, quando a calamidade inevitável acontecesse, 'com certeza ocorreria do lado norte e mais perigoso' do pico" — o lado tibetano.

No dia 6 de abril, algumas horas depois de deixarmos Pheriche, chegamos à parte inferior do glaciar do Khumbu, uma língua de gelo de uns dezenove quilômetros, que desliza do flanco sul do Everest e que serviria como estrada — esperava eu, ansioso — até o cume. A 4870 metros, tínhamos deixado para trás os últimos vestígios de verde. Vinte monumentos de pedra postavam-se numa fileira soturna ao longo da crista da morena principal do glaciar, voltados para o vale encoberto pela neblina: monumentos aos alpinistas que morreram no Everest, a maioria deles sherpa. Dali para a frente, nosso mundo seria uma vasta expansão nua e monocromática de rocha e gelo varrido pelo vento. E, apesar de nosso ritmo comedido, eu começava a sentir os efeitos da altitude, que me deixava zonzo e constantemente ofegante.

Nesse trecho, a trilha estava enterrada debaixo de uma camada de neve endurecida em vários lugares. Assim que a neve começou a amolecer, com o sol da tarde, os cascos de nossos iaques perfuraram a crosta congelada e os animais afundaram até a barriga. Os condutores açoitavam os animais, para forçá-los a ir adiante, e ameaçavam voltar. No final do dia chegamos a uma aldeia chamada Lobuje e ali buscamos abrigo do vento num alojamento lotado e de uma imundície espetacular.

Um conjunto de construções baixas e em estado precário, amontoadas bem juntinhas para se protegerem das intempéries na beirada do glaciar do Khumbu, Lobuje era um lugar soturno, repleto de sherpas e alpinistas de uma dezena de expedições diferentes, de *trekkers* alemães e de manadas de iaques extenuadas — todos a caminho do acampamento-base do Everest, ainda a um dia de distância vale acima. O engarrafamento, Rob explicou, devia-se à tardia e pesada camada de neve congelada no caminho, que até o dia anterior impedira qualquer iaque de chegar ao acampamento-base. A meia dúzia de alojamentos da aldeota estava completamente lotada. Havia barracas aglomeradas lado a lado, nos poucos trechos de terra barrenta que não estavam cobertos de neve. Dezenas de carregadores das etnias rai e tamang, que trabalhavam para diversas expedições e moravam nas regiões menos altas das montanhas — vestidos com trapos e calçados com sandálias de borracha —, foram alojadas em cavernas e debaixo das grandes pedras em volta das encostas.

Os três ou quatro banheiros de pedra da aldeia estavam literalmente transbordando de fezes. As latrinas eram tão abomináveis que a maioria, nepaleses e ocidentais, preferia evacuar a céu aberto, sempre que a necessidade surgisse. Havia imensas pilhas fedorentas de fezes humanas por toda parte, era impossível não pisar nelas. O rio de neve derretida que serpenteava pelo centro da aldeia era um esgoto a céu aberto.

O quarto principal do alojamento onde ficamos tinha beliches de madeira para acomodar cerca de trinta pessoas. Encontrei o leito superior de um beliche desocupado, sacudi do colchão imundo as pulgas e piolhos que consegui e estendi meu saco de dormir. Junto à parede mais próxima havia um braseiro de ferro queimando esterco seco de iaque e que assim nos aquecia. Após o sol se pôr, a temperatura caiu bem abaixo de zero e os carregadores entravam aos magotes, fugindo da noite cruel, para se aquecer ao pé do fogo. Como o esterco queima mal, mesmo na melhor das situações, e pior ainda na atmosfera carente de oxigênio de nossos 4973 metros de altitude, o alojamento encheu-se de uma fumaça densa, acre, como se o cano de escapamento de um ônibus a diesel estivesse enfiado dentro do quarto. Duas vezes, durante a noite, tossindo descontroladamente, tive de sair em busca de ar fresco. Pela manhã meus olhos ardiam, congestionados, minhas narinas estavam entupidas de fuligem preta e uma tossinha insistente e seca passou a me perseguir até o final da expedição.

Rob havia programado passar apenas um dia de aclimatação em Lobuje, antes de percorrer os últimos dez ou onze quilômetros até o acampamento-base — que nossos sherpas já tinham alcançado alguns dias antes, com o propósito de preparar o local para nossa chegada e começar a estabelecer uma rota nas encostas inferiores até o Everest. Na noite de 7 de abril, no entanto, chegou a Lobuje um homem completamente sem fôlego, de tanto correr com um recado preocupante do acampamento-base: Tenzing, um jovem sherpa contratado por Rob, caíra de uma altura de 45 metros dentro de uma greta — uma grande fenda no glaciar. Quatro outros sherpas haviam içado

Tenzing com vida da greta, mas ele estava muito ferido, talvez com o fêmur quebrado. Rob empalideceu e anunciou que ele e Mike Groom iriam de imediato até o acampamento-base, na madrugada seguinte, para coordenar o resgate de Tenzing. "Lamento ter de dizer isso a vocês", ele continuou, "mas precisarão ficar esperando aqui em Lobuje, na companhia de Harold, até resolvermos a situação."

Tenzing, como ficamos sabendo depois, estava fazendo o reconhecimento da rota acima do acampamento 1, escalando um trecho relativamente suave do glaciar do Khumbu, com quatro outros sherpas. Os cinco homens estavam andando em fila indiana, o que é absolutamente correto, mas não estavam atrelados a uma corda — uma violação seriíssima do protocolo do alpinismo. Tenzing estava caminhando bem atrás dos outros quatro, pisando nos mesmos lugares onde eles haviam pisado, quando de repente quebrou uma fina placa de gelo que encobria a greta profunda. Antes que tivesse tempo de gritar, caiu feito uma pedra dentro das entranhas infernais do glaciar.

A 6248 metros, um resgate seguro por helicóptero era impossível — o ar ali é muito ralo para fornecer força de ascensão aos rotores, o que torna muito perigoso pousar, subir ou simplesmente planar —, de modo que ele teria que ser carregado por 914 metros verticais, até o acampamento-base, através da cascata de gelo do Khumbu, um dos terrenos mais escarpados e traiçoeiros de toda a montanha. Levar Tenzing para baixo, com vida, exigiria um esforço maciço.

Rob sempre mostrou uma preocupação especial pelo bem-estar dos sherpas que trabalhavam para ele. Antes que nosso grupo partisse de Katmandu, ele reunira todo mundo e fizera um sermão especialmente severo sobre a necessidade de mostrar à nossa equipe sherpa gratidão e respeito. "Os sherpas que nós contratamos são os melhores do ramo", ele nos disse. "Eles dão um duro danado em troca de um salário relativamente baixo para os padrões ocidentais. Quero que todos vocês se lembrem de que não teríamos a *mínima* chance de chegar ao cume do Everest sem a ajuda deles. Eu vou repetir: sem o apoio de nossos sherpas, nenhum de nós teria a menor chance de escalar a montanha."

Numa conversa posterior, Rob admitiu que nos últimos anos fizera diversas restrições a alguns chefes de expedição por terem sido descuidados com sua equipe sherpa. Em 1995, um jovem sherpa morrera no Everest; no entender de Hall, o acidente ocorrera muito provavelmente porque "permitiram que o sherpa escalasse até quase o topo da montanha sem o devido treinamento. Eu acredito que é responsabilidade nossa, das pessoas que dirigem essas viagens, impedir que tais coisas aconteçam".

No ano anterior, uma expedição comercial norte-americana contratara um sherpa chamado Kami Rita como ajudante de cozinheiro. Forte e ambicioso, com 22 anos de idade, ele pressionou bastante para ser admitido na equipe dos sherpas alpinistas. Em apreço ao entusiasmo e à dedicação do rapaz, algumas semanas depois seu desejo foi satisfeito — embora ele não tivesse nenhuma experiência de alpinismo nem treinamento formal nas técnicas adequadas.

Dos 6705 aos 7620 metros, a rota padrão sobe por uma encosta de gelo muito inclinada, conhecida como o flanco do Lhotse. Como medida de segurança, as expedições sempre fixam uma série de cordas por toda a extensão dessa escarpa; os alpinistas devem se proteger, atrelando uma corda curta às cordas fixas quando estão subindo. Kami, jovem, presunçoso e inexperiente, não achou que fosse realmente necessário atrelar-se à corda fixa. Uma tarde, enquanto carregava um volume pelo flanco do Lhotse, Kami perdeu o pé no gelo duro feito pedra e caiu mais de seiscentos metros paredão abaixo.

Meu companheiro Frank Fischbeck vira o episódio todo. Em 1995, ele estava fazendo sua terceira tentativa de escalar o Everest como cliente da companhia americana que contratara o jovem sherpa. Frank subia atrelado às cordas, pelo flanco do Lhotse, e me contou, com voz embargada: "Olhei então para cima e vi uma pessoa despencando aos trambolhões. Ele passou por mim gritando e deixou um rastro de sangue".

Alguns alpinistas correram até o local onde Kami finalmente parou, no pé do flanco, mas ele já estava morto, em consequência dos graves ferimentos que sofrera na queda. O corpo foi levado até o acampamento-base e lá, seguindo a tradição budista, seus amigos levaram comida para alimentar o cadáver durante três dias. Em seguida foi carregado até uma aldeia perto de Tengboche e cremado. Enquanto o corpo ia sendo consumido pelas chamas, a mãe de Kami chorava convulsivamente e batia uma pedra afiada na cabeça.

O acidente com Kami despontou muito nítido na mente de Rob, ao alvorecer do dia 8 de abril, quando ele e Mike saíram às pressas rumo ao acampamento-base para tentar tirar Tenzing vivo do Everest.

5. LOBUJE
8 DE ABRIL DE 1996
4900 M

> *Passando pelas imensas torres de gelo da Phantom Alley, entramos no terreno pedregoso ao pé do gigantesco anfiteatro. [...] Aqui [a cascata de gelo] dava uma guinada abrupta para o sul, assim como o glaciar do Khumbu. Estabelecemos nosso acampamento-base a 5424 metros, na morena lateral que forma a beirada externa da virada. Rochedos enormes emprestavam um ar de solidez ao lugar, porém as pedras instáveis sob nossos pés corrigiam a impressão enganosa. Tudo que era possível ver, sentir e ouvir — da cascata de gelo, da morena, das avalanches, do frio — vinha de um mundo que não se destinava à habitação humana. Não havia água, nada crescia — apenas destruição e desintegração. [...] Ali seria nosso lar pelos vários meses seguintes, até que a montanha fosse escalada.*
>
> Thomas F. Hornbein, *Everest: the west ridge*

NO DIA 8 DE ABRIL, pouco depois do escurecer, o rádio portátil de Andy soltou uns estalidos e começou a funcionar, bem na porta do alojamento em Lobuje. Era Rob, chamando do acampamento-base, com boas notícias. O resgate envolvera uma equipe de 35 sherpas e vários integrantes de diversas expedições, tomara um dia inteiro de trabalho, mas eles conseguiram levar Tenzing para baixo. Amarraram-no numa escada de alumínio e, mal ou bem, arrastaram e carregaram o companheiro pela cascata de gelo; agora ele estava se recuperando do acidente no acampamento-base. Se o tempo não mudasse, um helicóptero iria até lá ao amanhecer, para levá-lo a um hospital de Katmandu. Com um nítido alívio na voz,

Rob nos deu sinal verde para sair de Lobuje pela manhã e seguir rumo ao acampamento-base.

Nós, clientes, também ficamos muito aliviados de saber que Tenzing estava a salvo. E sentimo-nos não menos aliviados de estar saindo de Lobuje. John e Lou contraíram algum tipo de desarranjo intestinal virulento, por causa das péssimas condições sanitárias. Helen, nossa gerente no acampamento-base, estava sofrendo de uma insuportável e constante dor de cabeça provocada pela altitude. E minha tosse piorara consideravelmente após a segunda noite no alojamento enfumaçado.

Naquela que seria nossa terceira noite na aldeia, decidi escapar da fumaceira nociva e me mudar para uma barraca montada logo na frente do alojamento, que Rob e Mike haviam vagado quando partiram para o acampamento-base. Andy resolveu se mudar comigo. Às duas da madrugada fui acordado por alguém sentando-se de repente na barraca, gemendo. "Ei, Harold", perguntei de dentro do saco de dormir, "você está passando bem?"

"Não tenho muita certeza, para dizer a verdade. Alguma coisa que comi no jantar parece que não caiu muito bem." Momentos depois, Andy abriu o zíper da barraca, num frenesi, e mal conseguiu botar a cabeça e o torso para fora antes de vomitar. Depois que o enjoo diminuiu, ele permaneceu vários minutos de quatro, meio para fora da barraca. Depois se levantou, correu alguns metros, arriou a calça e sucumbiu a um sonoro ataque de diarreia. Passou o resto da noite ao relento, descarregando com violência seu conteúdo gastrintestinal.

Pela manhã, Andy estava fraco, desidratado e tremendo feito vara verde. Helen sugeriu que ele ficasse em Lobuje até recobrar as forças, mas Andy não quis nem ouvir falar no assunto. "Não há nada neste mundo que me faça passar mais uma noite neste buraco de merda", declarou com uma careta, a cabeça enterrada nos joelhos. "Eu vou para o acampamento-base hoje, com vocês. Mesmo que seja de quatro."

Por volta das 9h00 já tínhamos arrumado as coisas e estávamos a caminho. Enquanto o restante do grupo seguia a passos rápidos, Helen e eu ficamos para trás, para caminhar ao lado de Andy, que precisava fazer um esforço monumental apenas para pôr um pé na frente do outro. Várias e várias vezes teve que parar, debruçar-se sobre os bastões de esqui durante muitos minutos, até reunir forças para ir adiante.

A rota serpenteou vários quilômetros para baixo e para cima, em meio às rochas instáveis da morena lateral do glaciar do Khumbu, depois despencou no glaciar propriamente dito. Cinzas, cascalho bruto e rochas de granito cobriam boa parte do gelo, mas de vez em quando a trilha cortava um trecho de puro gelo — um meio translúcido e congelado que reluzia como ônix polido. Água de degelo jorrava sem parar, através de inúmeras superfícies e por canais subterrâneos, criando um ronco fantasmagoricamente harmônico que ressoava por todo o glaciar.

No meio da tarde atingimos uma bizarra procissão de pináculos de gelo. Isolados uns dos outros, o maior deles, no trecho conhecido como Phantom Alley, tinha cerca de trinta metros de altura. Esculpidas pelos intensos raios solares, refletindo um tom radioativo de turquesa, as torres erguiam-se como os dentes de um tubarão gigante por sobre as pedras circundantes, até onde a vista alcançava. Helen — que já passara pelo terreno várias vezes — anunciou que estávamos chegando perto de nosso destino.

Alguns quilômetros adiante, o glaciar deu uma guinada acentuada para leste, subimos com dificuldade até a crista de uma longa escarpa e, esparramada à nossa frente, surgiu uma cidade heterogênea feita de cúpulas de náilon. Mais de trezentas barracas, abrigando um número quase igual de alpinistas e sherpas de catorze expedições, salpicavam o gelo pontilhado de pedras. Levamos vinte minutos até achar o local onde nossa expedição acampara, naquele mar de barracas. Enquanto subíamos o último trecho, Rob desceu ao nosso encontro para nos receber. "Bem-vindos ao acampamento-base do Everest", ele disse, sorrindo. O altímetro de meu relógio marcava 5364 metros.

A aldeia improvisada que nos serviria de lar durante as próximas seis semanas fora montada no topo de um anfiteatro natural, circundado por assustadores paredões de montanha. As escarpas acima do acampamento estavam drapejadas de glaciares suspensos, de onde despencavam avalanches fantásticas a qualquer hora do dia ou da noite. A uns quatrocentos metros a leste, espremida entre a parede do Nuptse e o ombro oeste do Everest, a cascata de gelo do Khumbu escorria por uma brecha estreita, num caos de fragmentos congelados. O anfiteatro abria-se para o sudoeste, de modo que era bem ensolarado; nas tardes de céu limpo, quando não havia vento, dava para sentar com tranquilidade ao ar livre, só de camiseta. Porém, assim que o sol se escondia atrás do cume cônico do Pumori — um pico de 7165 metros imediatamente a oeste do acampamento-base —, a temperatura caía abruptamente. Ao me recolher na barraca, à noite, ia rodeado por uma serenata de estalos e estampidos sonoros, lembrete de que eu estava deitado sobre um rio de gelo movente.

Em contraste absoluto com a aspereza do meio ambiente, havia uma infinidade de pequenos confortos fornecidos pelo acampamento da Adventure Consultants, que servia de lar para catorze ocidentais — os sherpas se referiam a nós coletivamente como "membros" ou "sahibs" — e onze sherpas. Nosso refeitório, uma imensa barraca de lona, fora equipado com uma enorme mesa de pedra, um aparelho de som, uma biblioteca e iluminação fornecida por energia solar; a barraca adjacente, que funcionava como centro de comunicações, abrigava um telefone e um fax operando via satélite. Fora improvisado um chuveiro com um esguicho de borracha e um balde cheio de água que era aquecida pelo pessoal da cozinha. Pão e legumes frescos chegavam a cada dois, três dias, no lombo dos iaques. Continuando uma tradição estabelecida na época do domínio britânico pelas expedições de outrora, todas as manhãs Chhongba e seu ajudante de cozinha iam de barraca em barraca levando canecos fumegantes de chá sherpa até nossos sacos de dormir.

Eu já ouvira muitas histórias sobre como as hordas crescentes de alpinistas haviam transformado o Everest num depósito de lixo. Muita gente culpava as expedições comerciais por essa mudança. Ainda que nos 1970 e 1980 o acampamento-base fosse mesmo um amontoado de detritos, mais recentemente havia se tornado um lugar bem mais organizado — com certeza o assentamento humano mais limpo que eu tinha visto desde Namche Bazaar. Na verdade, as expedições comerciais eram em grande parte responsáveis pela limpeza.

O fato de trazer clientes ao Everest todos os anos tornava os guias interessados nessa questão de uma maneira que os visitantes eventuais não eram. Como parte de sua expedição de 1990, Rob Hall e Gary Ball tomaram a iniciativa de remover cinco toneladas de lixo do acampamento-base. Hall e alguns outros guias começaram a trabalhar com os ministros de Katmandu para formular diretrizes que incentivassem os alpinistas a manter a montanha limpa. Em 1996, além de pagar a taxa de escalada, as expedições tiveram que depositar 4 mil dólares, que só seriam devolvidos se um volume preestabelecido de lixo fosse carregado de volta a Namche e Katmandu. Até mesmo os barris que coletavam os excrementos de nossas privadas tinham que ser removidos e transportados.

O acampamento-base fervilhava como um formigueiro. Em certo sentido, a expedição da Adventure Consultants servia como sede do governo para todo o acampamento-base, já que ninguém ali na montanha gozava de tanto respeito quanto Rob Hall. Sempre que havia um problema — um desentendimento trabalhista com os sherpas, uma emergência médica, uma decisão crítica sobre as estratégias da escalada —, as pessoas iam até nosso refeitório em busca dos conselhos de Hall. E ele dividia generosamente toda sua sabedoria acumulada com os concorrentes, que afinal estavam competindo por clientes, e sobretudo com Scott Fischer.

Em 1995, Fischer guiara com sucesso uma expedição que escalou uma das montanhas de mais de 8 mil metros:* o Broad Peak,

---

* Existem catorze picos com mais de 8 mil metros (acima do nível do mar).

de 8046 metros de altura, situado nos montes Karakoram, no Paquistão. Fischer também tentara o Everest quatro vezes e chegara ao topo uma vez, em 1994, mas não no papel de guia. A primavera de 1996 marcava sua primeira visita à montanha na qualidade de líder de uma expedição comercial; da mesma forma que Hall, Fischer tinha oito clientes no grupo. Seu acampamento, embandeirado com uma imensa faixa promocional do Starbucks Coffee pendurada num bloco de granito do tamanho de uma casa, estava a cinco minutos do nosso, um pouco abaixo no glaciar.

O variado grupo de homens e mulheres que fazem da escalada dos mais altos picos do mundo uma carreira constitui um clube muito pequeno e fechado. Fischer e Hall eram concorrentes comerciais. Contudo, na qualidade de integrantes eminentes da fraternidade da alta montanha, seus caminhos se cruzavam com frequência e, num certo nível, consideravam-se amigos. Fischer e Hall conheceram-se nos anos 1980, na região montanhosa do Pamir, na Rússia, e depois disso passaram um bom tempo juntos no Everest, em 1989 e 1994. Os dois tinham sérios planos de juntar forças e tentar o Manaslu — um pico dificílimo, de 8162 metros, na região central do Nepal —, logo depois de guiar seus respectivos clientes ao Everest, em 1996.

Os laços entre Fischer e Hall haviam sido cimentados em 1992, quando toparam um com o outro no K2, a segunda maior montanha do mundo. Hall estava tentando chegar ao topo junto com seu *compañero* e parceiro comercial, Gary Ball; Fischer estava subindo com um alpinista de elite, um americano chamado Ed Viesturs. Na volta, durante uma furiosa tempestade, Fischer, Viesturs e um terceiro norte-americano, Charlie Mace, encontraram Hall se debatendo para cuidar de Ball, praticamente inconsciente, atingido por um ataque fortíssimo do mal da montanha e incapaz de se locomover por si próprio. Fischer,

---

Embora seja uma designação meio arbitrária, os alpinistas sempre deram importância especial à escalada desses picos. A primeira pessoa a escalar todos os catorze foi Reinhold Messner, em 1986. Até hoje, apenas quatro outros alpinistas repetiram a façanha.

Viesturs e Mace ajudaram a arrastar Ball pelas encostas inferiores assoladas por avalanches, em meio a um tremendo vendaval, salvando-lhe a vida. (Um ano mais tarde Ball morreria da mesma enfermidade, nas encostas do Dhaulagiri.)

Fischer, aos quarenta anos, era um homem robusto, gregário, com um rabo de cavalo loiro e uma energia excessiva. Aos catorze anos de idade, em Basking Ridge, New Jersey, ele assistira a um programa de televisão sobre alpinismo e ficara fascinado. No verão seguinte, viajou até o Wyoming e matriculou-se num curso de sobrevivência em territórios selvagens na NOLS, National Outdoor Leadership School [Escola Nacional de Liderança em Alpinismo *outdoor*]. Assim que se formou no segundo grau, mudou-se definitivamente para o oeste e arrumou um emprego sazonal como instrutor da NOLS; pôs o alpinismo como centro absoluto de sua existência e nunca mais mudou de ideia.

Quando Fischer tinha dezoito anos, trabalhando na NOLS, apaixonou-se por uma das estudantes do curso, chamada Jean Price. Casaram-se sete anos depois, estabeleceram-se em Seattle e tiveram dois filhos, Andy e Katie Rose (que estavam com nove e cinco anos, respectivamente, quando Scott Fischer foi para o Everest, em 1996). Jean Price tirou brevê de piloto e tornou-se capitã da Alaska Airlines — uma carreira de prestígio e bem paga, que permitia a Fischer escalar em tempo integral. A renda da mulher também permitiu que Fischer abrisse a Mountain Madness em 1984.

Se o nome da empresa de Hall, Adventure Consultants [Consultores para Aventuras], espelhava sua forma metódica e meticulosa de encarar o alpinismo, a Mountain Madness [Loucura pela Montanha] era um reflexo ainda mais preciso do estilo de Fischer. Já com vinte e poucos anos adquirira fama por seu jeito audacioso e intrépido de atacar uma escalada. Durante toda a sua carreira de alpinista, mas sobretudo nos primeiros anos, sobreviveu a vários acidentes assustadores que, a bem da verdade, deveriam ter liquidado com ele.

Pelo menos em duas ocasiões, quando escalava rochas — uma vez no Wyoming, outra no Yosemite —, despencou de uma altura de mais de 24 metros. Enquanto trabalhava como instrutor júnior num dos cursos da NOLS, na cadeia Wind River, mergulhou 21 metros, sem corda, até o fundo de uma greta no glaciar Dinwoody. Talvez sua queda mais infame, no entanto, tenha ocorrido quando ainda era novato em alpinismo de gelo: apesar da inexperiência, Fischer decidira tentar uma cobiçada primeira subida por uma dificílima cascata congelada, chamada cachoeira Bridal Veil, no canyon Provo, em Utah. Competindo com dois alpinistas experientes que iam gelo acima, Fischer perdeu o pé e sofreu uma queda de trinta metros.

Para surpresa de todos os que viram o acidente, ele se ergueu e saiu andando com ferimentos relativamente leves. Durante o longo mergulho até o chão, no entanto, a ponta tubular de uma ferramenta para escalar no gelo perfurou sua canela e saiu pelo outro lado. Quando ele extraiu a ponta oca, tirou também um bom pedaço de tecido, deixando um buraco grande o bastante para se enfiar um lápis em sua perna. Fischer não viu nenhum motivo para gastar suas parcas reservas financeiras tratando um machucado tão pequeno, de modo que continuou escalando pelos seis meses seguintes com a ferida aberta e supurada. Quinze anos mais tarde ele me mostrou todo orgulhoso a cicatriz deixada por aquela queda: um par de marcas brilhantes, do tamanho de uma moeda de dez centavos de dólar, apoiando seu tendão de Aquiles.

"Scott ia além de qualquer limitação física", lembra-se Don Peterson, um renomado alpinista americano que conheceu Fischer logo depois que ele escorregou da Bridal Veil. Peterson acabou se tornando uma espécie de tutor de Fischer, tendo feito algumas escaladas com ele nas duas décadas seguintes. "Sua força de vontade era impressionante. Não importava quanta dor estivesse sentindo — ele não tomava conhecimento e continuava subindo. Não era do tipo de dar meia-volta só porque o pé estava doendo."

"Scott tinha uma ambição tremenda de se tornar um grande alpinista, de ser um dos melhores do mundo. Lembro-me de que na sede da NOLS havia uma espécie de academia bem rudimentar. Scott entrava naquela sala e malhava regularmente com tanto empenho que em geral vomitava. Regularmente. Não existe muita gente desse tipo."

As pessoas eram atraídas pela energia e generosidade de Fischer, por sua ausência de malícia, pelo seu entusiasmo quase infantil. Tosco e emotivo, sem nenhuma inclinação para a introspecção, tinha o tipo de personalidade gregária e magnética que faz amigos instantaneamente, para o resto da vida; centenas de pessoas — inclusive algumas que ele vira uma ou duas vezes — consideravam-no um amigo do peito. Era também um homem de extraordinária beleza, com um físico de halterofilista e as feições marcantes de um astro de cinema. Entre os que se sentiam atraídos por ele, não poucos eram do sexo oposto, e Fischer não era imune a atenções.

Homem de apetites fenomenais, Fischer fumava muita maconha (embora não o fizesse quando estava trabalhando) e bebia mais do que o recomendável. Uma saleta nos fundos dos escritórios da Mountain Madness funcionava como uma espécie de clube secreto para Scott: depois de pôr as crianças na cama, ele gostava de se refugiar ali com os amigos, para dividir um baseado e ver slides dos bravos feitos da turma nas alturas.

Durante a década de 1980, Fischer concluiu um número impressionante de escaladas difíceis, o que lhe valeu um certo renome local, mas ainda assim não era reconhecido pela comunidade dos alpinistas. Apesar de todos os esforços, não conseguia um patrocínio comercial lucrativo, como o de seus pares mais famosos. Preocupava-se com a possibilidade de que alguns desses grandes alpinistas não o respeitassem.

"O reconhecimento era uma coisa muito importante para Scott", diz Jane Bromet, sua agente publicitária, confidente e parceira frequente em escaladas, que acompanhou a expedição da Mountain Madness até o acampamento-base para enviar boletins via Internet para a Outside Online. "Ele ansiava por isso. Tinha um lado vulnerável que a maioria das pessoas não enxergava; ele se incomodava, e muito, por não ser mais amplamente respeitado como um alpinista completo. Ele se sentia humilhado e machucado."

Quando Fischer partiu para o Nepal, na primavera de 1996, estava começando a conseguir mais reconhecimento do que ele próprio achava que merecia. Boa parte veio na esteira de sua subida ao Everest, em 1994, sem o auxílio de oxigênio suplementar. Batizada como Expedição Ambientalista Sagarmatha, a equipe de Fischer removeu 2500 quilos de lixo da montanha — o que foi muito bom para a montanha e acabou sendo uma publicidade ainda melhor para ele. Em janeiro de 1996, Fischer liderou uma escalada do Kilimanjaro, a montanha mais alta da África, que foi muito divulgada, em que arrecadou meio milhão de dólares para a entidade beneficente CARE. Graças, em grande parte, à limpeza realizada no Everest pela expedição de 1994, e à escalada beneficente na África, quando Fischer partiu para o Everest, em 1996, já havia aparecido várias vezes, e com destaque, nos meios de comunicação de Seattle. Sua carreira no alpinismo estava em franca ascensão.

Era inevitável que os jornalistas questionassem Fischer sobre os riscos associados ao tipo de alpinismo que ele praticava e perguntassem como conciliava isso com o fato de ser marido e pai. Fischer respondia que estava se arriscando bem menos do que durante os anos desmiolados de juventude — que ele se tornara um alpinista muito mais cuidadoso e conservador. Pouco antes de partir para o Everest, em 1996, ele declarou ao escritor Bruce Barcott, de Seattle: "Acredito cem por cento que vou voltar. [...] Minha mulher acredita cem por cento que eu vou voltar. Ela não fica nem um pouco preocupada comigo quando estou trabalhando como guia, porque vou fazer todas as escolhas corretas. Acho que os acidentes acontecem sempre em virtude de um erro humano. E é isso que eu quero eliminar. Já tive muitos acidentes escalando, quando era jovem. Você começa a dar uma porção de desculpas, mas no fim das contas é sempre um erro humano".

Em que pesem as garantias de Fischer, sua carreira peripatética de alpinista estava pesando na família. Ele era louco pelos filhos e, quando estava em Seattle, costumava ser um pai atencioso, mas as escaladas regulares o afastavam de casa meses a fio.

Fischer esteve ausente em sete dos nove aniversários do filho. Na verdade, dizem seus amigos, à época em que ele partiu para o Everest, em 1996, seu casamento estava em crise, situação ainda mais exacerbada por sua dependência financeira da mulher.

Como a maioria dos concorrentes, a Mountain Madness não dava grandes lucros e nunca dera, desde sua abertura: em 1995, Fischer levou para casa apenas uns 12 mil dólares. Porém as coisas estavam começando, finalmente, a parecer promissoras, graças à crescente fama de Fischer e aos esforços de sua sócia e gerente, Karen Dickinson, cuja capacidade de organização e sensatez compensavam as bravatas e a despreocupação de Fischer. De olho no sucesso de Rob Hall em suas expedições ao Everest — e nas grandes somas que se podia exigir, em consequência disso —, Fischer decidiu que era hora de entrar no mercado do Everest. Se conseguisse imitar Hall, logo mais estaria elevando a Mountain Madness à categoria de empresa lucrativa.

O dinheiro em si não parecia ter grande importância para Fischer. Ele não ligava a mínima para coisas materiais, no entanto ansiava por respeito — de sua família, de seus pares, da sociedade em geral — e sabia que em nossa cultura o dinheiro é o principal parâmetro do sucesso.

Poucas semanas depois que Fischer retornou vitorioso do Everest, em 1994, eu o encontrei em Seattle. Não o conhecia muito bem, mas tínhamos alguns amigos em comum e muitas vezes nos cruzávamos em alguma montanha ou numa festa de alpinistas. Nessa ocasião ele quis conversar comigo sobre a expedição ao Everest que estava planejando: eu deveria ir junto, ele insistiu, e escrever um artigo sobre a escalada para a *Outside*. Quando respondi que seria loucura para alguém como eu, com tão pouca experiência em grandes altitudes, tentar o Everest, ele disse: "Ei, você está valorizando demais essa coisa de experiência. Não é a altitude que importa, é a atitude, meu chapa. Você não vai ter nenhum problema. Já escalou coisas bem difíceis — algumas até mais difíceis que o Everest. Nós já sacamos qual é a do Everest, estamos em sintonia total. Hoje em dia, olhe só, a gente já construiu uma trilha de tijolos amarelos até o topo".

Scott Fischer despertou meu interesse — talvez mais do que ele imaginava — e não deu folga. Falava do Everest toda vez que me encontrava e infernizou a vida de Brad Wetzler, um dos editores da *Outside*, com essa ideia. Lá por janeiro de 1996, em grande medida graças ao lobby cerrado de Fischer, a revista se comprometeu de fato a me enviar para o Everest — provavelmente, conforme Wetzler sugerira, como integrante da expedição de Fischer. Na cabeça de Scott, o negócio já estava fechado.

Um mês antes da data programada para a partida, no entanto, recebi um telefonema de Wetzler dizendo que tinha havido uma mudança de planos. Rob Hall fizera à revista uma proposta muito melhor: que eu me juntasse à expedição da Adventure Consultants em vez de à de Fischer. Eu conhecia Fischer, gostava dele, e naquele tempo não sabia grande coisa a respeito de Hall, de modo que de início relutei. Porém, depois que um companheiro de alpinismo em quem eu tinha plena confiança me confirmou a reputação impecável de Hall, concordei com entusiasmo em ir ao Everest com a Adventure Consultants.

Uma tarde, no acampamento 1, perguntei a Hall por que motivo ele ficara tão interessado em me colocar em seu grupo. Muito honestamente ele explicou que não era em mim que estava interessado de fato, nem mesmo na publicidade que certamente o artigo iria gerar. O que lhe interessava, na verdade, era a profusão de anúncios gratuitos que iria colocar na *Outside*, com essa permuta.

Hall contou-me que, segundo os termos do acordo, ele aceitara receber apenas 10 mil dólares em dinheiro, do total que costumava cobrar; o restante seria pago em sistema de permuta e ele teria acesso ao dispendioso espaço publicitário da revista, dirigida a um mercado classe A de pessoas aventureiras e fisicamente ativas — as mesmas que sua empresa atendia. E, mais importante ainda, disse Hall: "É um público americano. É provável que oitenta ou noventa por cento do mercado potencial para expedições guiadas ao Everest e aos outros dos Sete Picos estejam nos Estados Unidos. Depois desta temporada, quando meu colega Scott tiver se estabelecido como guia, ele vai ter uma imensa vantagem sobre a Adventure Consultants simplesmente pelo fato de estar nos Estados Unidos. Para competir com ele teremos de aumentar, e muito, nossa publicidade lá".

Em janeiro, quando Fischer descobriu que Hall havia conseguido me levar em sua equipe, ficou apoplético. Ligou-me do Colorado, furioso, e avisou que não ia deixar que Hall vencesse a parada. (Assim como Hall, Fischer não tentou esconder o fato de que não era em mim que estava interessado, e sim na publicidade e nos anúncios.) No fim, entretanto, não se dispôs a cobrir a oferta que Hall fizera à revista.

Quando cheguei ao acampamento-base como integrante do grupo da Adventure Consultants e não da Mountain Madness, Scott Fischer não parecia ter guardado nenhum rancor. Assim que desci até seu acampamento para visitá-lo, ele me serviu um caneco de café, pôs o braço em volta de meu ombro e pareceu realmente feliz de me ver.

Apesar das várias benesses da civilização disponíveis no acampamento-base, não havia como esquecer que estávamos quase 5 mil metros acima do nível do mar. Só de andar até o refeitório eu ficava ofegante por vários minutos. Se eu sentasse muito rápido, minha cabeça rodava e eu sentia vertigem. A tosse rascante, que começara em Lobuje, vinha lá do fundo e piorava a cada dia. Dormir era dificílimo, um sintoma comum do mal da montanha, em menor grau. Quase todas as noites eu acordava umas três ou quatro vezes, ofegante, sentindo-me como se estivesse sufocando. Cortes e arranhões recusavam-se a sarar. Meu apetite sumiu e meu sistema digestivo, que exigia oxigênio abundante para metabolizar a comida, não estava tirando muito partido do que eu me forçava a engolir; o que meu corpo fez foi começar a consumir a si próprio para se sustentar. Braços e pernas foram aos poucos murchando e logo mais virariam uns palitos.

Alguns companheiros estavam se dando ainda pior que eu naquele ambiente de pouco ar e pouca higiene. Andy, Mike, Caroline, Lou, Stuart e John sofreram ataques de desarranjo gastrintestinal que os mantinham numa corrida constante até as latrinas.

Helen e Doug estavam sofrendo de dores de cabeça tremendas. Nas palavras de Doug: "É como se alguém estivesse enterrando um prego entre meus olhos".

Essa era a segunda vez que Doug acompanhava Hall ao Everest. No ano anterior, Rob obrigara Doug e três outros clientes a descerem a meros cem metros do topo, só porque estava ficando tarde e a crista do cume estava enterrada sob um manto de neve profunda e instável. "O cume parecia tããããão perto", Doug relembrou, com uma risada pesarosa. "Pode acreditar, desde então não houve um dia sequer em que eu não tenha pensado no assunto." Porém Hall o convencera a voltar, sentira pena por Doug Hansen não ter conseguido chegar ao topo, e como chamariz reduziu significativamente o preço que cobrava.

Entre meus companheiros pagantes, Doug era o único que já escalara várias montanhas sem o auxílio de um guia profissional; embora não fosse um alpinista de elite, seus quinze anos de experiência o tornavam perfeitamente capaz de cuidar de si mesmo nas alturas. Se alguém de nossa expedição ia conseguir chegar ao topo, eu presumia que esse alguém fosse Doug: ele era forte, estava motivado e já chegara muito perto do cume do Everest.

A menos de dois meses de seu 47º aniversário, divorciado havia dezessete anos, Doug confidenciou-me que já estivera envolvido com uma série de mulheres e que todas elas acabavam indo embora porque se cansavam de competir com as montanhas. Poucas semanas antes de partir para o Everest, em 1996, Doug conhecera uma nova mulher, durante uma visita a um amigo, em Tucson, e os dois se apaixonaram. Por uns tempos trocaram enxurradas de faxes, depois passaram-se vários dias sem que Doug tivesse notícias dela. "Acho que ela caiu em si e me descartou", ele disse, suspirando, de cara abatida. "E olhe que ela era muito legal. Eu estava achando que dessa vez podia ser para valer."

Algumas horas depois, naquela mesma tarde, ele se aproximou de minha barraca acenando com um novo fax. "Karen Marie diz que está se mudando para a região de Seattle!", contou, afobado e felicíssimo. "Uau! Isso pode ser sério. É melhor eu chegar ao cume e tirar o Everest do sangue antes que ela mude de ideia."

Além de se corresponder com a nova mulher de sua vida, Doug passava horas no acampamento-base escrevendo inúmeros cartões-postais para os alunos da escola de primeiro grau Sunrise, um estabelecimento público em Kent, Washington, que vendera camisetas para ajudá-lo a custear a escalada. Ele me mostrou vários dos cartões: "Algumas pessoas têm grandes sonhos, outras têm sonhos pequenos", ele escreveu para uma menina chamada Vanessa. "Seja qual for seu sonho, o mais importante é nunca parar de sonhar."

Doug passava ainda mais tempo escrevendo faxes para seus dois filhos adultos — Angie, 19, e Jaime, 27 anos —, a quem ele criara sozinho. Ele estava na barraca ao lado da minha e, toda vez que chegava um fax de Angie, lia para mim, sorrindo de orelha a orelha. "Puxa", declarava, "como é que um cara assim perdido feito eu pode ter criado uma garota tão fantástica?"

De minha parte, escrevi poucos postais e faxes. Em vez disso passava a maior parte do tempo no acampamento-base, pensando em como me sairia em alta montanha, sobretudo na chamada zona da morte, acima dos 7600 metros. Eu tinha, em minha bagagem de alpinista, muito mais horas de escaladas técnicas em rocha e gelo que a maioria dos clientes e de muitos guias também. Só que experiência técnica em alpinismo vale muito pouco no Everest, e minha experiência em grandes altitudes era muito menor do que a de quase todos os presentes. De fato, ali no acampamento-base — apenas o dedão do Everest — eu já estava a uma altitude muito maior do que jamais estivera em toda minha vida.

Isso não parecia preocupar Hall. Depois de sete expedições ao Everest, explicou ele, já havia aprimorado ao máximo um plano eficaz de aclimatação que nos permitiria uma adaptação gradativa à escassez de oxigênio na atmosfera. (No acampamento-base havia mais ou menos metade do oxigênio que há no nível do mar; no cume, apenas um terço disso.) Quando se depara com um aumento de altitude, o corpo humano se ajusta de várias maneiras, desde um aumento no ritmo da respiração, mudança do PH do sangue, até um aumento radical no número de glóbulos vermelhos que levam o oxigênio pelo corpo — uma conversão que leva semanas para se completar.

Hall, porém, insistia que, acima do acampamento-base, após três viagens, subindo uns seiscentos metros de cada vez, nosso organismo estaria adaptado o suficiente para permitir uma transição segura até o cume de 8848 metros. "Já funcionou 39 vezes até agora, companheiro", Hall me garantiu com um sorriso de esguelha quando lhe confessei minhas dúvidas. "E alguns dos caras que subiram comigo eram quase tão patéticos quanto você."

6. ACAMPAMENTO-BASE DO EVEREST
12 DE ABRIL DE 1996
5300 M

> *Quanto mais improvável a situação e maior o esforço exigido [do alpinista], tanto mais doce é o sangue que nos flui depois, liberando toda a tensão. A perspectiva do perigo serve apenas para aguçar o controle e a atenção. E talvez seja esse o motivo racional de todos os esportes de risco: você eleva, deliberadamente, o grau de esforço e concentração, com o objetivo, digamos assim, de limpar a mente das trivialidades. Trata-se de um modelo da vida em pequena escala, mas com uma diferença fundamental: ao contrário da vida rotineira, na qual em geral é possível corrigir os erros e chegar a algum tipo de acordo que satisfaça todas as partes, nossas ações, mesmo que por momentos brevíssimos, têm consequências seriíssimas.*
>
> A. Alvarez, *The savage god: a study of suicide*

ESCALAR O EVEREST É UM PROCESSO longo e aborrecido, mais parecido com um projeto gigantesco de engenharia do que com o tipo de alpinismo que eu praticara até então. Incluindo-se os sherpas, havia 26 pessoas na equipe de Hall; não era uma tarefa das mais fáceis manter todo mundo alimentado, abrigado e em boas condições de saúde a 5364 metros de altitude, a 160 quilômetros da estrada mais próxima. Hall, no entanto, era um intendente de primeiríssima ordem e sentia prazer com os desafios. No acampamento-base ele se debruçava sobre resmas de instruções impressas por computador detalhando as minúcias logísticas: cardápios, peças sobressalentes, ferramentas, remédios, equipamento de comunicação, transporte de carga, disponibilidade de iaques e por aí afora. Engenheiro nato, Rob adorava infraestrutura, objetos eletrônicos e aparelhinhos de todos os tipos; passava todo o tempo livre mexendo no sistema de captação de energia solar ou então lendo os números atrasados da revista *Popular Science*.

Na tradição de George Leigh Mallory e de muitos outros que subiram o Everest, a estratégia de Hall era sitiar a montanha. Os sherpas iriam levantar, aos poucos, uma série de quatro acampamentos acima do acampamento-base — cada um deles cerca de seiscentos metros mais alto que o outro —, transportando, de acampamento em acampamento, imensos caixotes de comida, combustível para cozinhar e oxigênio, até que todo o material necessário estivesse devidamente armazenado 7924 metros acima, no colo sul. Se tudo corresse segundo o grande plano de Hall, nosso ataque ao cume seria lançado do acampamento mais alto — acampamento 4 — dali a um mês.

Mesmo que nenhum de nós, clientes pagantes, tivesse que participar do transporte de carga* antes do ataque ao cume, teríamos que fazer diversas incursões acima do acampamento-base para nos aclimatarmos. Rob anunciou que a primeira dessas excursões de aclimatação seria no dia 13 de abril — uma viagem de ida e volta, durante o dia todo, até o acampamento 1, empoleirado no cimo mais alto da cascata de gelo do Khumbu, a uns oitocentos metros verticais acima.

Passamos a tarde do dia 12 de abril, meu 42º aniversário, preparando nossos equipamentos de alpinismo. O acampamento lembrava um pátio de liquidação de objetos dispendiosos, com todas as nossas coisas espalhadas entre as pedras, para que pudéssemos escolher as roupas, ajustar as cadeirinhas, o equipamento de segurança e também encaixar os grampões na bota (um grampão

---

* Desde as primeiras investidas ao Everest tem sido costume, entre a maioria das expedições — comerciais e não comerciais —, contratar uma equipe de sherpas para transportar grande parte da carga pela montanha. Porém, na qualidade de clientes pagantes de uma expedição guiada, não carregávamos nenhum peso, exceto um pequeno volume com algumas coisas pessoais. Sob esse aspecto, diferíamos significativamente das expedições não comerciais de outrora.

é uma grade de pontas de aço de cinco centímetros, que se ajusta nas solas da bota para se ter firmeza no gelo). Fiquei surpreso e preocupado ao ver Beck, Stuart e Lou desempacotando botas de alpinismo novas em folha, que, como eles próprios admitiram, mal tinham sido usadas. Fiquei me perguntando se eles por acaso sabiam o risco que estavam correndo ao subir o Everest com calçados ainda não amaciados: duas décadas antes eu participara de uma expedição com botas novas e aprendera, do modo mais penoso, que botas de alpinismo duras e rígidas podem causar esfoladuras e machucados debilitantes antes de estarem bem amaciadas.

Stuart, o jovem cardiologista canadense, descobriu que seus grampões não serviam para as novas botas. Por sorte, depois de empregar toda a sua imensa caixa de ferramentas e uma dose razoável de engenho, Rob conseguiu improvisar uma alça e os grampões funcionaram.

Enquanto eu arrumava a mochila para o dia seguinte, fiquei sabendo que, entre as demandas familiares e as carreiras de sucesso, poucos de meus companheiros pagantes tinham tido oportunidade de praticar alpinismo mais que uma ou duas vezes no ano anterior. Embora todos parecessem estar em excelente forma física, as circunstâncias forçaram quase todos a fazer o grosso do treinamento em aparelhos de ginástica e esteiras, não em picos de verdade. Isso me deixou preocupado. O condicionamento físico é um componente crucial do alpinismo, mas há muitos outros elementos igualmente importantes e nenhum deles pode ser praticado numa academia.

Mas talvez eu esteja apenas sendo esnobe, censurei a mim mesmo. De qualquer maneira, era óbvio que todos os meus companheiros estavam tão excitados quanto eu diante da perspectiva de poder enfiar os grampões numa montanha genuína quando chegasse o dia seguinte.

Nossa rota até o cume seguiria o glaciar do Khumbu até a metade inferior da montanha. Do *bergschrund*,* a 7010 metros,

---

* Um *bergschrund* é uma fenda profunda que delineia a extremidade supe-

que marca sua porção superior, esse grande rio de gelo descia por quatro quilômetros, num vale relativamente suave chamado Circo Oeste. Ao avançar pouco a pouco sobre saliências e inclinações sob o estrato subjacente do Circo, o glaciar ia se fragmentando em incontáveis fendas — gretas. Algumas dessas gretas eram estreitas o bastante para se atravessar com facilidade; outras tinham até 24 metros de largura e algumas centenas de metros de profundidade, com uns oitocentos metros de ponta a ponta. As grandes em geral constituíam um obstáculo e tanto à nossa subida e, quando escondidas sob uma crosta de neve, podiam representar um enorme perigo. Mas os desafios das gretas do Circo Oeste acabaram se mostrando, no decorrer dos anos, bastante previsíveis e contornáveis.

Já a cascata de gelo era uma outra história. Nenhum trecho da rota pelo colo sul era mais temido pelos alpinistas. A cerca de 6090 metros de altitude, onde o glaciar emergia da porção inferior do Circo Oeste, ela se arremessava bruscamente sobre um declive inclinadíssimo. Essa era a infame cascata de gelo do Khumbu, o trecho mais difícil, do ponto de vista técnico, de toda a rota.

Na cascata de gelo, o movimento do glaciar, segundo as medições, é de noventa centímetros a 1,20 metro por dia. Ao deslizar pelo terreno íngreme e irregular, aos trancos e barrancos, a massa de gelo fragmenta-se numa série de imensos blocos instáveis chamados *seracs*, alguns deles tão grandes quanto um edifício. Como a rota de ascensão passava embaixo, em volta e entre centenas dessas torres movediças, cada passagem pela cascata de gelo era, literalmente, como uma rodada de roleta-russa: cedo ou tarde algum *serac* iria despencar sem aviso e a única coisa a fazer era torcer para não estar debaixo dele quando caísse. Desde 1963, quando um companheiro de Hornbein e Unsoeld chamado Jake Breitenbach foi esmagado por um *serac*, tornando-se

---

rior de um glaciar; forma-se à medida que o gelo escorrega das paredes mais empinadas imediatamente acima, deixando uma brecha entre o glaciar e a rocha.

a primeira vítima da cascata de gelo, dezoito outros alpinistas já morreram no local.

No inverno anterior, assim como já fizera em invernos passados, Hall se reunira com os líderes de todas as expedições que planejavam subir o Everest na primavera e, juntos, haviam concordado que uma das equipes seria responsável por abrir e manter uma rota através da cascata de gelo. Por esse trabalho, a equipe escolhida receberia 2 mil dólares de cada uma das outras expedições. Nos últimos anos essa abordagem cooperativa tem sido recebida com grande, ainda que não universal, aceitação, mas nem sempre foi o caso.

A primeira vez em que uma expedição teve a ideia de cobrar das outras para atravessar o gelo foi em 1988, quando uma equipe norte-americana muito rica anunciou que todas as expedições que pretendessem seguir a rota que ela havia demarcado na cascata de gelo teriam que desembolsar mais de 2 mil dólares. Algumas das equipes daquele ano, que ainda não haviam compreendido que o Everest não era mais apenas uma montanha e transformara-se também num bem comercial, ficaram indignadas. E o maior escarcéu veio da parte de Rob Hall, que liderava uma equipe neozelandesa pequena e pobre.

Hall lamuriou-se, dizendo que os americanos estavam "violando o espírito das montanhas" e praticando uma vergonhosa forma de extorsão alpina, porém Jim Frush, o insensível advogado que chefiava o grupo americano, continuou impassível. Por fim Hall concordou, rilhando os dentes, em mandar a Frush um cheque e recebeu permissão para passar pela cascata de gelo. (Frush mais tarde relatou que Hall nunca honrou sua promessa.)

Dois anos depois, no entanto, Hall mudou de ideia e enxergou a lógica de tratar a cascata de gelo como um pedágio de estrada. De fato, de 1993 a 1995, ele próprio se prontificou como voluntário para demarcar a rota e arrecadar, para si, os pedágios. Na primavera de 1996, preferiu não assumir a responsabilidade pela cascata de gelo, mas não hesitou em pagar ao líder de uma expedição comercial* concorrente — um veterano escocês do Everest chamado Mal Duff — a taxa para que ele assumisse a tarefa. Muito antes que tivéssemos chegado ao acampamento-base, uma equipe de sherpas contratados por Duff marcara uma trilha em zigue-zague através dos *seracs*, estendendo quase dois quilômetros de corda e instalando sessenta escadas de alumínio sobre as superfícies quebradas do glaciar. As escadas pertenciam a um sherpa muito empreendedor da aldeia de Gorak Shep, que tirava um belo rendimento alugando-as a cada temporada.

De modo que foi assim que, às 4h45 da manhã de um sábado, 13 de abril, me vi ao pé da lendária cascata de gelo, prendendo nela meus grampões, em meio à gélida penumbra do amanhecer.

Velhos alpinistas experimentados, que durante a vida inteira escaparam da morte por um triz, gostam de aconselhar seus jovens protegidos e sempre dizem que permanecer vivo depende muito de ouvir com atenção a sua "voz interior". Não faltam histórias de um ou outro alpinista que decidiu permanecer dentro do saco de dormir após detectar alguma vibração etérea pouco auspiciosa, sobrevivendo assim à catástrofe que liquidaria com todos os outros que não ouviram os presságios.

Eu não duvidava do valor em potencial das dicas do subconsciente. Enquanto esperava Rob, que iria liderar o caminho, o gelo a meus pés emitiu uma série de estalos sonoros, como pequenas árvores sendo partidas ao meio, e eu estremecia a cada estalido e a cada rugido vindos das profundezas do glaciar movediço. O problema é que essa voz interna vivia berrando que eu estava prestes a me esborrachar; ela fazia isso toda vez que eu me abaixava para

---

* Embora eu use o termo *comercial* para designar qualquer expedição organizada com fins lucrativos, nem todas as expedições comerciais são guiadas. Por exemplo, Mal Duff — que cobrava de seus clientes muito menos que os 65 mil dólares exigidos por Hall e Fischer — fornecia liderança e a infraestrutura essencial para escalar o Everest (comida, barracas, oxigênio, cordas fixas, auxílio dos sherpas e assim por diante), mas não se propunha a ser guia. Os alpinistas em sua equipe deveriam ter, supostamente, habilidades suficientes para chegar em segurança ao Everest e voltar.

amarrar o cordão das botas de escalar. Portanto fiz o possível e o impossível para ignorar minha imaginação histriônica e segui carrancudo atrás de Rob rumo ao sinistro labirinto azulado.

Embora nunca tivesse estado numa cascata de gelo tão assustadora quanto a do Khumbu, eu já escalara várias outras. Em geral, elas têm passagens verticais ou até mesmo suspensas que exigem um considerável grau de conhecimento sobre como usar o piolet e os grampões. Com certeza não faltavam paredões na cascata de gelo do Khumbu, e todos haviam sido equipados com escadas ou cordas, ou até mesmo ambos, tornando as ferramentas e técnicas convencionais de alpinismo no gelo quase totalmente supérfluas.

Logo mais eu aprenderia que no Everest nem a corda — a quintessência dos equipamentos alpinos — seria utilizada da maneira tradicional. O normal é que o alpinista vá amarrado a um ou dois parceiros com um pedaço de corda de 45 metros de comprimento, o que torna cada pessoa diretamente responsável pela vida das demais; ligar-se assim por uma corda é um ato muito sério e íntimo. Na cascata de gelo, porém, a conveniência ditava que cada um de nós subisse sozinho, sem estar fisicamente atrelado a ninguém.

Os sherpas de Mal Duff haviam fixado uma corda estática que ia do sopé da cascata de gelo até o topo. Atrelada à minha cintura havia uma fita de segurança de noventa centímetros de comprimento com um mosquetão na outra ponta, para impedir que a corda se soltasse. Segurança, ali, não significava unir-me a um companheiro de equipe, e sim atrelar a fita de segurança à corda fixa e deslizá-la para cima. Escalando dessa forma, poderíamos subir o mais depressa possível pelos trechos mais perigosos da cascata de gelo, não tendo de confiar nossas vidas a colegas cujas habilidades e experiência nos eram desconhecidas. Até o fim da escalada eu não teria oportunidade, uma vez sequer, de me amarrar a outro alpinista.

Se a cascata de gelo requer poucas das técnicas ortodoxas do alpinismo, por outro lado exige um outro repertório de habilidades — como, por exemplo, a capacidade de atravessar pé ante pé, com botas de alpinismo e grampões, três escadas vacilantes, unidas uma na outra, servindo de ponte sobre um abismo; era de deixar qualquer um apavorado. Houve uma infinidade dessas travessias e eu nunca consegui me acostumar a elas.

Num determinado momento, eu me equilibrava numa dessas escadas instáveis, no lusco-fusco da pré-alvorada, pisando com delicadeza nos degraus tortos, quando o gelo que prendia a escada dos dois lados começou a tremer como se tivesse havido um terremoto. Logo a seguir veio um rugido explosivo, como se um imenso *serac* ali nas vizinhanças tivesse desabado. Eu congelei, com o coração na boca, porém a avalanche de gelo passou cinquenta metros à esquerda, fora da vista, sem causar nenhum dano. Depois de esperar alguns minutos, para recobrar a compostura, reiniciei um tanto abalado minha travessia até o outro lado da escada.

A movimentação contínua e muitas vezes violenta do glaciar acrescentava um elemento de incerteza a cada travessia. Com o movimento do glaciar, as gretas às vezes se comprimem, entortando as escadas como se fossem palitos de dente; em outras ocasiões, a greta pode se expandir, deixando a escada pendurada no ar, apoiada muito de leve nas margens, sem nenhuma das extremidades fincadas em gelo sólido. O suporte das âncoras,* sustentando as escadas e cordas, costumava derreter quando o sol da tarde aquecia o gelo e a neve em volta. Apesar de elas passarem por manutenção todos os dias, havia um perigo real de que qualquer uma das cordas cedesse com o peso do corpo.

Contudo, se a cascata de gelo era cansativa e apavorante, tinha também um encanto surpreendente. À medida que a alvorada foi limpando a escuridão do céu, o glaciar estilhaçado revelou-se como uma paisagem tridimensional de fantasmagórica beleza. A temperatura era de –21ºC. Meus grampões mastigavam satisfatoriamente a crosta do glaciar. Seguindo a corda fixa,

---

* Estacas de noventa centímetros de comprimento são usadas para ancorar as cordas e escadas nas encostas nevadas; quando o terreno é coberto de gelo glacial duro, usam-se "parafusos de neve": tubos ocos sulcados, de 25 centímetros de comprimento, rosqueados no glaciar congelado.

serpenteei por um labirinto vertical de cristais azuis de estalagmite — contrafortes de pura rocha estriados com o gelo empurrado pelo glaciar, elevando-se como os ombros de um deus malévolo. Absorvido pela paisagem que me rodeava e pela gravidade do esforço, embarquei nos prazeres da escalada e durante uma hora ou duas esqueci totalmente o medo.

Com três quartos do caminho até o acampamento 1 percorridos, Hall comentou, numa parada para descanso, que a cascata de gelo estava em sua melhor forma: "A rota este ano está desimpedida". Porém, um pouco mais acima, aos 5790 metros de altura, as cordas nos levaram até a base de um gigantesco *serac*, perigosamente inclinado. Tão grande quanto um prédio de doze andares, pendia sobre nossas cabeças com uma inclinação de trinta graus. A rota seguia uma passarela natural que fazia um ângulo abrupto com a torre pendurada: teríamos que subir e dar a volta inteira pelo gigante desequilibrado para escapar de sua ameaçadora tonelagem.

A salvação, conforme eu entendi, dependia da rapidez. Saí esbaforido rumo à relativa segurança da crista do *serac*, com toda a rapidez de que era capaz, mas, como ainda não estava aclimatado, meu ritmo mais veloz não era melhor que o de uma lesma. A cada quatro ou cinco passos tinha que parar, apoiar-me na corda e sugar com desespero aquele ar rarefeito, amargo, ferindo desse modo os pulmões.

Atingi o topo do *serac*, sem desmaiar, e despenquei sem fôlego nenhum em seu cume plano, o coração às marteladas. Um pouco mais tarde, por volta das 8h30, cheguei ao topo da cascata de gelo propriamente dito, um pouco mais além dos últimos *seracs*. A segurança do acampamento 1, porém, não chegava a fornecer paz de espírito: eu não conseguia parar de pensar naquela tenebrosa massa inclinada um pouco mais abaixo e no fato de que teria de passar debaixo de seu volume cambaleante pelo menos mais sete vezes, se quisesse chegar ao topo do Everest. Decidi que os alpinistas que denegriam aquela crista chamando-a de rota do iaque obviamente nunca tinham passado pela cascata de gelo do Khumbu.

Antes de sairmos, Rob explicara que faríamos meia-volta às

10h00 em ponto, mesmo que alguns não tivessem conseguido chegar ao acampamento 1, antes que o sol do meio-dia, batendo em cheio na cascata de gelo, tornasse a volta para a base ainda mais instável. Na hora marcada, apenas Rob, Frank Fischbeck, John Taske, Doug Hansen e eu havíamos chegado ao acampamento 1; Yasuko Namba, Stuart Hutchison, Beck Weathers e Lou Kasischke, escoltados pelos guias Mike Groom e Andy Harris, estavam a sessenta metros verticais do acampamento, quando Rob enviou mensagem por rádio mandando todos voltarem.

Pela primeira vez tínhamos nos visto escalando e podíamos avaliar melhor as forças e fraquezas das pessoas de quem dependeríamos nas próximas semanas. Doug e John — 56 anos, o mais velho da equipe — me pareceram bem sólidos. Porém Frank, o cavalheiresco e polido dono de uma editora em Hong Kong, foi quem mais se destacou: demonstrando a sabedoria que adquirira em expedições anteriores ao Everest, começou devagar, porém manteve um ritmo constante; na altura em que estávamos, no topo da cascata de gelo, ele já havia passado com calma por quase todo mundo e nem parecia ofegante.

Num contraste marcante, Stuart — o mais jovem e aparentemente mais vigoroso cliente de toda a equipe — saíra a toda da base, na frente do grupo inteiro. Mas logo ficara exausto e, ao chegar ao topo da cascata de gelo, estava numa agonia visível, no fim da fila. Lou, prejudicado por uma distensão muscular ocorrida na primeira manhã da caminhada até o acampamento-base, prosseguiu de modo lento mas competente. Beck, e sobretudo Yasuko, por outro lado, foram bastante irregulares.

Várias vezes Beck e Yasuko deram a impressão de estar à beira de cair de uma das escadas e despencar greta abaixo. Yasuko parecia não ter a mínima ideia de como usar grampões.* Andy, que se revelou um ótimo e pacientíssimo professor — e que na

---

* Embora Yasuko já tivesse usado grampões — durante as escaladas do Aconcágua, McKinley, Elbrus e Vinson —, ela não tinha muita experiência, se é que tinha alguma, em alpinismo no gelo: o terreno, em todos aqueles casos, é formado sobretudo por escarpas relativamente suaves de neve e/ou seixos.

qualidade de guia júnior fora escalado para acompanhar os clientes mais lentos, no fim da fila —, passou a manhã inteira treinando Yasuko nas técnicas básicas do alpinismo no gelo.

Fossem quais fossem as várias deficiências de nosso grupo, no topo da cascata de gelo Rob anunciou que estava muito satisfeito com o desempenho de todos. "Para uma primeira expedição acima do acampamento-base, todos vocês foram extraordinariamente bem", ele declarou, como um pai orgulhoso. "Acho que temos uma equipe bem forte este ano."

Levamos menos de uma hora para descer de volta ao acampamento-base. Quando tirei os grampões para percorrer os últimos cem metros até as barracas, parecia que o sol estava abrindo um buraco no meu crânio. A dor de cabeça chegou com força total alguns minutos depois, enquanto eu conversava com Helen e Chhongba no refeitório. Nunca senti nada parecido: uma dor esmagadora entre as têmporas — tão forte que fui tomado por tremores e ataques de ânsia de vômito que tornavam impossível falar qualquer frase coerente. Com medo de que tivesse sofrido algum tipo de ataque, saí cambaleando no meio da conversa, entrei dentro do saco de dormir e tampei o rosto com o boné.

A dor de cabeça tinha a intensidade cegante de uma enxaqueca e eu não fazia ideia do que a provocara. Duvidava que fosse devido à altitude, porque não me atingiu até eu voltar à base. O mais provável é que fosse uma reação à feroz radiação ultravioleta que queimara minhas retinas e cozinhara meu cérebro. Independentemente da causa, a agonia era intensa e constante. Durante as cinco primeiras horas fiquei deitado na barraca, tentando evitar estímulos sensoriais de toda espécie. Se eu abrisse os olhos, ou mesmo movesse o olho de um lado para outro, com as pálpebras cerradas, sentia uma ferroada de dor. Ao entardecer, incapaz de suportar mais um minuto daquilo, arrastei-me até a barraca de Caroline, a médica da expedição, para pedir-lhe algum conselho.

Ela me deu um analgésico forte e me disse para beber um pouco de água, porém após alguns goles eu regurgitei as pílulas, o líquido e o que sobrara do almoço. "Hum", fez Caroline, observando o vômito esparramado em minhas botas. "Desconfio que vamos ter que tentar outra coisa." Fui instruído a dissolver uma pílula minúscula sob a língua, que impediria que eu vomitasse, e depois a engolir dois comprimidos de codeína. Uma hora mais tarde a dor começou a diminuir; quase aos prantos de tanta gratidão, mergulhei no sono.

Eu estava cochilando no saco de dormir, vendo o sol matinal desenhar sombras nas paredes de minha barraca, quando Helen gritou: "Jon! Telefone! É a Linda!". Enfiei correndo as sandálias, corri os cinquenta metros até a barraca de comunicações e agarrei o fone, lutando para recobrar o fôlego.

Todo o aparato de telefone e fax não era muito maior que um computador laptop. As chamadas eram caras — cerca de cinco dólares por minuto — e nem sempre se completavam, mas o fato de que minha mulher pudesse discar um número de treze dígitos em Seattle e conversar comigo no monte Everest era espantoso para mim. Embora a chamada fosse um enorme conforto, a resignação na voz de Linda era inconfundível, mesmo vinda do outro lado do globo. "Estou bem", garantiu-me, "mas gostaria que você estivesse aqui comigo."

Dezoito dias antes ela caíra no choro ao me levar até o avião para o Nepal. "Na volta do aeroporto", ela confessou, "eu não conseguia parar de chorar. Me despedir de você foi uma das coisas mais tristes de minha vida. Acho que eu sabia, em algum nível do inconsciente, que você poderia não voltar, e isso me pareceu um desperdício enorme. Parecia uma besteira tão grande, tão sem sentido."

Estávamos casados havia quinze anos e meio. Uma semana depois de termos conversado pela primeira vez sobre o grande passo, fomos até um juiz de paz e concluímos o assunto. Eu tinha então 26 anos, e decidira havia pouco que iria largar o alpinismo e levar a vida a sério.

Quando conheci Linda, ela também era alpinista — e muito dotada —, mas abandonou o esporte depois de quebrar um braço, machucar a coluna e de fazer, na esteira do acidente, uma fria avaliação dos riscos inerentes. Jamais teria passado pela cabeça de Linda me pedir para largar o alpinismo. Porém, quando declarei que pretendia abandoná-lo, isso reforçou sua decisão de se casar comigo. Só que não percebi, na época, o quanto minha alma estava possuída e como esse esporte dava uma direção à minha vida, sem rumo sob todos os outros aspectos. Não consegui antever o vazio que surgiria com sua ausência. Em um ano, eu estava tirando minha corda do armário e voltando para as rochas. Em 1984, quando fui à Suíça escalar uma parede alpina notória por sua periculosidade, conhecida como Eiger Nordwand, Linda e eu estávamos à beira da separação; minhas escaladas eram o coração de nossos problemas.

Após minha fracassada tentativa de subir o Eiger, nosso relacionamento ficou meio abalado durante dois ou três anos, mas o casamento conseguiu, sabe-se lá como, sobreviver a esse período ruim. Linda acabou aceitando minhas escaladas: percebeu que era uma parte crucial (ainda que incompreensível) daquilo que eu era. O alpinismo, e isso ela entendeu, era uma expressão essencial de algum aspecto estranho e imutável de minha personalidade que eu não conseguiria mudar, assim como não poderia mudar a cor de meus olhos. Aí, no meio dessa delicada reaproximação, a revista *Outside* confirmou que estaria me mandando ao Everest.

De início, fingi que estaria indo antes como jornalista do que como alpinista — que eu aceitara a oferta porque a comercialização do Everest era um tópico interessante e o dinheiro valeria a pena. Expliquei a Linda e a todos os outros, que expressaram dúvidas sobre minhas qualificações para subir o Himalaia, que eu não esperava ir muito alto. "Provavelmente vou subir só um pouco acima do acampamento-base", eu insistia. "Só para ter uma ideia do que vem a ser uma grande altitude."

Era tudo conversa fiada, claro. Considerando a duração da viagem e o tempo que seria preciso gastar para preparar-me para ela, eu ganharia muito mais dinheiro ficando em casa e pegando outros trabalhos. Aceitei porque estava tomado pela mística do Everest. Na verdade, desejava ardentemente escalar a montanha, mais que tudo que eu já quisera na vida. No momento em que concordei em ir para o Nepal, minha intenção era subir até onde minhas pernas e pulmões conseguissem me levar.

Quando Linda me levou ao aeroporto, ela já havia percebido, fazia muito tempo, a realidade por trás das desculpas. Ela pressentiu as verdadeiras dimensões de meu desejo e assustou-se. "Se você morrer", argumentou com um misto de desespero e raiva, "não é só você que vai pagar o preço. Eu também vou pagar, pelo resto da vida. Você não se incomoda com isso."

"Não vou morrer", respondi. "Não seja melodramática."

7. ACAMPAMENTO 1
13 DE ABRIL DE 1996
5943 M

> *No entanto, existem homens para quem o inatingível tem uma atração toda especial. Em geral não são especialistas: têm ambições e fantasias fortes o bastante para afastar quaisquer dúvidas que homens mais cautelosos porventura pudessem ter. Determinação e fé são suas grandes armas. Na melhor das hipóteses, são considerados excêntricos; na pior, são tomados por loucos. [...]*
>
> *O Everest tem atraído seu quinhão de homens assim. A experiência que têm em alpinismo costuma ser nula ou muito escassa — com certeza nenhum deles tem o tipo de experiência que tornaria uma escalada do Everest uma meta razoável. Porém, possuem três coisas em comum: fé em si mesmos, grande determinação e poder de resistência.*
>
> Walt Unsworth, *Everest*

> *Eu cresci com uma ambição e uma determinação sem as quais teria sido bem mais feliz. Pensava muito e acabei adquirindo aquele olhar distante do sonhador, porque eram sempre as grandes alturas que me fascinavam e atraíam meu espírito. Eu não tinha muita certeza do que poderia conseguir com tenacidade e pouca coisa mais que isso, mas o alvo estava lá no alto e cada revés servia apenas para me deixar ainda mais determinado a ver pelo menos um sonho concretizado.*
>
> Earl Denman, *Alone to Everest*

NAS ENCOSTAS DO EVEREST, na primavera de 1996, não faltavam sonhadores; as credenciais de muitos que ali estavam para escalar a montanha eram tão frágeis quanto as minhas, ou ainda mais precárias. Na hora de cada um de nós avaliar as próprias capacidades e de compará-las com os formidáveis desafios da montanha mais alta do mundo, metade da população no acampamento-base parecia estar delirando. No entanto, isso talvez não devesse ser uma surpresa. O Everest sempre foi um ímã para os meio tantãs, para os amantes da autopromoção, para os românticos inveterados e outros com um fraco domínio sobre a realidade.

Em março de 1947, um engenheiro canadense sem nenhum tostão, Earl Denman, chegou a Darjeeling e anunciou sua intenção de escalar o Everest, apesar da pouquíssima experiência em alpinismo e de não ter permissão oficial de entrar no Tibete. De alguma forma conseguiu convencer dois sherpas, Ang Dawa e Tenzing Norgay, a acompanhá-lo.

Tenzing — o mesmo homem que faria a primeira escalada do Everest com Hillary — emigrara do Nepal para Darjeeling em 1933, aos dezessete anos, na esperança de encontrar colocação, naquele mesmo ano, numa expedição ao topo do Everest liderada por um eminente alpinista britânico chamado Eric Shipton. O ambicioso rapaz sherpa não foi escolhido naquele ano, mas continuou na Índia e acabou sendo contratado por Shipton para a expedição britânica ao Everest de 1935. Quando concordou em ir com Denman, em 1947, Tenzing já estivera na grande montanha três vezes. Mais tarde, ele admitiu saber, o tempo todo, que os planos de Denman eram loucura, porém também ele se via incapaz de resistir ao chamado do Everest:

> Nada daquilo fazia sentido. Em primeiro lugar porque provavelmente não conseguiríamos entrar no Tibete. Segundo, se por acaso conseguíssemos, talvez fôssemos pegos e, como guias, nós também, junto com Denman, estaríamos em sérios apuros. Em terceiro lugar, nunca acreditei, em nenhum momento, que um grupo como o nosso conseguisse escalar o Everest. Quarto, a tentativa seria altamente perigosa. Quin-

to, Denman não tinha dinheiro nem para nos pagar bem nem para garantir uma quantia decente a nossos dependentes, caso algo nos acontecesse. Mas não consegui dizer não. Algo no fundo do coração dizia-me que eu precisava ir, e o chamado do Everest, para mim, era mais forte que qualquer outra força terrena. Ang Dawa e eu conversamos sobre o assunto por alguns minutos, depois tomamos nossa decisão. "Bom", eu disse a Denman, "nós vamos tentar."

À medida que a pequena expedição atravessava o Tibete, rumo ao Everest, os dois sherpas foram gostando e respeitando cada vez mais o canadense. Apesar da pouca experiência, admiravam sua coragem e força física. E Denman, justiça seja feita, não relutou um minuto sequer em admitir suas deficiências quando chegaram à encosta da montanha e ele se viu frente a frente com a realidade. Açoitados por uma tremenda tempestade aos 6700 metros, Denman admitiu a derrota e os três homens deram meia-volta, regressando a salvo para Darjeeling, apenas cinco semanas após a partida.

Maurice Wilson, um inglês melancólico e idealista, não tivera tanta sorte, ao tentar uma subida igualmente insensata, treze anos antes de Denman. Motivado por um desejo equivocado de ajudar seus semelhantes, Wilson concluíra que escalar o Everest seria a maneira perfeita de divulgar sua crença de que a miríade de males que assolavam a humanidade poderia ser curada com uma combinação de jejum e fé nos poderes de Deus. Ele planejara pilotar um pequeno avião até o Tibete, fazer uma aterrissagem forçada nos flancos do Everest e, de lá, prosseguir rumo ao topo. O fato de não saber absolutamente nada sobre alpinismo ou aviação não lhe pareceu um grande empecilho.

Wilson comprou um Gypsy Moth de asas de lona, batizou-o de *Ever Wrest* e aprendeu os rudimentos de pilotagem. Depois, passou cinco semanas percorrendo as modestas colinas de Snowdonia e da região de Lake District, na Inglaterra, para aprender o que ele achava que precisava saber sobre alpinismo. E então, em maio de 1933, decolou em seu minúsculo avião e fez o trajeto para o Everest via Cairo, Teerã e Índia.

Àquela altura, Wilson já havia recebido uma cobertura razoável da imprensa. Ele voou até Purtabpore, Índia; porém, não tendo conseguido permissão do governo do Nepal para sobrevoar território nepalês, vendeu o avião por quinhentas libras e viajou por terra até Darjeeling, onde recebeu a notícia de que não lhe fora concedida a permissão para entrar no Tibete. Nem isso foi capaz de desanimá-lo: em março de 1934, ele contratou três sherpas, disfarçou-se de monge budista e, desafiando as autoridades do Império Britânico, caminhou sub-repticiamente por quase quinhentos quilômetros através das florestas de Sikkim e do ressequido platô tibetano. Em 14 de abril estava no sopé do Everest.

Subindo pelo gelo salpicado de rochas do glaciar oriental de Rongbuk, a princípio fez um bom progresso, mas, quando se deu conta, enfim, de que não tinha a menor ideia das dificuldades de percorrer um glaciar, começou a se perder com frequência, cada vez mais exausto e frustrado. Mesmo assim recusou-se a desistir.

Em meados de maio, conseguira atingir o topo do glaciar Rongbuk oriental, a 6400 metros, onde atacou um suprimento de comida e equipamentos guardados ali pela malsucedida expedição de Eric Shipton, de 1933. Wilson começou desse ponto a subida das escarpas que levam ao colo norte, chegando até os 6919 metros, antes que um penhasco vertical de gelo o impedisse de prosseguir, forçando-o a recuar até o local onde Shipton deixara as provisões. No entanto, nada havia que pudesse dissuadi-lo. Em 28 de maio escreveu em seu diário: "Esta será a última tentativa e me sinto com sorte". Em seguida rumou para a montanha mais uma vez.

Um ano depois, quando Shipton voltou ao Everest, sua expedição encontrou o corpo congelado de Wilson estendido na neve, no sopé do colo norte. "Depois de discutirmos um pouco, decidimos enterrá-lo numa greta", escreveu Charles Warren, um dos alpinistas que encontraram o corpo. "Todos nós tiramos o chapéu, na hora, e desconfio que todos ficaram bastante abalados com a história. Pensei que já estivesse imune ao choque de ver gente morta; mas por um motivo ou outro, nas circunstâncias, e também porque ele estava, afinal de contas, fazendo exatamente o mesmo que nós, parece que sentimos sua tragédia um pouco mais de perto."

A recente proliferação de wilsons e denmans modernos nas encostas do Everest — sonhadores tão pouco qualificados quanto meus companheiros de grupo — é um fenômeno que vem provocando severas críticas. Porém, a questão de quem está ou não qualificado para o Everest é mais complicada do que pode parecer de início. O fato de um alpinista pagar uma enorme quantia para se filiar a uma expedição guiada não significa, por si só, que ele ou ela não tenham condições de ir para a montanha. Na verdade, pelo menos duas das expedições comerciais ao Everest, na primavera de 1996, incluíam veteranos do Himalaia que seriam considerados aptos até pelos padrões mais rigorosos.

Em 13 de abril, enquanto esperava, no acampamento 1, que meus companheiros chegassem ao topo da cascata de gelo, dois alpinistas da equipe da Mountain Madness de Scott Fischer passaram por mim num passo de fazer inveja. Um deles era Klev Schoening, um empreiteiro de obras de 38 anos, de Seattle, ex-integrante da equipe nacional de esquiadores dos Estados Unidos que, embora extraordinariamente forte, possuía pouca experiência anterior em grandes altitudes. No entanto, ia com ele seu tio, Pete Schoening, uma lenda viva do Himalaia.

Vestido com um abrigo desbotado e escangalhado de GoreTex, a poucos meses do sexagésimo aniversário, Pete era um homem comprido, de costas meio curvadas, que regressava às alturas do Himalaia após uma longa ausência. Em 1958, ele fizera história como a força motriz por trás da primeira escalada do Hidden Peak, uma montanha de 8068 metros na cadeia Karakoram, no Paquistão — a escalada mais alta até então realizada por alpinistas norte-americanos. Pete, porém, era ainda mais famoso pelo papel heroico que desempenhara na malsucedida expedição ao K2, em 1953, no mesmo ano em que Hillary e Tenzing chegaram ao pico do Everest.

A equipe de oito homens foi apanhada por uma feroz nevasca, no alto do K2, e esperava para atacar o cume quando um dos integrantes do grupo, chamado Art Gilkey, sofreu uma tromboflebite provocada pela altitude, ou seja, estava com um coágulo sanguíneo que poderia ser fatal. Percebendo que teriam de descer Gilkey imediatamente, para que houvesse a mínima chance de salvá-lo, Schoening e os outros começaram a baixá-lo pela empinada crista Abruzzi, em meio à furiosa tempestade. Aos 7620 metros, um alpinista chamado George Bell escorregou e levou quatro outros consigo. Por puro reflexo, Pete Schoening enrolou a corda em volta dos ombros e do piolet e conseguiu, sabe-se lá como, segurar Gilkey sozinho e ao mesmo tempo sustar o escorregão dos cinco sem ser puxado montanha abaixo também. Esse foi um dos feitos mais incríveis registrados nos anais do alpinismo e passou a ser chamado, dali em diante, simplesmente de The Belay.*

E agora Pete Schoening estava sendo conduzido ao Everest por Fischer e seus dois guias, Neal Beidleman e Anatoli Boukreev. Quando perguntei a Beidleman, um excelente alpinista do Colorado, como se sentia guiando um cliente da estatura de Schoening, ele mais que depressa me corrigiu com uma risada modesta: "Alguém como eu não 'guia' Pete Schoening a parte alguma. Eu apenas considero uma honra imensa estar na mesma equipe que ele". Schoening havia se inscrito no grupo da Mountain Madness não porque precisasse de um guia para levá-lo até o pico, mas sim para evitar a monstruosa chatice de conseguir um visto de entrada, oxigênio, barracas, provisões, apoio dos sherpas e outros detalhes logísticos.

Poucos minutos depois que Pete e Klev Schoening passaram por mim a caminho de seu próprio acampamento 1, apareceu uma colega de equipe dos dois: Charlotte Fox, dinâmica e

---

* *Belay* é um termo usado em alpinismo para indicar o ato de manter a corda firme, para dar segurança aos companheiros enquanto eles escalam.

escultural, de 38 anos de idade, patrulheira de esqui em Aspen, Colorado, que já chegara ao topo de dois picos de mais de 8 mil metros: Gasherbrum II, no Paquistão, de 8034 metros, e o vizinho do Everest, Cho Oyu, de 8152 metros. Mais tarde ainda, encontrei um integrante da expedição comercial de Mal Duff, um finlandês de 28 anos chamado Veikka Gustafsson, cujo recorde em escaladas anteriores no Himalaia incluía o Everest, o Dhaulagiri, o Makalu e o Lhotse.

Por outro lado, nenhum dos clientes de Hall jamais atingira nenhum dos picos de mais de 8 mil metros. Se alguém como Pete Schoening era o equivalente de um grande astro do beisebol americano, meus companheiros pagantes e eu éramos mais ou menos como um bando de quinta categoria de jogadores de várzea, que havíamos faturado nossa escalação no campeonato nacional à base de suborno. Entretanto, no topo da cascata de gelo Hall nos chamara de "uma equipe bem forte". E na verdade éramos fortes, talvez, comparados com os grupos que Hall levara até o alto da montanha em anos anteriores. Para mim, porém, estava claríssimo que nenhum dos integrantes de meu grupo tinha a mais ínfima chance de escalar o Everest sem a considerável assistência de Hall, de seus guias e sherpas.

Por outro lado, nosso grupo era bem mais competente que vários outros ali presentes. Havia alguns alpinistas com habilidades extremamente duvidosas numa expedição comercial liderada por um inglês sem grandes credenciais no Himalaia. Todavia as pessoas menos qualificadas na realidade não estavam filiadas a nenhuma expedição comercial; integravam expedições não comerciais, estruturadas nos moldes tradicionais.

Quando eu voltava para a base, passando pela parte inferior da cascata de gelo, ultrapassei dois alpinistas lentos, equipados com umas roupas e uns apetrechos muito esquisitos. Percebi quase na mesma hora que não estavam muito familiarizados com as ferramentas e técnicas convencionais para a travessia de um glaciar. O alpinista que ia atrás com frequência enganchava os grampões e tropeçava. Esperando até que atravessassem uma ampla greta transposta por duas escadas improvisadas unidas nas pontas, fiquei chocado ao vê-los atravessando juntos, quase grudados — uma ação desnecessariamente perigosa. Uma tentativa canhestra de conversa do outro lado da greta revelou-me que eram integrantes de uma expedição taiwanesa.

A fama dos taiwaneses chegou ao Everest antes deles. Na primavera de 1995, a mesma equipe fora ao Alasca para escalar o monte McKinley, em preparação para o ataque ao Everest em 1996. Nove alpinistas atingiram o cume, mas na descida sete deles foram pegos por uma tempestade, ficaram desorientados e passaram a noite ao relento a uma altura de 5913 metros, desencadeando uma operação de resgate cara e perigosa por parte do National Park Service.

Atendendo a um pedido dos guardas-florestais, Alex Lowe e Conrad Anker, dois dos alpinistas mais experientes dos Estados Unidos, interromperam sua escalada e subiram às pressas 4389 metros para ajudar os taiwaneses, que estavam mais mortos que vivos. Com grande dificuldade e riscos consideráveis a suas próprias vidas, Lowe e Anker arrastaram os taiwaneses, um de cada vez, dos 5913 metros até os 5242 metros, onde um helicóptero pôde evacuá-los da montanha. Tudo somado, cinco integrantes da equipe taiwanesa — dois com sérias queimaduras provocadas pelo frio e um já morto — foram tirados do McKinley de helicóptero. "Só um deles morreu", diz Anker. "Porém, se Alex e eu não tivéssemos chegado na hora em que chegamos, dois outros também teriam morrido. Já tínhamos reparado no grupo de taiwaneses, porque eles nos pareceram muito incompetentes. Não foi uma surpresa muito grande terem se metido em enrascada."

O líder da expedição, Gau Ming-Ho — um jovial fotógrafo freelance que prefere ser chamado de "Makalu", por causa do belíssimo pico de mesmo nome, no Himalaia —, estava exausto, com graves queimaduras causadas pelo frio, e precisou ser auxiliado por dois guias alasquianos para descer a montanha. "Quando os alasquianos o levaram para baixo", conta Anker, "Makalu estava berrando: 'Vitória! Vitória! Fizemos o cume!', para todo mundo que passasse, como se o desastre não tivesse acontecido. É, aquele Makalu sempre me pareceu muito esquisito." Quando os sobreviventes do desastre no McKinley apareceram no lado sul do Everest, em 1996, Makalu Gau era de novo o líder.

A presença dos taiwaneses no Everest era motivo de grande preocupação para a maioria das outras expedições. Havia um temor genuíno de que sofressem uma nova calamidade que obrigaria outras expedições a irem em seu auxílio, pondo em risco novas vidas, para não mencionar o fato de que estariam pondo em risco a oportunidade de outros alpinistas atingirem o cume. Porém, os taiwaneses não eram, em hipótese alguma, os únicos que pareciam escandalosamente desqualificados. Acampado a nosso lado havia um alpinista norueguês chamado Petter Neby, cuja intenção era fazer uma escalada solitária da face sudoeste,* um dos trajetos mais perigosos e tecnicamente exigentes até o pico — apesar de toda a sua experiência no Himalaia resumir-se a duas escaladas do vizinho Island Peak, uma elevação de 6179 metros numa crista subsidiária do Lhotse que não envolvia nada mais exigente, do ponto de vista técnico, que uma caminhada vigorosa.

E havia ainda os sul-africanos. Patrocinada por um dos principais jornais do país, o *Sunday Times* de Johannesburg, a equipe inspirara um efusivo orgulho nacional e recebera as bênçãos pessoais do presidente Nelson Mandela, antes de partir. Integravam a primeiríssima expedição sul-africana a conseguir permissão para escalar o Everest, composta por um grupo de negros e brancos cuja aspiração era colocar a primeira pessoa negra no cume. O líder era Ian Woodall, 39 anos, um homem franzino e falante que adorava contar histórias sobre seus bravos feitos militares atrás das linhas inimigas, durante o longo e brutal conflito da África do Sul com Angola, nos anos 1980.

Woodall recrutara três dos melhores alpinistas de seu país para formar o núcleo da expedição: Andy de Klerk, Andy Hackland e Edmund February. A composição birracial da equipe tinha um significado especial para February, quarenta anos, pa-

---

* Embora a expedição de Neby estivesse sendo qualificada de "solitária", ele havia contratado dezoito sherpas para transportar sua carga, fixar as cordas, levantar seus acampamentos e guiá-lo até o topo.

leoecologista de fala mansa e alpinista de renome internacional. "Meus pais me deram o nome de sir Edmund Hillary", ele explica. "Escalar o Everest sempre foi um sonho meu, desde muito jovem. É mais significativo ainda que eu veja essa expedição como um símbolo poderoso de uma jovem nação tentando se unir e avançar rumo à democracia, tentando se recuperar do passado. Eu cresci com o jugo do apartheid em volta do pescoço e, sob vários aspectos, tenho uma profunda amargura por causa disso. Mas agora somos um novo país. Acredito convictamente na direção que meu país está tomando. Mostrar que nós, na África do Sul, podemos escalar o Everest juntos, negros e brancos no topo. Seria fantástico."

O país inteiro mobilizou-se em apoio à expedição. "Woodall apresentou o projeto num momento muito feliz", diz De Klerk. "Com o fim do apartheid, os sul-africanos enfim tiveram permissão de viajar para onde bem entendessem, e nossas equipes esportivas puderam competir no mundo todo. A África do Sul tinha acabado de vencer a Copa Mundial de rúgbi. Havia uma euforia nacional, um orgulho enorme crescendo, certo? De modo que, quando Woodall apareceu e propôs uma expedição sul-africana ao Everest, todo mundo foi a favor e ele conseguiu arrecadar um monte de dinheiro — o equivalente a várias centenas de milhares de dólares americanos —, sem que ninguém fizesse muitas perguntas."

Além de si mesmo, dos três alpinistas do sexo masculino e de um alpinista e fotógrafo britânico chamado Bruce Herrod, Woodall queria incluir também uma mulher na expedição, de modo que, antes de partir da África do Sul, convidou seis candidatas para participarem de uma escalada fisicamente terrível, mas tecnicamente pouco exigente, do Kilimanjaro, uma montanha com 5894 metros. Ao fim dos testes de duas semanas, Woodall anunciou que ficara com duas finalistas: Cathy O'Dowd, 26 anos, professora de jornalismo com limitada experiência em alpinismo, cujo pai é o diretor da Anglo American, a maior empresa da África do Sul; e Deshun Deysel, 25 anos, negra, professora de educação física sem nenhum tipo de experiência alpina, que crescera numa *township*, totalmente segregada dos brancos. As duas mulheres, disse Woodall, acompanhariam a equipe até o acampamento-base e ali ele escolheria qual delas continuaria até o Everest, após avaliar a atuação de ambas durante a caminhada.

No dia 1º de abril, durante o segundo dia da caminhada até o acampamento-base, levei um susto ao topar com February, Hackland e De Klerk na trilha abaixo de Namche Bazaar, *saindo* da montanha, a caminho de Katmandu. De Klerk, que é amigo meu, informou-me que os três alpinistas sul-africanos e Charlotte Noble, a médica da equipe, haviam se desligado da expedição antes mesmo de chegar à base da montanha. "Acabamos percebendo que Woodall, o líder, é um perfeito cretino", explicou De Klerk. "Um imbecil descontrolado. Não dá para confiar nele — a gente nunca sabe quando está dizendo a verdade ou mentindo. Não quisemos botar nossa vida nas mãos de um cara assim. Por isso viemos embora."

Woodall afirmara a De Klerk e aos outros que já escalara várias vezes o Himalaia, inclusive com subidas acima dos 7900 metros. Na verdade toda a carreira alpinista de Woodall no Himalaia resumia-se em ter chegado aos 6490 metros como cliente pagante de uma expedição comercial ao Annapurna, liderada por Mal Duff, em 1990.

Além do mais, antes de partir para o Everest, Woodall alardeara, pelo site da expedição na Internet, que fizera uma gloriosa carreira militar, na qual escalara todos os postos do exército britânico até "o comando da unidade de elite do Long Range Mountain Reconnaissance, que por sinal fizera boa parte de seu treinamento no Himalaia". Contou ao *Sunday Times* que também fora instrutor na Real Academia Militar de Sandhurst, Inglaterra. Como se descobriu depois, não existe uma unidade chamada Long Range Mountain Reconnaissance no exército britânico, e Woodall nunca serviu como instrutor em Sandhurst. Aliás, ele nunca combateu atrás das linhas inimigas em Angola. Segundo um porta-voz do exército britânico, Woodall era apenas um burocrata que fazia parte da folha de pagamento.

Woodall também mentiu sobre quem havia conseguido a permissão para escalar o Everest,* concedida pelo Ministério do Turismo do Nepal. Desde o início ele dissera que tanto o nome de Cathy O'Dowd como o de Deshun Deysel constavam da licença, e que a decisão final sobre qual delas seria convidada a integrar o grupo de alpinistas seria tomada no acampamento-base. Depois de se desligar da expedição, De Klerk descobriu que Cathy O'Dowd estava registrada, assim como o pai de Woodall, de 69 anos, e um francês chamado Tierry Renard (que pagou 35 mil dólares a Woodall para integrar a equipe sul-africana), porém Deshun Deysel — a única integrante negra após o desligamento de Ed February — não estava registrada. De onde De Klerk concluiu que Woodall nunca tivera a menor intenção de deixar Deysel escalar a montanha.

Como se não fosse o suficiente, antes de sair da África do Sul Woodall advertira De Klerk — que é casado com uma americana e tem dupla nacionalidade — que ele não integraria a expedição a menos que concordasse em usar seu passaporte sul-africano para entrar no Nepal. "Ele fez um grande escarcéu sobre isso", lembra-se De Klerk, "porque éramos a primeira expedição sul-africana ao Everest e toda aquela coisa. Acontece que o próprio Woodall não tem passaporte sul-africano. Ele não é sequer um cidadão da África do Sul — o cara é britânico e entrou no Nepal com passaporte britânico."

As inúmeras tramoias de Woodall tornaram-se um escândalo internacional, motivo de manchetes de primeira página em jornais de toda a Comunidade Britânica. À medida que as notícias negativas foram chegando até ele, o megalomaníaco resolveu ignorar as críticas e isolou seu grupo tanto quanto possível das outras expedições. Também expulsou o repórter do *Sunday Times*, Ken Vernon, e o fotógrafo Richard Shorey da expedição, embora tives-

---

* Somente os alpinistas registrados, com licença oficial — ao custo de 10 mil dólares por cabeça —, têm permissão para subir além do acampamento-base. Essa regulamentação é imposta com o maior rigor e os violadores enfrentam multas proibitivas, além de serem expulsos do Nepal.

se assinado um contrato estipulando que, em troca do apoio financeiro do jornal, os dois jornalistas teriam "permissão para acompanhar a expedição o tempo todo", e que o não cumprimento dessa cláusula seria "motivo para anulação do contrato".

O editor do *Sunday Times*, Ken Owen, estava nesse momento a caminho do acampamento-base, em companhia da mulher. O casal estava de férias na região, fazendo *trekking*. Haviam planejado para que as férias coincidissem com a expedição sul-africana ao Everest, e os dois estavam sendo guiados pela namorada de Woodall, uma jovem francesa chamada Alexandrine Gaudin. Em Pheriche, Owen ficou sabendo que Woodall dera o fora em seu repórter e em seu fotógrafo. Atônito, mandou um bilhete ao líder da expedição, explicando que o jornal não tinha a menor intenção de tirar Vernon e Shorey da história e que os jornalistas haviam recebido ordens de se unir novamente ao grupo. Quando Woodall recebeu a mensagem, teve um acesso de fúria e partiu a toda para Pheriche, a fim de tomar satisfações com Owen.

Segundo Owen, durante o confronto que se seguiu, ele perguntou sem rodeios a Woodall se o nome de Deysel estava na licença. Woodall retrucou: "Isso não é da sua conta".

Quando Owen sugeriu que Deysel fora reduzida a "servir de símbolo pro forma do sul-africanismo espúrio da expedição", Woodall ameaçou matar Owen e sua mulher. Em determinado momento, o exaltadíssimo líder da expedição declarou: "Eu vou arrancar sua cabeça e enfiá-la no seu rabo".

Pouco depois disso, o jornalista Ken Vernon chegou ao acampamento-base dos sul-africanos — o incidente foi transmitido pela primeira vez do fax via satélite de Rob Hall — e foi logo sendo informado "por uma Cathy O'Dowd de cara muito feia que eu 'não era bem-vindo' ao acampamento". Como escreveu mais tarde, no *Sunday Times*:

> Eu disse a ela que não tinha nenhum direito de barrar minha entrada num acampamento que fora pago pelo meu jornal. Depois que a apertei mais um pouco, ela admitiu que estava agindo "segundo as instruções" de Woodall. Disse-me que

Shorey já havia sido expulso do acampamento e que eu devia ir embora, já que não teria comida nem abrigo lá. Minhas pernas ainda estavam bambas da subida e, antes de decidir entre lutar contra a sentença ou ir embora, pedi uma xícara de chá. "De jeito nenhum", foi a resposta. Em seguida Cathy O'Dowd foi até o líder da equipe de sherpas, Ang Dorje, e disse, de modo que eu a ouvisse: "Este é Ken Vernon, já falamos sobre ele com você. Ele não deve receber nenhum tipo de assistência". Ang Dorje é uma verdadeira rocha de homem, forte e nodoso, com quem eu já partilhara vários copos de chang, a potentíssima bebida local. Olhei para ele e disse: "Nem mesmo uma xícara de chá?". Ang Dorje, na melhor tradição da hospitalidade sherpa, olhou para Cathy O'Dowd e disse: "Uma ova". Pegou-me pelo braço, arrastou-me até a barraca do refeitório e me serviu um caneco de chá fumegante e um prato de biscoitos.

Após o que Owen qualificou como seu "bate-boca aterrador" com Woodall, em Pheriche, o editor ficou "convencido [...] de que havia uma atmosfera alucinada entre os integrantes da expedição e de que os funcionários do *Sunday Times*, Ken Vernon e Richard Shorey, podiam estar correndo perigo de vida". Owen, portanto, instruiu Vernon e Shorey a voltarem para a África do Sul e o jornal publicou uma declaração afirmando que rescindira seu contrato de patrocínio com a expedição.

Como Woodall já tivesse recebido o dinheiro do jornal, entretanto, esse ato foi puramente simbólico e não teve o menor impacto em suas atitudes na montanha. Na verdade, Woodall recusou-se a deixar a liderança da expedição ou a chegar a algum tipo de meio-termo, mesmo após ter recebido uma carta do presidente Mandela, apelando por uma reconciliação em virtude de a questão ser de interesse nacional. Woodall, teimoso, insistiu que a escalada do Everest prosseguiria conforme o planejado, com ele firme no comando.

Na Cidade do Cabo, depois que a expedição se desfez, February falou sobre sua decepção. "Talvez eu tenha sido ingênuo", ele disse, com voz entrecortada e carregada de emoção. "Mas odiei ter crescido sob o apartheid. Escalar o Everest com Andrew e os outros teria sido um grande símbolo, para mostrar que os velhos tempos acabaram de fato. Woodall não tinha nenhum interesse no nascimento de uma nova África do Sul. Ele pegou os sonhos de toda uma nação e usou-os para seus próprios objetivos egoístas. A decisão de largar a expedição foi a mais difícil de toda minha vida."

Com a partida de February, Hackland e De Klerk, nenhum dos alpinistas que permaneceram na equipe (à exceção do francês Renard, que se unira à expedição apenas para constar da licença e que escalou independentemente dos outros, com seus próprios sherpas) tinha mais do que uma experiência alpina mínima; pelo menos dois deles, diz De Klerk, "não sabiam nem como colocar os grampões".

O norueguês solitário, os taiwaneses e sobretudo os sul-africanos eram tópicos frequentes das conversas na barraca-refeitório de Hall. "Com tanta gente incompetente na montanha", Rob disse de cenho franzido, no final de abril, "eu acho bem improvável que cheguemos ao fim da temporada sem que aconteça alguma coisa muito ruim lá em cima."

8. ACAMPAMENTO 1
16 DE ABRIL DE 1996
5900 M

Duvido que alguém possa afirmar ter aproveitado a vida em grandes altitudes — digo "aproveitar" no sentido comum da palavra. Há uma certa satisfação sinistra em ir avançando penosamente rumo ao topo, ainda que em ritmo muito lento; porém a maior parte do tempo é passada, por força das circunstâncias, em meio à sordidez de um acampamento avançado, onde até mesmo esse consolo é negado. Fumar é impossível; comer em geral provoca ânsia de vômito; a necessidade de reduzir ao máximo o peso da carga limita a literatura disponível aos rótulos dos enlatados; nódoas de óleo de sardinha, leite condensado e melado espalham-se por toda parte; fora momentos brevíssimos, durante os quais em geral não estamos com verve para apreciações estéticas, não há nada para se olhar, exceto a desolada mixórdia dentro da barraca e a cara descascada e barbuda do companheiro — por sorte o barulho do vento em geral abafa o nariz entupido do outro; pior de tudo é a sensação de completa impotência e a incapacidade de lidar com toda e qualquer emergência que possa surgir. Costumava me consolar pensando que, um ano atrás, eu me encontrava completamente tomado pela simples ideia de participar da atual aventura, uma perspectiva que, na época, me parecia um sonho impossível; porém, a altitude tem efeito idêntico na mente e no corpo, nosso intelecto fica embotado, não reage, e meu único desejo era terminar aquela tarefa infernal e descer para um clima mais ameno.

Eric Shipton, *Upon that mountain*

POUCO ANTES DO AMANHECER, no dia 16 de abril, uma terça-feira, depois de descansarmos dois dias no acampamento-base, partimos rumo à cascata de gelo para começar nossa segunda excursão de aclimatação. Enquanto eu caminhava nervoso e com o maior cuidado por aquela desordem gelada, de entranhas gementes, reparei que eu não arfava tanto quanto na primeira viagem ao glaciar; meu corpo já começara a se adaptar à altitude. Mas meu receio de ser esmagado por um *serac* despencando das alturas continuava pelo menos tão grande quanto antes.

Eu torcera para que a gigantesca torre pendurada a 7590 metros de altitude — batizada de Ratoeira por algum gaiato da equipe de Fischer — já tivesse despencado a essas alturas, mas lá estava ela, precariamente de pé, ainda mais inclinada. Mais uma vez, eu quase ultrapassara os limites de meu sistema cardiovascular, subindo rapidamente para contornar aquela sombra ameaçadora. E, de novo, caí de joelhos ao chegar ao topo do *serac*, sem fôlego e tremendo com o excesso de adrenalina que corria pelas veias.

Ao contrário da primeira incursão, durante a qual passamos menos de uma hora no acampamento 1 antes de voltarmos à base, Rob pretendia passar as noites de terça e quarta-feira no acampamento 1, prosseguindo depois até o acampamento 2, onde ficaríamos mais três noites, antes de descermos.

Às 9h00, quando cheguei ao local do acampamento 1, Ang Dorje,* nosso *sirdar*** de alta montanha, estava escavando algumas plataformas para nossas barracas, num declive coberto de neve congelada. Aos 29 anos, esbelto, de feições delicadas, com

---

* Não confundir com o sherpa que integrava a equipe sul-africana, que tem o mesmo nome. Ang Dorje — assim como Pemba, Lhakpa, Ang Tshering, Ngawang, Dawa, Nima e Pasang — são nomes muito comuns entre os sherpas; o fato de cada um desses nomes pertencer a dois ou mais sherpas presentes no Everest, em 1996, causou algumas confusões.

** O *sirdar* é o chefe dos sherpas. A equipe de Hall tinha um *sirdar* no acampamento-base, chamado Ang Tshering, encarregado de todos os sherpas contratados; Ang Dorje, o *sirdar* da alta montanha, era subordinado a Ang Tshering, mas supervisionava os sherpas alpinistas enquanto estavam acima do acampamento-base.

um temperamento tímido e sujeito a mudanças bruscas, Ang tem uma força física extraordinária. Enquanto esperava meus colegas chegarem, peguei uma pá e comecei a ajudá-lo a escavar. Em poucos minutos eu já estava exausto pelo esforço e tive que sentar para descansar, provocando uma sonora risada por parte do sherpa. "Está se sentindo bem, Jon?", ele perguntou, zombeteiro. "Isto aqui é apenas o acampamento 1, 6 mil metros. O ar aqui ainda é bem consistente."

Ang Dorje vinha de Pangboche, um aglomerado de casas de pedra e plantações de batata em terraços pendurados numa encosta acidentada, a 3962 metros de altitude. Seu pai é um respeitado sherpa alpinista que lhe ensinou, quando ele ainda era muito jovem, os fundamentos básicos do alpinismo, para que o menino tivesse chances de entrar no mercado. Na época em que Ang Dorje entrou na adolescência, o pai ficou cego por causa de catarata e Ang Dorje teve que largar a escola para sustentar a família.

Em 1984, ele estava trabalhando como assistente de cozinheiro para um grupo de *trekkers* ocidentais, quando chamou a atenção de Marion Boyd e Graem Nelson, um casal canadense. Marion disse: "Eu estava sentindo falta de meus filhos e, à medida que ia conhecendo Ang Dorje, ele me fazia lembrar cada vez mais do meu filho mais velho. Ang Dorje era inteligente, interessado, ávido em aprender e quase exagerado em sua consciência do dever. Estava carregando uma carga enorme e seu nariz sangrava todos os dias em grandes altitudes. Fiquei comovida".

Depois de obter a aprovação da mãe de Ang Dorje, Marion Boyd e Graem Nelson começaram a apoiar financeiramente o jovem sherpa, para que ele pudesse voltar à escola. "Eu nunca mais vou esquecer seu exame de admissão [para poder se matricular na escola regional de primeiro grau de Khumjung, construída por sir Edmund Hillary]. Era um menino de estatura miúda, na pré-pubescência. Estávamos amontoados numa saleta pequena junto com o diretor e quatro professores. Ang Dorje ficou no meio, com os joelhos tremelicando enquanto tentava ressuscitar o pouco do que aprendera formalmente no exame oral. Todos nós estávamos suando frio [...] mas ele foi aceito, com a condição de sentar-se ao lado das crianças pequenas das primeiras séries."

Ang Dorje tornou-se um estudante capaz e conseguiu tirar o diploma equivalente ao das oito séries do primeiro grau antes de largar os estudos e voltar a trabalhar na indústria do alpinismo e *trekking*. Marion Boyd e Graem Nelson, que voltaram ao Khumbu várias vezes, acompanharam seu amadurecimento. "Podendo pela primeira vez na vida ter uma boa dieta, começou a crescer e a ficar forte", lembra-se Marion. "Ele nos contou, muito animado, sobre o dia em que aprendeu a nadar numa piscina em Katmandu. Aos 25 anos, por aí, aprendeu a andar de bicicleta e teve uma paixonite rápida pela música de Madonna. Percebemos que ele estava totalmente crescido quando nos ofereceu seu primeiro presente, um tapete tibetano escolhido com cuidado. Ele queria dar, não receber."

Quando a reputação de Ang Dorje, de ser um alpinista resistente e hábil, espalhou-se entre os ocidentais, foi promovido a *sirdar* e, em 1992, foi trabalhar com Rob Hall no Everest. Por ocasião de nossa expedição de 1996, Ang Dorje já escalara o pico três vezes. Com respeito e afeto genuíno, Hall se referia a ele como "meu homem principal", e mencionou várias vezes que considerava o papel de Ang Dorje fundamental para o sucesso da expedição.

O sol já estava forte quando o último de meus companheiros chegou ao acampamento 1, porém por volta do meio-dia uma mancha de altos cirros, vindos do sul, havia coberto o céu; às três da tarde as nuvens rodopiavam sobre o glaciar e a neve batia nas barracas com um clamor enfurecido. A nevasca durou a noite inteira; pela manhã, quando engatinhei para fora do abrigo que dividia com Doug, uma camada de mais de trinta centímetros de neve cobria o glaciar. Dúzias de avalanches rugiam pelos íngremes paredões acima, porém nosso acampamento estava fora de alcance.

Às primeiras luzes do dia 18 de abril, uma quinta-feira, as nuvens já se haviam dissipado e nós juntamos nossos pertences, rumo ao acampamento 2, a quase 6,5 quilômetros dali e 518 metros verticais acima. Nossa rota atravessava o chão suavemente inclinado do Circo Oeste, o mais alto canyon do mundo, um desfiladeiro em forma de ferradura escavado no coração do maciço do Everest pelo glaciar do Khumbu. Os taludes de 7860 metros do Nuptse definiam a parede direita do Circo, a gigantesca face sudoeste do Everest formava o paredão esquerdo e a larga barreira congelada do flanco do Lhotse assomava lá no alto.

A temperatura estava baixíssima quando saímos do acampamento 1, transformando minhas mãos em dois pedaços congelados e doloridos de carne, mas, quando os primeiros raios de sol atingiram o glaciar, os paredões salpicados de gelo do Circo Oeste recolheram e ampliaram o calor como um gigantesco forno solar. De repente eu estava fervendo e temi que me viesse mais uma daquelas dores de cabeça tão intensas quanto uma enxaqueca, como a que me martelara o cérebro no acampamento-base. Tirei então a roupa, fiquei só de ceroula e camiseta de mangas compridas e enfiei um punhado de neve debaixo do boné de beisebol. Pelas três horas seguintes eu me arrastei glaciar acima, parando apenas para tomar uns goles de água e substituir o estoque de neve do boné, à medida que ela ia derretendo sobre meu cabelo emaranhado.

A 6400 metros, zonzo de calor, topei com um grande objeto embrulhado em plástico azul, ao lado da trilha. A massa cinzenta, entorpecida pela altitude, levou um ou dois minutos para compreender que aquele objeto era um corpo humano. Chocado e perturbado, fiquei ali olhando o embrulho vários minutos. Aquela noite, quando perguntei a Rob, ele disse que não tinha muita certeza, mas achava que a vítima era um sherpa que morrera ali três anos antes.

O acampamento 2, a 6400 metros, era composto por umas 120 barracas espalhadas pelas rochas nuas, junto à morena lateral, na borda do glaciar. A altitude, ali, manifestava-se como uma força maldosa, fazendo-me sentir como se estivesse com uma ressaca colossal de vinho tinto. Indisposto demais para comer ou mesmo ler, durante os dois dias seguintes fiquei a maior parte do tempo deitado na barraca, a cabeça entre as mãos, tentando me mexer o mínimo possível. No sábado, sentindo-me um pouco melhor, escalei mais trinta metros acima do acampamento, para fazer um pouco de exercício e acelerar minha aclimatação. Ali, no topo do Circo, a cinquenta metros da trilha principal, topei com mais um corpo na neve ou, mais precisamente, a metade inferior de um corpo. O estilo das roupas e as botas antigas de couro sugeriam que o morto devia ser europeu e que estava lá estirado na montanha havia pelo menos dez ou quinze anos.

O primeiro cadáver me deixara muito abalado por várias horas; o choque de encontrar o segundo passou quase instantaneamente. Poucos dos alpinistas que passaram pelos dois locais deram aos corpos mais que uma olhada rápida. Havia como que um acordo tácito na montanha para fingir que esses restos dessecados não eram reais — como se nenhum de nós tivesse coragem de admitir o que estava em jogo ali.

Na segunda-feira, 22 de abril, um dia depois de voltar do acampamento 2 para a base, Andy Harris e eu fomos até a expedição sul-africana para conhecer a equipe e tentar entender por que haviam se tornado tamanhos párias. A quinze minutos de nossas barracas, mais abaixo no glaciar, o acampamento deles estava empilhado sobre uma corcova de detritos glaciares. As bandeiras nacionais do Nepal e da África do Sul, juntamente com flâmulas de empresas como Kodak, Apple Computer e outros patrocinadores, tremulavam no alto de postes de alumínio. Andy enfiou a cabeça na porta da barraca do refeitório deles, abriu seu sorriso mais encantador e perguntou: "Ei, tem alguém em casa?".

Ficamos sabendo então que Ian Woodall, Cathy O'Dowd e Bruce Herrod estavam na cascata de gelo, descendo do acampamento 2, mas a namorada de Woodall, Alexandrine Gaudin estava lá, assim como seu irmão, Philip. Também na barraca estava uma jovem alegre que se apresentou como Deshum Deysel e que de imediato convidou-nos para tomar um chá. Os três não pareciam nem um pouco preocupados com o comportamento repreensível de Woodall e com os boatos da iminente dissolução de sua expedição.

"Fui escalar no gelo pela primeira vez na vida outro dia", Deshum Deysel adiantou cheia de entusiasmo, sem que tivéssemos lhe perguntado nada, apontando para um *serac* nas proximidades, onde alpinistas de várias expedições haviam treinado escalada no gelo. "Achei muito emocionante. Espero subir a cascata de gelo em poucos dias." Minha intenção fora perguntar-lhe o que achava da desonestidade de Woodall e como se sentiu ao saber que ficara de fora da licença para escalar o Everest, mas ela estava tão contente e era tão ingênua que não tive coragem. Depois de uns vinte minutos de papo, Andy fez um convite extensivo a toda a equipe, incluindo Woodall, "para aparecer em nosso acampamento para um traguinho rápido" mais tarde, naquela noite.

Ao voltar para nosso acampamento, encontrei Rob, a dra. Caroline Mackenzie e a médica de Scott Fischer, Ingrid Hunt, envolvidos numa conversa tensa pelo rádio com alguém que estava mais acima. Algumas horas antes, Fischer estava descendo do acampamento 2 para o acampamento-base quando encontrou um de seus sherpas, Ngawang Topche, sentado no glaciar, a 6400 metros de altura. Aos 38 anos, Ngawang, natural do vale Rolwaling, tinha dentes espaçados e natureza doce. Estava transportando carga e executando outras tarefas acima do acampamento-base havia três dias, mas os companheiros sherpas andavam reclamando que ele ficava sentado à toa e não fazia sua parte do trabalho.

Quando Fischer questionou Ngawang, ele admitiu que fazia dois dias que estava se sentindo fraco e sem fôlego, de modo que Fischer lhe disse para descer imediatamente até o acampamento-base. Porém, há um certo machismo na cultura sherpa que torna muitos homens relutantes em admitir qualquer enfermidade física. No entender deles próprios, os sherpas não contraem o mal da montanha, sobretudo os nativos da região de Rolwaling, famosa por seus alpinistas fortíssimos. Além do mais, aqueles que ficam doentes e admitem-no, abertamente, em geral entram para a lista negra e não arrumam colocação em expedições futuras. E assim foi que Ngawang ignorou as instruções de Fischer e, em vez de descer, subiu até o acampamento 2 para passar a noite.

Quando chegou às barracas, no final da tarde, Ngawang estava delirando, tropeçando feito um bêbado e expelindo uma espuma rósea, salpicada de sangue: sintomas que indicam um caso avançado de HAPE, High Altitude Pulmonary Edema [Edema Pulmonar de Grande Altitude] — uma doença misteriosa, potencialmente letal, típica de quem sobe muito alto e muito depressa, em que os pulmões se enchem de líquido.* A única cura de fato para o HAPE é a descida, o quanto antes; se o doente permanecer em grandes altitudes por muito tempo, o resultado em geral é a morte.

Ao contrário de Hall, que insistia para que nosso grupo permanecesse unido durante a escalada acima do acampamento-base, sob a cerrada vigilância dos guias, Fischer acreditava em dar aos clientes ampla liberdade de subir e descer a montanha sozinhos, durante o período de aclimatação. Em consequência disso, quando se confirmou que Ngawang estava gravemente doente no acampamento 2, quatro dos clientes de Fischer estavam presentes — Dale Kruse, Pete Schoening, Klev Schoening e Tim Madsen —, mas não havia nenhum guia. A responsabilidade, portanto, de iniciar o resgate de Ngawang ficou com Klev Schoening e Madsen — este último um patrulheiro de esqui de Aspen, Colorado, de 33 anos, que nunca subira acima de 4300 metros até essa expedição, da qual fora persuadido a participar pela namorada, a veterana do Himalaia Charlotte Fox.

Quando entrei no refeitório de Hall, a dra. Mackenzie estava ao rádio, dizendo a alguém no acampamento 2: "Dê a Ngawang acetazolamida, dexametasona e dez miligramas de nifedipina sublingual. [...] Sim, eu sei dos riscos. Mas dê assim mesmo. [...] Estou lhe dizendo, o perigo de que ele morra de HAPE antes que possamos descê-lo é muito, muito maior que o perigo de que a ni-

---

* Acredita-se que a raiz do problema esteja na escassez de oxigênio, piorada pela alta pressão nas artérias pulmonares, fazendo com que as artérias vazem líquido nos pulmões.

fedipina reduza sua pressão sanguínea a níveis perigosos. Por favor, confie em mim nessa questão! Dê-lhe a medicação! Rápido!".

No entanto, nenhum dos remédios pareceu funcionar, assim como também não ajudou dar-lhe oxigênio suplementar nem colocá-lo dentro de uma câmara hiperbárica — uma câmara inflável de plástico, mais ou menos do tamanho de um caixão, onde a pressão atmosférica é aumentada para simular uma altitude menor. E assim, com o dia já escurecendo, Schoening e Madsen começaram a arrastar Ngawang montanha abaixo com grande dificuldade, usando a câmara hiperbárica desinflada como um tobogã improvisado, enquanto Neal Beidleman e um grupo de sherpas vinham o mais depressa possível do acampamento-base para encontrá-los.

Beidleman alcançou Ngawang ao pôr do sol, perto do topo da cascata de gelo, e assumiu o comando do resgate, permitindo que Schoening e Madsen voltassem ao acampamento 2 para continuar com a aclimatação. O sherpa tinha tanto líquido nos pulmões, Beidleman contou, "que quando ele respirava fazia um barulho igual ao de alguém chupando as últimas gotas do fundo de um copo de milk-shake com um canudinho. Mais ou menos na metade da cascata de gelo, Ngawang tirou a máscara de oxigênio e enfiou a mão lá dentro para tirar um pouco da secreção que entrara na válvula. Quando ele retirou a mão, focalizei minha lanterna em sua luva e ela estava completamente vermelha, encharcada com o sangue que ele vinha cuspindo na máscara. Depois iluminei o rosto dele e também estava coberto de sangue".

"Ngawang olhou para mim e vi quão assustado ele estava", Beidleman continuou. "Pensando rápido, menti e disse a ele para não se preocupar, que o sangue vinha de um corte que fizera no lábio. Isso o acalmou um pouco e continuamos a descer." Para evitar que Ngawang fizesse muito esforço, o que teria exacerbado o edema, em vários pontos, durante a descida, Beidleman carregou-o nas costas. Já passava da meia-noite quando atingiram o acampamento-base.

Na manhã seguinte, terça-feira, Fischer chegou a pensar em chamar um helicóptero para levar Ngawang do acampamento-base até Katmandu, a um custo entre 5 e 10 mil dólares. Porém, tanto Fischer como a dra. Hunt estavam convencidos de que o estado do sherpa melhoraria depressa, agora que estava 1126 metros mais baixo que o acampamento 2 — aliás, descer uns novecentos metros em geral é o suficiente para uma total recuperação de HAPE. O resultado foi que, em vez de ser retirado por helicóptero, Ngawang começou a descer o vale a pé, escoltado por alguns sherpas. Logo abaixo do acampamento-base, entretanto, ele desmaiou e teve de ser levado de volta ao acampamento da Mountain Madness para tratamento, onde seu estado continuou a piorar por todo o dia. Quando a dra. Hunt tentou colocá-lo de volta na câmara hiperbárica, Ngawang recusou-se, argumentando que ele não estava com HAPE nem com nenhuma outra doença relacionada à altitude. Então a dra. Hunt entrou em contato por rádio com o médico norte-americano Jim Litch — uma das eminências no campo altamente especializado da medicina de grandes altitudes, que naquela primavera integrava a equipe da clínica da Associação de Socorro do Himalaia, em Pheriche —, pedindo-lhe que fosse o mais rápido possível ao acampamento-base para acompanhar o tratamento de Ngawang.

Fischer, a essa altura, partira para o acampamento 2 a fim de descer com Tim Madsen, que se exaurira ao arrastar Ngawang para baixo do Circo Oeste e, em seguida, adoecera com leves sintomas de HAPE. Na ausência de Fischer, a dra. Hunt conversou com os outros médicos do acampamento-base, mas foi forçada a tomar algumas decisões críticas por si mesma. Como observou um de seus colegas: "Ingrid estava completamente perdida".

Com vinte e poucos anos, sem nenhuma experiência em alpinismo, a dra. Hunt acabara de completar seu estágio como interna em medicina familiar, embora já tivesse trabalhado muitas vezes como voluntária médica nos sopés das montanhas do leste do Nepal; no entanto, ela não tinha nenhuma experiência prévia em medicina de grandes altitudes. Conhecera Fischer por acaso, alguns meses antes em Katmandu, quando ele estava finalizando a papelada da licença para escalar o Everest, e na sequência fora convidada a acompanhar a expedição, no duplo papel de médica da equipe e gerente do acampamento-base.

Embora tenha manifestado certa ambivalência em relação ao convite, em carta enviada a Fischer em janeiro, a dra. Hunt acabou aceitando o emprego não remunerado e chegou ao Nepal no final de março, ansiosa em contribuir para o sucesso da expedição. Mas as exigências de administrar o acampamento-base e de, ao mesmo tempo, fornecer apoio médico a 25 pessoas acabaram sendo demais para ela. (Já Rob Hall pagava duas pessoas muito experientes, trabalhando em tempo integral — a médica da equipe, Caroline Mackenzie, e a gerente do acampamento-base, Helen Wilton — para fazer o que a dra. Hunt fazia sozinha e sem salário.) Para completar suas dificuldades, Ingrid Hunt teve problemas para se aclimatar, sofreu dores de cabeça tremendas e falta de ar durante boa parte de sua estada no acampamento-base.

Depois que Ngawang desmaiou, tentando descer o vale a pé, na terça-feira de manhã, foi levado de volta para o acampamento-base; ele não recebeu mais oxigênio artificial, embora seu estado continuasse a se deteriorar, em parte porque insistia, teimosamente, que não estava doente. Às sete horas da noite o dr. Litch chegou, depois de uma longa subida de Pheriche até lá; sugeriu com grande ênfase que a dra. Hunt começasse a dar oxigênio a Ngawang em fluxo máximo e que depois chamasse um helicóptero.

Por essa altura Ngawang perdia e recobrava a consciência, intermitentemente, tendo muita dificuldade para respirar. Foi pedido um resgate por helicóptero para a manhã de quarta-feira, 24 de abril, porém as nuvens e as rajadas de neve inviabilizaram o voo, de modo que Ngawang foi colocado num cesto e, sob os cuidados da dra. Hunt, carregado glaciar abaixo até Pheriche, nas costas dos sherpas.

Naquela tarde o cenho franzido de Hall denunciava sua preocupação. "Ngawang está muito mal", disse. "Foi um dos piores casos de edema pulmonar que já vi. Deviam tê-lo tirado daqui de helicóptero ontem, quando era possível. Se o doente num estado assim tão grave tivesse sido um cliente, em vez de um sherpa, acho que Fischer não o teria tratado assim com tanta negligência. Até eles conseguirem chegar a Pheriche, pode ser tarde demais para Ngawang."

Quando o sherpa chegou à clínica de Pheriche, na quarta-feira ao anoitecer, depois de um trajeto de doze horas, seu estado continuava a piorar, apesar de estar então a 4267 metros de altitude (que não é muito maior do que a altitude da aldeia onde passara grande parte da vida), obrigando a dra. Hunt a colocá-lo dentro da câmara hiperbárica, pressurizada, apesar de seus protestos. Incapaz de compreender os benefícios da câmara inflável e aterrorizado com aquilo, Ngawang pediu que chamassem um monge budista e, antes de consentir que o zíper daquele interior claustrofóbico fosse fechado, exigiu que pusessem a seu lado, dentro do saco, alguns livros de orações.

Para que a câmara hiperbárica funcione direito, um assistente tem que injetar, sem cessar, ar fresco para dentro da câmara com um pedal. Na quarta-feira à noite, a dra. Hunt estava exausta, depois de ter cuidado de Ngawang durante quase 48 horas sem parar, de modo que passou a responsabilidade de bombear o ar para a câmara a vários dos amigos sherpas de Ngawang. Enquanto ela cochilava, um desses sherpas notou pelo visor de plástico da câmara que Ngawang estava espumando na boca e que, aparentemente, tinha parado de respirar.

Acordada com essa notícia, a dra. Hunt de imediato abriu o saco, começou um ressuscitamento e mandou chamar o dr. Larry Silver, um dos voluntários da clínica. Depois que o dr. Silver injetou ar em seus pulmões com uma bomba manual de borracha, Ngawang começou a respirar de novo, mas, nesse período, ficara pelo menos quatro ou cinco minutos sem nenhum oxigênio no cérebro.

Dois dias depois, na sexta-feira, 26 de abril, o tempo finalmente melhorou o suficiente para permitir um resgate por helicóptero e Ngawang foi levado a um hospital em Katmandu, porém os médicos anunciaram que o cérebro fora gravemente lesado. Ngawang, agora, era pouco mais que um vegetal. Nas semanas seguintes, foi definhando no hospital, olhando para o teto sem o ver, os braços grudados com firmeza ao lado do corpo, os músculos atrofiando-se, o peso caindo para menos de quarenta quilos. Em meados de junho Ngawang estaria morto, deixando mulher e quatro filhas em Rolwaling.

Curiosamente, a maioria dos alpinistas no Everest sabia muito menos sobre o infortúnio de Ngawang do que dezenas de milhares de pessoas que estavam muito distantes da montanha. Essa aberração devia-se à Internet e para nós, no acampamento-base, era algo absolutamente surrealista. Um companheiro de equipe podia ligar para casa de um telefone operado por satélite e obter informações — por exemplo, sobre o que os sul-africanos estavam fazendo no acampamento 2 — com sua mulher na Nova Zelândia, ou em Michigan, que estivesse navegando pela World Wide Web.

Havia pelo menos cinco sites da Internet publicando boletins* enviados por correspondentes que acompanhavam as expedições do acampamento-base. A equipe sul-africana tinha um site próprio, assim como a expedição comercial de Mal Duff. *Nova*, um programa de televisão da PBS, produziu um site muito elaborado e bastante informativo com notícias frescas enviadas todos os dias por Liesl Clark e pela eminente historiadora do Everest, Audrey Salkeld, que integravam a expedição MacGillivray Freeman IMAX. (Chefiada pelo premiado cineasta e experiente alpinista David Breashears, que guiara Dick Bass ao

---

* Apesar do considerável alarido em torno de "conexões diretas e interativas entre as encostas do Everest e a www", as limitações tecnológicas impediam ligações diretas do acampamento-base com a Internet. Em vez disso, os correspondentes mandavam seus boletins por telefone ou fax, do sistema operado por satélite, e, então, esses boletins eram digitados no computador por editores em Nova York, Boston e Seattle, e em seguida publicados na Web. Os e-mails eram recebidos em Katmandu, impressos em papel e levados por iaques até o acampamento-base. Da mesma forma, todas as fotos que entraram na Web foram primeiro enviadas de iaque, depois por via aérea até Nova York, para serem transmitidas de lá. Os bate-papos, ou *chats*, eram feitos por intermédio do satélite e de um digitador em Nova York.

topo do Everest em 1985, a equipe da IMAX estava rodando um filme de 5,5 milhões de dólares a respeito da escalada da montanha.) A expedição do próprio Scott Fischer tinha nada menos que dois correspondentes enviando material para dois sites concorrentes.

Jane Bromet, que passava boletins diários por telefone para a Outside Online,* era uma das correspondentes da equipe de Fischer, mas não era cliente pagante e não tinha permissão de ir além do acampamento-base. A outra correspondente da Internet na expedição de Fischer, entretanto, era uma cliente e pretendia subir até o topo, enviando boletins diários para a NBC Interactive Media no caminho. Seu nome era Sandy Hill Pittman e ninguém ali na montanha sobressaiu-se tanto ou gerou tantas fofocas quanto ela.

Pittman, uma milionária, misto de alpinista e socialite, estava de volta para tentar pela terceira vez chegar ao topo do Everest. Esse ano estava mais do que nunca decidida a chegar ao cume e, portanto, completar sua alardeada cruzada para escalar os Sete Picos.

Em 1993, Sandy Pittman juntara-se a uma expedição que tentou seguir a rota do colo sul e crista sudeste, causando um pequeno alvoroço ao aparecer no acampamento-base com o filho de nove anos, Bo, juntamente com uma babá para cuidar dele. Porém, ela teve uma série de problemas e chegou somente até os 7315 metros antes de dar meia-volta.

Voltou ao Everest em 1994, após conseguir um quarto de

---

* Vários jornais e revistas publicaram, erroneamente, que eu era um dos correspondentes da Outside Online. A confusão surgiu porque Jane Bromet me entrevistou, no acampamento-base, e enviou uma transcrição da entrevista para o site da Outside Online. Entretanto eu não tinha nenhum vínculo com a Outside Online. Fora ao Everest para realizar um trabalho para a revista *Outside*, uma entidade independente (sediada em Santa Fé, Novo México). A revista publica uma versão de seus exemplares na Internet e, nessa medida, trabalha em parceria com a Outside Online. Porém, a revista *Outside* e a Outside Online são tão autônomas que eu nem sequer sabia que a Outside Online enviara uma correspondente ao Everest, ao acampamento-base.

milhão de dólares de corporações patrocinadoras para garantir os talentos de quatro dos melhores alpinistas da América do Norte: Breashears (contratado da televisão NBC para fazer um filme da expedição), Steve Swenson, Barry Blanchard e Alex Lowe. Considerado por alguns, discutivelmente, o melhor alpinista do mundo, Lowe fora contratado para ser o guia pessoal de Sandy, emprego pelo qual recebeu uma quantia substancial. Adiante de Sandy Pittman, os quatro fixaram cordas até uma certa altura do flanco do Kangshung, uma parede extremamente difícil e perigosa do lado tibetano da montanha. Com grande auxílio de Lowe, Sandy subiu pelas cordas fixas até os 6700 metros. Todavia, uma vez mais, teve de abandonar sua tentativa de chegar ao cume; dessa vez foi a condição da neve, perigosa e instável, que obrigou a equipe toda a abandonar a montanha.

Até cruzar com ela em Gorak Shep, durante a caminhada para o acampamento-base, eu nunca tinha visto Sandy Pittman cara a cara, embora já tivesse ouvido falar muito sobre ela, durante anos. Em 1992, o *Men's Journal* me encarregou de escrever um artigo sobre uma viagem que seria feita de Nova York até San Francisco em motos Harley-Davidson. No grupo estavam Jann Wenner — o lendário e riquíssimo editor de *Rolling Stone, Men's Journal* e *Us* — e vários de seus amigos ricos, inclusive Rocky Hill, o irmão de Sandy, e seu marido, Bob Pittman, o cofundador da MTV.

Com a Harley-Davidson ensurdecedora e reluzente de cromos que Jann me emprestou, fiz uma viagem eletrizante. Meus companheiros caixa-alta eram suficientemente agradáveis. Mas eu tinha pouquíssima coisa em comum com eles e não havia como esquecer que eu tinha sido incorporado ao passeio como auxiliar contratado de Jann. Durante o jantar, Bob, Jann e Rocky comparavam as várias aeronaves que possuíam (Jann me recomendou um Gulfstream IV, da próxima vez em que estivesse procurando um jatinho), discutiam assuntos de suas fazendas no interior e falavam sobre Sandy — que estava, naquele momento, escalando o monte McKinley. "Ei", sugeriu Bob, quando ficou sabendo que também eu era alpinista, "você e Sandy deviam se juntar um dia desses e ir escalar uma montanha." Agora, quatro anos depois, estávamos juntos.

Com 1,80 metro de altura, Sandy Pittman era cinco centímetros mais alta que eu. Seu cabelo curtinho, de moleque, parecia perfeitamente penteado, mesmo aos 5200 metros de altura. Buliçosa e direta, crescera no norte da Califórnia, onde, quando menina, o pai a ensinara a acampar, a fazer longas caminhadas e a esquiar. Apaixonada pela liberdade e pelos prazeres das montanhas, continuou com suas atividades ao ar livre durante todo o período de universidade e depois, embora a frequência de suas visitas às montanhas tenha diminuído sensivelmente quando se mudou para Nova York, nos anos 1970, na esteira de um primeiro casamento fracassado.

Em Manhattan, Sandy Pittman trabalhou em diversos lugares, como compradora da Bonwit Teeler, como editora de merchandising da *Mademoiselle* e como editora de beleza numa revista chamada *Bride's*. Em 1979, casou-se com Bob Pittman. Incansável caçadora de atenção pública, Sandy tornou seu nome e rosto um acontecimento constante nas colunas sociais de Nova York. Ela era íntima de Blaine Trump, Tom e Meredith Brokaw, Isaac Mizrahi, Martha Stewart etc. Para transitar com mais eficiência entre a opulenta mansão que tinham em Connecticut e seu apartamento no Central Park Oeste, forrado de objetos de arte e de criados uniformizados, ela e o marido compraram um helicóptero e aprenderam a pilotá-lo. Em 1990, Sandy e Bob Pittman figuraram na capa da revista *New York* como "O Casal do Minuto".

Logo depois disso, Sandy deu início a sua dispendiosa campanha, alardeada pelos quatro cantos, para se tornar a primeira mulher norte-americana a escalar os Sete Picos. O último — o Everest — estava se mostrando bem difícil e, em março de 1994, Sandy perdeu a corrida para uma alpinista e parteira alasquiana chamada Dolly Lefever. Mas assim mesmo ela continuou atrás do Everest.

Como observou Beck Weathers, certa noite no acampamento-base: "Quando Sandy sai para escalar uma montanha, ela não faz exatamente como você e eu". Em 1993, Beck estivera na Antártida, em uma subida guiada do maciço Vinson, na mesma época em que Sandy Pittman estava escalando a montanha com um outro grupo guiado. Beck lembra-se, rindo, que "ela levara uma gigantesca mochila cheia de iguarias finíssimas, que precisava de quatro pessoas para ser levantada. Também levou uma televisão portátil e um videocassete, para poder assistir a seus filmes na barraca. Ou seja, você tem que dar a mão à palmatória: não tem muita gente que escale montanha com todo esse estilo". Beck relatou que Sandy Pittman partilhou com generosidade os pitéus que levara com outros alpinistas e que sua companhia era "agradável e interessante".

Em 1996, Sandy Pittman levara para o Everest uma montoeira de coisas que em geral não são vistas em acampamentos de alpinismo. Um dia antes de partir para o Nepal, num de seus primeiros boletins para a NBC Interactive Media, ela contou:

> Todos os meus objetos pessoais estão empacotados. [...] Parece que a quantidade de equipamentos eletrônicos vai ser igual à de equipamentos para a escalada. [...] Dois laptops IBM, uma câmera de vídeo, três máquinas fotográficas de 35 mm, uma câmera Kodak digital, dois gravadores, um CD player, uma impressora e um número suficiente (eu espero) de painéis solares e baterias para suprir todo o projeto. [...] Eu nem sonharia em sair da cidade sem um estoque imenso de pacotes de Dean & DeLuca e minha máquina de fazer café expresso. E, já que estaremos no Everest na Páscoa, estou levando quatro ovos de chocolate. Uma caça aos ovos de Páscoa a 5500 metros? Veremos!

Naquela noite, o colunista social Billy Norwich ofereceu uma festa de despedida para Sandy Pittman no Nell's, no sul de Manhattan. A lista de convidados incluía Bianca Jagger e Calvin Klein. Sandy gostava de moda, e apareceu usando um traje completo para alpinismo de alta montanha por cima de seu vestido de noite, com botas de alpinismo, grampões, piolet e uma bandoleira de mosquetões.

Ao chegar ao Himalaia, Sandy Pittman parecia seguir o mais rigidamente possível todos os protocolos da alta-roda. Durante a caminhada até o acampamento-base, um jovem sherpa chamado Pemba enrolava seu saco de dormir todas as manhãs e fazia sua mochila. Quando atingiu o sopé do Everest com os demais integrantes do grupo de Fischer, no começo de abril, sua bagagem incluía pilhas de recortes de jornal sobre ela própria, para distribuir aos demais cidadãos do acampamento-base. Em poucos dias, mensageiros sherpas começaram a chegar regularmente com pacotes para Sandy Pittman, enviados ao acampamento-base via DHL, um correio expresso privado de alcance mundial; neles estavam incluídos os últimos exemplares das revistas *Vogue*, *Vanity Fair*, *People* e *Allure*. Os sherpas ficavam fascinados com os anúncios de lingerie e achavam que as tiras de papel perfumado que vinham dentro das revistas eram uma piada.

O grupo de Scott Fischer era muito unido, todos se davam muito bem; grande parte dos colegas de Sandy Pittman levava suas idiossincrasias numa boa e não parecia ter o menor problema em aceitá-la. "Podia ser meio cansativo ter Sandy por perto, porque ela precisava ser o centro das atenções e estava sempre tagarelando a respeito de si mesma", diz Jane Bromet, relembrando. "Mas não era uma pessoa negativa. Ela não baixava o moral do grupo. Estava sempre muito cheia de energia e animação, quase todos os dias."

Ainda assim, vários alpinistas consumados, que não estavam em sua equipe, consideravam Sandy Pittman uma grandíssima diletante. Depois de sua fracassada tentativa de 1994 de escalar o flanco do Kangshung, no lado tibetano do Everest, um comercial de televisão da Vaseline Intensive Care (o principal patrocinador da expedição) foi abertamente criticado por alpinistas experientes por ter anunciado que Sandy Pittman era uma "alpinista de classe mundial". Porém, a própria Sandy nunca fez tal afirmação; na verdade salientou, num artigo para o *Men's Journal*, que ela queria que Breashears, Lowe, Swenson e Blanchard "entendessem que eu não misturo minhas ávidas habilidades de praticante de um hobby com suas capacidades de nível internacional".

Seus famosos companheiros na tentativa de 1994 jamais disseram nada de desagradável sobre Sandy Pittman, pelo menos não em público. Depois daquela expedição, na verdade, Breashears tornou-se seu amigo íntimo e Swenson sempre a defendia dos críticos. "Escuta", Swenson me explicara certa vez em Seattle, logo após o regresso de ambos do Everest, "talvez Sandy não seja uma grande alpinista, mas no flanco Kangshung ela reconheceu suas limitações. É verdade que Alex, Barry, David e eu lideramos o tempo todo e fixamos todas as cordas, mas ela contribuiu à sua maneira, com uma atitude positiva, angariando dinheiro e cuidando dos meios de comunicação."

Entretanto, não faltavam difamadores para Sandy Pittman. Muita gente se ofendia com as exibições ostensivas que fazia de sua riqueza e com sua desavergonhada procura das luzes da ribalta. Como disse Joanne Kaufman, no *Wall Street Journal*:

> Sandy Pittman é conhecida em certos círculos elevados antes como alpinista social do que como alpinista de montanha. Ela e Bob Pittman eram *habitués* de todas as noitadas certas, de todas as festas beneficentes, de todas as ocasiões, enfim, com espaço garantido nas colunas sociais. "Muitas casacas ficaram amassadas de tanto Sandy Pittman se pendurar nelas", diz um antigo parceiro de negócios de Bob Pittman, que insistiu em permanecer anônimo. "Ela está interessada em publicidade. Se tivesse de assumir a empreitada de forma anônima, duvido que estivesse escalando montanhas."

Justa ou injustamente, Sandy Pittman representava para seus detratores a epítome de tudo aquilo que era repreensível, inclusive a popularização dos Sete Picos provocada por Dick Bass e a consequente desvalorização das montanhas mais altas do mundo. Porém, sob a redoma do dinheiro, de uma equipe de assessores pagos e sendo uma pessoa inabalavelmente centrada em si mesma, Sandy Pittman não ligava a mínima para o ressentimento e desprezo que inspirava em outros; permanecia tão indiferente quanto a personagem Emma, de Jane Austen.

9. ACAMPAMENTO 2
28 DE ABRIL DE 1996
6500 M

> *Contamos histórias uns aos outros para poder viver.
> [...] Procuramos o sermão no suicídio, a lição social
> ou moral no assassinato múltiplo. Interpretamos o
> que vemos e selecionamos a mais manipulável das
> múltiplas escolhas. Vivemos inteiramente, em especial se formos escritores, da imposição de uma linha
> narrativa sobre imagens disparatadas e das "ideias"
> com as quais aprendemos a congelar as falsas aparências cambiantes, que são nossa experiência atual.*
> Jon Didion, *The white album*

EU JÁ ESTAVA DESPERTO às quatro da madrugada, quando o alarme de meu relógio de pulso começou a tocar; estivera acordado boa parte da noite, tentando obter um pouco de oxigênio daquele ar ralo. E agora era hora de começar o temido ritual de emergir de meu casulo de penas de ganso e enfrentar o frio cortante dos 6492 metros de altitude. Dois dias antes — na sexta-feira, 26 de abril — subimos direto do acampamento-base até o acampamento 2, durante um longo dia de escalada, para começar a terceira e última excursão de aclimatação para a grande investida ao cume. Essa manhã, segundo o plano grandioso de Rob, escalaríamos do acampamento 2 até o acampamento 3 e passaríamos a noite a 7315 metros de altitude.

Rob dissera para estarmos prontos às 4h45 em ponto — dali a 45 minutos —, tempo suficiente apenas para me vestir, empurrar uma barra de chocolate e um pouco de chá para dentro do estômago e colocar os grampões. Focalizando a lanterna num termômetro barato preso à jaqueta que estava me servindo de travesseiro, vi que a temperatura dentro da barraca atulhada com os objetos de duas pessoas era de –21ºC. "Doug!", berrei para aquele volume enfurnado dentro do saco de dormir a meu lado, "está na hora de se mexer. Está acordado?"

"Acordado?", ele grasnou, com voz fatigada. "O que o leva a pensar que eu cheguei a dormir? Estou me sentindo um trapo. Acho que tem alguma coisa errada com minha garganta. Cara, estou ficando velho demais para esse tipo de coisa."

Durante a noite, nossas fétidas exalações haviam se condensado no tecido da barraca, formando uma frágil camada de geada interior; ao sentar para procurar minhas coisas no escuro, era impossível não bater nas paredes de náilon; toda vez que eu fazia isso, provocava uma nevasca dentro da barraca, cobrindo tudo com cristais de gelo. Tremendo muito, protegi o corpo com três camadas de roupas de baixo de polipropileno felpudo e uma quarta carapaça externa de náilon à prova de vento, depois calcei minhas desajeitadas botas de plástico. Amarrá-las bem firme me causava uma dor danada; nas duas últimas semanas o estado das pontas dos dedos, rachadas e sangrando, tinha piorado continuamente com o ar frio.

Saí do acampamento quase me arrastando, bem atrás de Rob e Frank, iluminando o caminho com a luz da lanterna frontal. Fomos serpenteando entre torres de gelo e terreno pedregoso rumo ao corpo principal do glaciar. Durante as duas horas seguintes, caminhamos por um aclive tão suave quanto uma pista de esqui para principiantes, até chegarmos no *bergschrund* que delineava a parte superior do glaciar do Khumbu. Logo acima, erguia-se o flanco do Lhotse, um vasto mar inclinado de gelo, reluzindo feito cromo sujo na luz enviesada do amanhecer. Estirada naquela vastidão gelada, como que suspensa do céu, uma única corda de nove milímetros nos chamava como o pé de feijão do conto de fadas. Apanhei a extremidade inferior dela, engatei meu *jumar** na corda ligeiramente esgarçada e comecei a subir.

---

* Um *jumar* (também chamado de ascensor mecânico) é um dispositivo bloqueante, do tamanho de uma carteira, que se prende na corda por meio de

Estava sentindo um grande desconforto por causa do frio desde que saíra do acampamento, já que não me agasalhara o suficiente, antecipando o efeito de forno solar que já ocorrera em outras manhãs quando o sol batia em cheio no Circo Oeste. Porém, essa manhã, as rajadas cortantes de vento que vinham do alto da montanha provocaram o chamado "fator vento", e a temperatura talvez tivesse baixado para –40ºC. Eu tinha uma malha bem grossa sobressalente na mochila, mas para colocá-la teria primeiro que tirar as luvas, a mochila e a jaqueta à prova de vento, tudo isso pendurado numa corda. Achei que seria bem provável que derrubasse alguma coisa, portanto decidi esperar até alcançar um trecho do flanco que não fosse tão íngreme, onde eu poderia me equilibrar sem estar pendurado numa corda. Continuei escalando e, quanto mais subia, mais frio sentia.

O vento fazia rodopiar imensas nuvens de neve pulverizada, que escorregavam montanha abaixo como ondas espumantes, emplastrando minhas roupas de gelo. Formou-se uma carapaça de gelo no vidro de meus óculos de alpinismo, dificultando a visão. Meus pés começaram a ficar insensíveis. Meus dedos endureceram como pau. Parecia cada vez mais inseguro continuar subindo nessas condições. Eu estava na frente da corda, a 7010 metros de altura e quinze minutos na frente do guia Mike Groom; decidi esperá-lo e discutir com ele se eu deveria seguir ou descer. Mas, pouco antes que ele me alcançasse, a voz de Rob trovejou no rádio que Mike levava dentro da jaqueta e ele parou para responder ao chamado. "Rob quer que todo mundo desça!", ele declarou, gritando para se fazer ouvir acima do vento. "Vamos sair daqui já!"

Era meio-dia quando chegamos de volta ao acampamento 2 e só então pudemos avaliar os estragos. Eu estava cansado mas passando bem. John Taske, o médico australiano, sofrera queimaduras leves na ponta dos dedos, provocadas pelo frio. Doug,

---

uma came de metal. A came permite ao *jumar* deslizar corda acima sem empecilhos, mas trava quando é puxada para baixo. Impulsionado encosta acima, o alpinista basicamente sobe pela corda.

por outro lado, estava com problemas bem mais sérios. Quando tirou as botas, descobriu que vários dedos dos pés apresentavam uma necrose incipiente. Na expedição de 1995 ao Everest, ele danificara os pés com gravidade e inclusive perdera parte do tecido de um dos dedões, ficando com a circulação prejudicada permanentemente. Isso o tornava muito suscetível ao frio, e essas queimaduras adicionais o deixariam ainda mais vulnerável às cruéis condições da alta montanha.

Pior ainda, contudo, foram os danos sofridos por Doug no sistema respiratório. Menos de duas semanas antes de partir para o Nepal, passara por uma pequena cirurgia na garganta, ficando com a traqueia extremamente sensível. Nessa manhã, ao engolir os bocados de ar cáustico e cheio de neve, parecia ter congelado a laringe. "Estou fodido", Doug grasnou, num sussurro que mal se ouvia, com uma cara arrasada. "Não consigo nem falar. Para mim a escalada acabou."

"Ainda é cedo para dizer isso", disse Rob. "Espere para ver como se sente daqui a uns dias. Você é um cara durão. Acho que ainda tem uma boa chance de chegar ao topo, depois que se recuperar." Não muito convencido, Doug voltou para nossa barraca e se cobriu até a cabeça com o saco de dormir. Era penoso vê-lo assim tão desanimado. Ele se tornara um bom amigo, partilhava sem nenhuma sovinice todo o conhecimento que obtivera durante o fracassado ataque ao pico, em 1995. Em volta do pescoço eu usava uma pedra-Xi — um amuleto budista sagrado, abençoado pelo lama do mosteiro de Pangboche — que Doug me dera no início da expedição. Eu queria que ele chegasse ao cume quase tanto quanto eu próprio queria chegar lá.

Pelo resto do dia pairou uma atmosfera chocada e meio deprimida por todo o acampamento. Mesmo sem ter desencadeado o seu pior ataque, a montanha nos obrigara a sair esbaforidos em busca de segurança. E não era apenas nossa equipe que estava de crista caída, cheia de dúvidas. O moral parecia estar baixo em várias expedições no acampamento 2.

O mau humor era mais óbvio ainda nas desavenças que surgiram entre Hall e os líderes das equipes taiwanesa e sul-africana a respeito da responsabilidade conjunta de estender mais de 1,5 quilômetro de corda, necessária à segurança da trilha no flanco do Lhotse. Por volta do final de abril, já havia uma linha de cordas fixadas entre a cabeça do Circo e o acampamento 3, a meio caminho do flanco. Para completar o serviço, Hall, Fischer, Ian Woodall, Makalu Gau e Todd Burleson (líder norte-americano da expedição comercial da Alpine Ascents) haviam concordado que no dia 26 de abril um ou dois integrantes de cada equipe juntariam forças para fixar o restante das cordas no flanco, na passagem entre o acampamento 3 e o acampamento 4, a 7924 metros de altitude. Mas as coisas não aconteceram conforme o planejado.

Quando Ang Dorje e Lhakpa Chhiri — da equipe de Hall —, o guia Anatoli Boukreev — da equipe de Fischer — e um sherpa da equipe de Burleson partiram do acampamento 2, no dia 26 de abril, os sherpas das equipes taiwanesa e sul-africana que deveriam acompanhá-los permaneceram dentro de seus sacos de dormir e recusaram-se a cooperar. Naquela tarde, quando Hall chegou ao acampamento 2 e ficou sabendo disso, imediatamente fez algumas chamadas por rádio para saber por que o plano não fora cumprido. Kami Dorje, o *sirdar* da equipe taiwanesa, desculpou-se profusamente e prometeu remendar a situação. Porém, quando Hall chamou Woodall pelo rádio, o impenitente líder da expedição sul-africana respondeu com uma enxurrada de obscenidades e xingamentos.

"Vamos conversar como duas pessoas civilizadas, companheiro", Hall implorou. "Achei que tivéssemos um acordo." Woodall retrucou que seus sherpas continuaram na barraca apenas porque ninguém apareceu para acordá-los e dizer-lhes que estavam sendo requisitados para ajudar. Hall de imediato lembrou-lhe que Ang Dorje tinha, na verdade, tentado diversas vezes acordá-los, mas que eles ignoraram seus chamados.

Nessa altura, Woodall declarou: "Ou você é um puta mentiroso ou seu sherpa é que é". Em seguida ameaçou mandar uns dois sherpas de sua equipe para "resolver" a questão com Ang Dorje no murro.

Dois dias depois dessa altercação desagradável, o rancor entre nossa equipe e a dos sul-africanos continuava grande. Para contribuir com a atmosfera azeda no acampamento 2, havia as notícias entrecortadas e preocupantes sobre o estado cada vez pior de Ngawang Topche. Como continuasse piorando cada vez mais, mesmo em baixa altitude, os médicos aventaram a possibilidade de que sua doença não fosse apenas HAPE, mas HAPE agravado por tuberculose ou outra doença pulmonar preexistente. Os sherpas, porém, tinham um diagnóstico diferente: eles acreditavam que um dos alpinistas da equipe de Fischer tinha enfurecido o Everest — Sagarmatha, deusa do céu —, por isso a divindade se vingara em Ngawang.

O alpinista em questão começara um relacionamento com uma integrante de uma equipe que iria tentar o Lhotse. Como não existe privacidade no verdadeiro cortiço que é o acampamento-base, os encontros amorosos que aconteceram na barraca dessa mulher foram devidamente notados por outros integrantes da equipe dela, sobretudo pelos sherpas, que ficavam sentados do lado de fora, durante as sessões, apontando e zombando. "X e Y estão fazendo molho, fazendo molho", eles diziam zombeteiros, imitando o ato sexual enfiando um dedo no punho da outra mão.

Porém, apesar das risadas dos sherpas (para não falar dos notórios hábitos libertinos deles próprios), as relações sexuais entre casais não casados nos flancos divinos de Sagarmatha são vistas com desaprovação. Sempre que o tempo fechava, era fatal que algum sherpa apontasse para as nuvens acumulando-se no céu, declarando, com toda a sinceridade: "Alguém andou fazendo molho. Traz azar. Agora vem tempestade".

Sandy Pittman registrara essa superstição no diário que mantivera durante a expedição de 1994 e publicou-a na Internet em 1996:

29 de abril de 1994
Acampamento-base do Everest (5425 metros), flanco do Kangshung, Tibete

[...] um mensageiro chegara àquela tarde com cartas para todo mundo e uma revista masculina que fora enviada, de farra, por um carregador de alta montanha, conhecido meu. [...] Metade dos sherpas levou a revista para uma barraca, para examiná-la melhor, enquanto os outros comentavam sem parar sobre o desastre que fatalmente viria com o simples fato de folhear aquilo. A deusa Chomolungma, diziam, não tolera "*jiggy-jiggy*" — nada torpe — em sua montanha sagrada.

O budismo praticado no Khumbu tem um sabor muito mais animista: os sherpas veneram uma complicada mistura de divindades e espíritos que, segundo creem, habitam os canyons, rios e picos da região. E prestar homenagem a esse conjunto de deuses é considerado de importância crucial para garantir uma passagem segura pelo relevo traiçoeiro.

Para apaziguar Sagarmatha esse ano — como em todos os anos —, os sherpas haviam construído mais de uma dúzia de belíssimos *chortens* no acampamento-base, meticulosamente erguidos com pedras, um para cada expedição. Formando um cubo perfeito de 1,50 metro de altura, o altar em nosso acampamento era encimado por três pedras pontudas escolhidas com cuidado, sobre as quais erguia-se um poste de madeira de três metros coroado por um elegante galho de junípero. Cinco longas fileiras de bandeirolas* foram então penduradas obliquamente ao poste, por cima de nossas barracas, para proteger o acampamento. Todo dia, antes do amanhecer, o *sirdar* de nosso acampamento-base — um sherpa paternal, altamente respeita-

---

* As flâmulas de oração levam impressas invocações budistas — mais comumente *Om mani padme hum* — que são despachadas a Deus cada vez que a bandeirola balança. Muitas vezes as flâmulas têm também a imagem de um cavalo alado, além das preces escritas; os cavalos são criaturas sagradas na cosmologia sherpa e eles acreditam que esses animais carregam as preces para o céu a uma velocidade toda especial. O termo sherpa para flâmulas de oração é *lung ta*, que significa literalmente "cavalo de vento".

do, de quarenta e poucos anos, chamado Ang Tshering — acendia bastões de incenso de junípero e entoava preces ao pé do *chorten*; antes de partir para a cascata de gelo, ocidentais e sherpas passavam diante do altar — mantendo-o sempre do lado direito — e através das nuvens adocicadas de fumaça, para receber uma benção de Ang Tshering.

Porém, em que pese a atenção dedicada a tais rituais, o budismo praticado pelos sherpas é uma religião misericordiosa, maleável e não dogmática. Para permanecer nas boas graças de Sagarmatha, por exemplo, nenhuma equipe podia entrar na cascata de gelo pela primeira vez sem antes passar por uma elaborada *puja*, uma cerimônia religiosa. Mas, quando o frágil e mirrado lama indicado para presidir a *puja* não pôde fazer a viagem de sua distante aldeia no dia indicado, Ang Tshering declarou que não haveria problema em subirmos pela cascata de gelo, porque Sagarmatha compreendia que nossa intenção era participar de uma *puja* logo que fosse possível.

Parecia haver uma atitude igualmente indulgente no que se referia à fornicação nas encostas do Everest: apesar de, da boca para fora, estarem atentos à proibição, um bocado de sherpas abria exceção para seu próprio comportamento — em 1996 houve até um romance entre um sherpa e uma americana da expedição da IMAX. Portanto, parecia estranho que os sherpas culpassem os encontros extraconjugais que ocorriam numa das barracas da Mountain Madness pela doença de Ngawang. Quando comentei essa incongruência com Lopsang Jangbu — o *sirdar* de alta montanha de Fischer —, ele disse, contudo, que o problema não era que um dos alpinistas de Fischer estivesse "fazendo molho" no acampamento-base, e sim que continuasse a dormir com a amante na alta montanha.

"O monte Everest é Deus — meu e de todo mundo", Lopsang filosofou solenemente, dez semanas após a expedição. "Só marido e mulher dormem juntos, isso é bom. Mas, quando X e Y dormem juntos, é azar para minha equipe. [...] Por isso eu digo para Scott: Por favor, Scott, você é líder. Por favor, diz a X para não dormir com namorada no acampamento 2. Por favor.

Mas Scott só ri. No primeiro dia X e Y na barraca, logo depois Ngawang Topche doente no acampamento 2. Por isso ele agora está morto."

Ngawang era tio de Lopsang; os dois eram muito chegados e Lopsang participara do grupo de resgate que descera com Ngawang pela cascata de gelo, na noite de 22 de abril. Depois, quando Ngawang parou de respirar em Pheriche e teve que ser transportado para Katmandu, Lopsang desceu às pressas do acampamento-base (incentivado por Fischer), a tempo de acompanhar o tio na viagem de helicóptero. Sua rápida viagem a Katmandu e a volta apressada ao acampamento-base o deixaram muito fatigado e relativamente pouco aclimatado — o que não era um bom augúrio para a equipe de Fischer, que dependia dele pelo menos tanto quanto Hall dependia de seu *sirdar* de alta montanha, Ang Dorje.

Muitos alpinistas experientes estavam presentes no lado nepalês do Everest, em 1996 — veteranos como Hall, Fischer, Breashears, Pete Schoening, Ang Dorje, Mike Groom e Robert Schauer, um austríaco da equipe da IMAX. Porém, quatro luminares destacavam-se mesmo em companhia tão eminente — alpinistas que demonstraram uma habilidade tão espantosa acima dos 7900 metros que formavam uma liga só sua: Ed Viesturs, o americano que estrelava o filme da IMAX; Anatoli Boukreev, um guia do Cazaquistão que trabalhava para Fischer; Ang Babu Sherpa, contratado da expedição sul-africana, e Lopsang.

Gregário e bem-apanhado, gentil até demais, Lopsang era bastante petulante e, no entanto, imensamente simpático. Criado na região de Rolwaling, filho único, Lopsang não fumava nem bebia, o que não é comum entre os sherpas. Possuía um incisivo de ouro e riso fácil. Embora tivesse a ossatura miúda e fosse baixinho, seus modos exibidos, seu apetite por trabalho pesado e dons atléticos extraordinários lhe valeram a reputação de ser o Deion Sanders do Khumbu. Fischer certa vez me disse que achava que Lopsang tinha potencial para se tornar "a segunda reencarnação de Reinhold Messner" — o famoso tirolês que, de longe, é o maior alpinista do Himalaia de todos os tempos.

Lopsang despertou atenção pela primeira vez aos vinte anos de idade, quando foi contratado como carregador por uma expedição conjunta de indianos e nepaleses ao Everest, liderada por uma indiana, Bachendri Pal, e composta em grande parte de alpinistas mulheres. Sendo o mais jovem da equipe, Lopsang a princípio foi relegado a um papel de apoio, mas sua força era tão impressionante que, no último minuto, foi designado para participar do ataque ao topo e, em 16 de maio, chegou ao cume sem oxigênio suplementar.

Cinco meses depois da escalada do Everest, Lopsang atingiu o cume do Cho Oyu com uma equipe japonesa. Na primavera de 1994, trabalhou para Fischer na Expedição Ambientalista de Sagarmatha e atingiu pela segunda vez o topo do Everest, sem oxigênio engarrafado. Em setembro do mesmo ano estava tentando a crista oeste do Everest com uma equipe norueguesa quando foi atingido por uma avalanche; após despencar sessenta metros montanha abaixo, conseguiu parar a queda com uma picareta de gelo, salvando assim sua vida e a de dois companheiros de corda. Porém, Mingma Norbu, tio de Lopsang, não estava amarrado aos outros e acabou morrendo. Embora o fato o tenha abalado bastante, Lopsang não perdeu seu ardor pela montanha.

Em maio de 1995, chegou ao cume do Everest pela terceira vez sem usar oxigênio, nessa ocasião como contratado da expedição de Hall, e três meses depois escalou os 8046 metros do Broad Peak, no Paquistão, trabalhando para Fischer. Quando Lopsang voltou ao Everest com Fischer, em 1996, tinha apenas três anos de alpinismo, mas nesse período participara de nada mais, nada menos que dez expedições ao Himalaia, obtendo uma reputação tão boa quanto a de qualquer alpinista de alto calibre.

Escalando juntos o Everest em 1994, Fischer e Lopsang passaram a sentir grande admiração mútua. Ambos tinham uma energia inesgotável, um charme irresistível e um dom para fazer as mulheres balançarem. Tendo Fischer como mentor e modelo, Lopsang começou inclusive a usar rabo de cavalo, como Fischer. "Scott é cara muito forte, eu sou cara muito forte", Lopsang explicou-me com sua característica falta de modéstia. "A gente bom time. Scott não paga tão bem quanto Rob ou os japoneses, mas eu não tem necessidade de dinheiro; estou olhando futuro e Scott é meu futuro. Ele diz para mim: 'Lopsang, meu sherpa forte! Eu vou fazer você famoso!'[...] Acho que Scott tem muito plano grande para mim na Mountain Madness."

10. FLANCO DO LHOTSE
29 DE ABRIL DE 1996
7100 M

> *O público norte-americano não tinha nenhuma simpatia inerente pelo alpinismo, ao contrário dos britânicos, que inventaram esse esporte, e dos países alpinos europeus. Nesses países havia algo próximo à compreensão e, ainda que o homem comum pudesse considerá-lo um risco irresponsável, admitia que era algo que precisava ser feito. Não havia tal aceitação nos Estados Unidos.*
>
> Walt Unsworth, *Everest*

UM DIA DEPOIS que nossa primeira tentativa de atingir o acampamento 3 foi abortada pelo vento e por um frio bárbaro, todo mundo da equipe de Hall, exceto Doug (que permaneceu no acampamento 2 para que sua laringe se restabelecesse), fez uma outra tentativa. Trezentos e quatro metros acima do imenso aclive do flanco do Lhotse, comecei a subir por uma corda de náilon desbotada que parecia não ter mais fim e, quanto mais alto eu ia, mais eu parecia me arrastar. Engatei meu *jumar* na corda fixa com a mão enluvada, descansei meu peso no dispositivo para dar duas respiradas difíceis, que me queimaram por dentro; em seguida levantei um pé, finquei o grampão no gelo e suguei desesperado mais duas talagadas de ar; plantei o pé direito ao lado do esquerdo, inalei e exalei lá do fundo do peito, inalei e exalei de novo; e tornei a deslizar o *jumar* um pouco mais para cima. Fazia três horas que eu vinha fazendo um esforço tremendo, e esperava ter que continuar nisso por pelo menos mais uma hora, antes de parar para descansar. E foi assim, desse modo agoniado, avançando aos centímetros, que prossegui rumo a um aglomerado de barracas que supostamente estariam empoleiradas mais acima, em algum lugar do flanco íngreme.

As pessoas que não praticam o alpinismo — vale dizer, a grande maioria da humanidade — costumam achar que esse é um esporte irresponsável, que se trata de uma busca dionisíaca de todas as emoções que uma escalada possa fornecer. Porém essa noção de que o alpinista não passa de um viciado em adrenalina, sempre à cata de uma dose legítima da droga, é uma mentira, pelo menos no caso do Everest. O que eu estava fazendo lá em cima não tinha nada em comum com pular de *bungee*, saltar em queda livre de um paraquedas ou andar de motocicleta a 190 quilômetros por hora.

Acima dos confortos do acampamento-base, a expedição tornou-se na verdade uma empreitada quase calvinista. O coeficiente de aborrecimentos, em relação ao prazer, era de uma magnitude infinitamente maior do que qualquer outra montanha que eu tivesse escalado; logo percebi que escalar o Everest dizia respeito sobretudo à capacidade de suportar dor. E, o modo como nos submetíamos àquela tarefa, ao tédio e aos sofrimentos, semana após semana, fez-me pensar que a maioria de nós estava procurando, acima de tudo, algo assim como um estado de graça.

É claro que para uma infinidade de alpinistas do Everest há muitos outros motivos menos virtuosos em jogo: momentos de celebridade, progresso na carreira, massagem no ego, direito a gozações, lucro sujo. Mas atrativos assim ignóbeis eram um fato bem menos atuante do que poderiam supor muitos críticos. Na realidade, o que observei no decorrer das semanas obrigou-me a rever de modo substancial minhas pressuposições em relação a alguns colegas.

É o caso de Beck Weathers, por exemplo, que nesse momento parecia ser uma minúscula pintinha vermelha no gelo, 150 metros abaixo, quase no final de uma longa fila de alpinistas. Minha primeira impressão sobre Beck não fora favorável: um patologista de Dallas, chegado a dar tapinhas nas costas dos outros, com habilidades alpinas aquém do medíocre, à primeira vista ele me pareceu um republicano rico e fanfarrão querendo comprar o cume do Everest para sua estante de troféus. Entretanto, à medida que o conhecia, meu respeito por ele foi aumentando. Embora suas botas novas e rígidas tivessem lhe triturado os pés, Beck continuou avançando, todos os dias, raramente mencionando a dor, que deve ter sido tremenda. Ele era resistente, motivado, estoico. E aquilo que no início eu tomara por arrogância estava me parecendo cada vez mais exuberância. O sujeito não parecia nutrir ressentimento algum contra ninguém neste mundo (fora Hillary Clinton). A alegria e o otimismo ilimitado de Beck eram tão cativantes que acabei gostando dele um bocado.

Filho de um oficial da Força Aérea, Beck passara a infância pulando de uma base militar para outra antes de aterrissar em Wichita Falls para cursar a faculdade. Formou-se em medicina, casou-se, teve dois filhos e instalou-se confortavelmente numa clínica bastante lucrativa em Dallas. Aí, em 1986, já beirando os quarenta, tirou umas férias no Colorado, ouviu o canto das sereias soprando das alturas e inscreveu-se num curso rudimentar de alpinismo no Parque Nacional das Montanhas Rochosas.

Não é incomum que médicos se tornem caçadores crônicos de grandes feitos; Beck não era o primeiro a extrapolar com um novo hobby. Mas o alpinismo é diferente do golfe, do tênis e de vários outros passatempos que consomem as energias de seus pares. As exigências do alpinismo — as batalhas físicas e emocionais, os perigos reais — tornam esse esporte algo mais que um jogo. Escalar é como a vida, só que moldada em relevo mais nítido, e até então nada fascinara Beck a esse ponto. Sua mulher, Peach, começou a ficar cada vez mais preocupada com sua dedicação e com o fato de que aquele esporte roubava da família a presença do pai e marido. Não ficou nada satisfeita quando, não muito tempo após se iniciar no esporte, Beck anunciou sua decisão de tentar os Sete Picos.

Por mais egoísta e grandiosa que pudesse ter sido a obsessão de Beck, não era uma frivolidade. Comecei também a detectar uma seriedade de propósitos semelhante em Lou Kasischke, o advogado de Bloomfield Hills; em Yasuko Namba, a calada japonesa que comia macarrão toda manhã, como desjejum; e em John Taske, o médico anestesista de 56 anos de Brisbane, que começara a escalar montanhas depois de se aposentar do exército.

"Quando deixei a farda, fiquei meio perdido", Taske contou, lamentando a própria sorte num carregado sotaque australiano. Ele fora um alto oficial do Exército — coronel respeitadíssimo no Serviço Aéreo Especial, o equivalente australiano dos comandos boina-verde americanos e britânicos. Tendo servido por duas vezes no Vietnã, no auge da guerra descobriu, com tristeza, que não estava preparado para o estirão monótono de vida que ainda havia pela frente, sem a farda. "Descobri que eu realmente não conseguia conversar com civis", continuou. "Meu casamento veio abaixo. Tudo o que conseguia ver era esse túnel escuro e comprido se fechando, terminando em doença, velhice e morte. Aí comecei a escalar e o esporte me deu grande parte do que estava me faltando na vida civil — o desafio, a camaradagem, o sentido de missão."

À medida que minha simpatia por Taske, Weathers e alguns outros colegas aumentava, fui me sentindo cada vez mais desconfortável em meu papel de jornalista. Eu não tinha nenhum remorso na hora de escrever com franqueza a respeito de Hall, Fischer ou de Sandy Pittman, já que todos vinham buscando, agressivamente, as atenções dos meios de comunicação havia anos. Porém, meus companheiros pagantes eram uma outra história. Quando se alistaram na expedição de Hall, nenhum deles sabia que haveria um repórter junto — rabiscando o tempo todo, registrando em silêncio todas as suas palavras e feitos com o objetivo de partilhar suas fraquezas com um público potencialmente desprovido de qualquer simpatia por eles.

Depois que a expedição terminou, Weathers foi entrevistado no programa de televisão *Turning Point*. Num trecho da entrevista que não foi incluído na versão editada para transmissão, o âncora do noticiário da ABC, Forrest Sawyer, perguntou a Beck: "Como se sentiu tendo um repórter a seu lado?". Beck respondeu:

> Aumentou ainda mais o estresse. Eu estava sempre um pouco preocupado com isso — sabe como é, esse cara vai voltar e escrever uma história que será lida por alguns milhões de pessoas. E, quer dizer, já é ruim o bastante ir até

lá e fazer papel de bobo quando é só você e o grupo escalando. Mas que alguém nos coloque no meio das páginas de uma revista como um bufão, um palhaço, isso acaba mexendo com a psique, no sentido de como você se sai, do tanto que se esforça. Preocupava-me que a presença dele levasse as pessoas a ir mais longe do que desejavam. Até com os guias. Quer dizer, eles querem levar o pessoal até o topo da montanha porque, de novo, alguém vai escrever sobre eles e julgá-los.

Momentos depois Sawyer perguntou: "Você acha que ter um repórter na equipe pôs uma pressão maior sobre Rob Hall?". Beck respondeu:

Desconfio que sim. Isso é o que [Rob] faz na vida; se um dos clientes se machucar, é o pior que pode acontecer a um guia. [...] Sem dúvida ele tinha tido uma temporada ótima dois anos antes, quando conseguiu levar todo mundo até o cume, o que é extraordinário. Na verdade eu acho que ele considerava o nosso grupo forte o bastante para repetir a façanha. [...] Portanto, acho que há um incentivo, de modo que quando você aparecer no noticiário de novo, na revista, tudo será dito de modo favorável.

A manhã já ia alta quando enfim cheguei ao acampamento 3: um trio de pequenas barracas amarelas, a meio caminho da vastidão vertiginosa do flanco do Lhotse, empilhadas lado a lado numa plataforma escavada por nossos sherpas na encosta gelada. Quando cheguei, Lhakpa Chhiri e Arita ainda estavam dando duro para abrir um pouco mais a plataforma e acomodar uma quarta barraca, de modo que tirei a mochila e ajudei-os a cavar. A 7315 metros de altitude, eu conseguia dar no máximo uns sete ou oito golpes com o piolet antes de ser obrigado a parar por mais de um minuto para recuperar o fôlego. Minha contribuição à tarefa foi mínima, nem é preciso dizer, e foi preciso mais de uma hora para completar o serviço.

Nosso minúsculo acampamento, que ficava trinta metros acima das barracas de outras expedições, era um verdadeiro poleiro, espetacularmente exposto. Havíamos passado semanas cruzando com dificuldade o que, no fim das contas, vinha a ser uma garganta; agora, pela primeira vez, a vista era composta mais de céu que de terra. Rebanhos de cúmulos rechonchudos corriam abaixo do sol, imprimindo na paisagem um matiz cambiante de sombras e luz ofuscante. Enquanto esperava meus companheiros, sentei com os pés pendurados no abismo, olhando para baixo, para picos de 6700 metros de altura que, um mês antes, erguiam-se portentosos acima de mim. Finalmente parecia que eu estava me aproximando do teto do mundo.

O cume, porém, ainda estava a 1500 metros verticais dali, envolto num nimbo de condensação provocada por vendavais. Porém, ainda que o topo da montanha estivesse sendo fustigado por ventos com velocidade superior a 160 quilômetros por hora, o ar no acampamento 3 mal se mexia, e, à medida que a tarde foi avançando, comecei a me sentir cada vez mais zonzo devido à feroz radiação solar — pelo menos estava torcendo para que fosse isso, que fosse o calor o responsável por estar me sentindo aparvalhado, e não o princípio de um edema cerebral.

O HACE, ou High Altitude Cerebral Edema [Edema Cerebral de Grande Altitude], é menos comum que o HAPE, o edema pulmonar provocado por altitudes extremas, mas costuma ser ainda mais perigoso. Sendo uma doença que ainda confunde os cientistas, o HACE ocorre quando os vasos sanguíneos do cérebro, com falta de oxigênio, começam a vazar líquido, o que provoca uma inchação pronunciada do cérebro e pode surgir com pouco ou nenhum aviso. À medida que a pressão vai aumentando dentro do crânio, as funções motoras e mentais se deterioram com uma velocidade alarmante — em geral dentro de algumas horas, ou menos ainda —, sem que a vítima sequer perceba que houve alguma mudança. O passo seguinte é o coma e, depois, a menos que a pessoa afetada seja evacuada depressa para uma altitude menor, a morte.

Eu estava pensando no edema cerebral aquela tarde porque,

dois dias antes, um dos clientes de Fischer chamado Dale Kruse, um dentista de 44 anos do Colorado, desenvolvera um quadro perigoso de HACE bem ali, no acampamento 3. Amigo havia tempos de Fischer, Kruse era um alpinista vigoroso e experiente. No dia 26 de abril, ele subira do acampamento 2 até o acampamento 3, fizera um pouco de chá para si e para os colegas, e em seguida deitara na barraca para tirar uma soneca. "Caí no sono imediatamente", Kruse contou depois, "e acabei dormindo quase 24 horas, até mais ou menos as duas da tarde do dia seguinte. Quando alguém finalmente foi me acordar, os outros colegas perceberam na hora que minha cabeça não estava funcionando, se bem que para mim estivesse tudo normal. Scott me disse: 'Temos que levar você para baixo agora'."

Kruse estava tendo uma dificuldade imensa só para tentar se vestir. Ele pôs sua cadeirinha do avesso, enfiou-a pela braguilha do macacão à prova de vento e não afivelou; por sorte, Fischer e Neal Beidleman perceberam a confusão antes que Kruse começasse a descer. "Se ele tivesse tentado descer engatado nas cordas fixas daquele jeito", diz Beidleman, "teria se soltado na hora da cadeirinha e caído lá no fundo do flanco do Lhotse."

"Foi como se eu estivesse muito bêbado", Kruse explicou mais tarde. "Eu não conseguia andar sem tropeçar e perdi completamente a capacidade de pensar ou falar. Foi uma sensação muito estranha mesmo. As palavras me passavam pela cabeça, mas não conseguia imaginar como levá-las até a boca. Scott e Neal tiveram que me vestir e se certificar de que a cadeirinha estava colocada do jeito certo, aí Scott me baixou pelas cordas fixas." Quando Kruse chegou ao acampamento-base, diz ele, "demorou ainda uns três ou quatro dias até que eu conseguisse andar da barraca até o refeitório sem tropeçar em tudo".

Assim que o sol do fim de tarde se escondeu por trás do Pumori, a temperatura no acampamento 3 despencou; quando o ar esfriou, consegui enfim me acalmar: não precisava preocupar-me com um ataque de HACE, pelo menos não por enquanto.

Na manhã seguinte, depois de uma noite miserável a 7315 metros, descemos para o acampamento 2 e, um dia depois, no 1º de maio, continuamos a descer até o acampamento-base para recuperar as forças depois da investida rumo ao cume.

Nossa aclimatação estava agora oficialmente encerrada — e, para minha agradável surpresa, a estratégia de Hall parecia estar funcionando. Após três semanas na montanha, eu achei o ar no acampamento-base denso, rico; o oxigênio parecia voluptuoso, em comparação à brutal atmosfera rarefeita dos acampamentos avançados.

Mas nem tudo estava bem com meu corpo. Eu perdera cerca de dez quilos de massa muscular, em grande parte nos ombros, costas e pernas. Também queimara quase toda minha gordura subcutânea, tornando-me muito mais sensível ao frio. O pior de tudo, entretanto, era o peito: a tossinha seca que começara semanas antes, em Lobuje, tinha piorado tanto que rompi algumas cartilagens torácicas durante um ataque especialmente intenso de tosse, no acampamento 3. A tosse não cedeu; a cada acesso eu sentia como se estivessem me dando um pontapé nas costelas.

Grande parte dos outros alpinistas no acampamento-base também estava em frangalhos — isso fazia parte da vida no Everest. Dentro de cinco dias os integrantes das equipes de Hall e Fischer estariam deixando o acampamento-base rumo ao topo. Na esperança de estancar minha derrocada física, resolvi descansar, tomar Ibuprofen, um remédio anti-inflamatório e analgésico, e empurrar quantas calorias conseguisse goela abaixo, naquele meio tempo.

Desde o começo Hall planejara que o dia 10 de maio seria nosso. "Das quatro vezes em que cheguei ao cume", explicou ele, "duas foram no dia 10 de maio. Como diriam os sherpas, o dez é um número 'auspicioso' para mim." Porém, havia um motivo mais prosaico para escolher essa data: o fluxo anual dos ventos de monção indicava que o tempo mais favorável do ano para a escalada cairia próximo ou no próprio 10 de maio.

Durante todo o mês de abril o *jet stream* estivera apontado para o Everest como uma mangueira de bombeiro, castigando a pirâmide do topo com vendavais de grande intensidade. Mesmo nos dias em que, em volta do acampamento-base, tudo era calma e sol, havia uma imensa faixa de neve sendo constantemente soprada em direção ao pico pelas rajadas de vento. Mas no princípio de maio, esperávamos, a aproximação da monção vinda do golfo de Bengala forçaria o *jet stream* a se deslocar para o norte, para o Tibete. Se esse ano o padrão dos anos anteriores se repetisse, entre a partida do vento e a chegada das tempestades de monção teríamos um breve intervalo de tempo claro e calmo, durante o qual seria possível atacar o cume.

Infelizmente, o padrão anual do tempo não era nenhum segredo, e todas as expedições pretendiam aproveitar essa mesma brecha de tempo bom. Na esperança de evitar um perigoso congestionamento na crista do cume, Hall armou um enorme conselho de guerra com os líderes das outras expedições presentes no acampamento-base. Ficou determinado que Göran Kropp, um jovem sueco que fora de bicicleta da Suécia até o Nepal, faria a primeira tentativa, sozinho, em 3 de maio. Em seguida seria a vez da equipe de Montenegro. Depois, no dia 8 ou 9, subiria a expedição da IMAX.

A equipe de Hall, conforme ficou decidido, dividiria a data de 10 de maio com a expedição de Fischer. Depois de quase morrer sob uma rocha que despencou do flanco sudoeste, Petter Neby, o alpinista norueguês solitário, fora embora: numa bela manhã deixara em silêncio o acampamento-base e voltara para a Escandinávia. Um grupo liderado pelos norte-americanos Todd Burleson e Pete Athans, a expedição de Mal Duff e uma outra equipe comercial britânica prometeram deixar a trilha livre no dia 10, assim como os taiwaneses. Ian Woodall, entretanto, declarou que os sul-africanos subiriam até o topo no dia que lhes desse na telha, talvez no dia 10 de maio, e se alguém estivesse insatisfeito que fosse pentear macacos.

Hall, em geral extremamente lento para se irritar, ficou possesso quando soube que Woodall se recusara a cooperar. "Eu quero estar bem longe do topo da montanha quando aqueles imbecis chegarem por lá", reclamou furioso.

11. ACAMPAMENTO-BASE
6 DE MAIO DE 1996
5400 M

> *Em que medida o apelo do alpinismo residirá em simplificar os relacionamentos, em reduzir amizades a uma interação sem percalços (como na guerra), em substituir os próprios relacionamentos pelo Outro (a montanha, o desafio)? Atrás da mística de aventura, resistência, vagabundagem errante — antídotos muito necessários aos confortos e conveniências embutidos em nossa cultura —, talvez haja uma recusa adolescente de levar a sério o envelhecimento, a fragilidade dos outros, as responsabilidades interpessoais, as fraquezas de todo tipo, o lento e modesto curso da própria vida. [...]*
>
> *[G]randes alpinistas [...] podem se comover profundamente, de modo até piegas, com a morte, mas só com a de ex-camaradas corajosos. Uma certa frieza, incrivelmente semelhante em seu tom, emerge dos escritos de Buhl, John Harlin, Bonatti, Bonington e Haston: a frieza da competência. Talvez o alpinismo extremo seja justamente isto: atingir um determinado ponto onde, nas palavras de Haston, "se alguma coisa der errado, será uma luta de vida ou morte. Se seu treinamento for bom o bastante, a sobrevivência estará ao alcance; se não, a natureza reivindicará vitória".*
>
> David Roberts, "Patey Agonistes",
> in *Moments of doubt*

SAÍMOS DO ACAMPAMENTO-BASE às 4h30 do dia 6 de maio para começar nosso ataque ao cume. O topo do Everest, verticalmente 3200 metros acima, parecia impossível de tão distante, de modo que tentei limitar meus pensamentos ao acampamento

2, nosso destino para aquele dia. Quando os primeiros raios de sol atingiram o glaciar, eu estava a uma altitude de 6 mil metros, nas entranhas do Circo Oeste, grato por ter deixado a cascata de gelo para trás e pelo fato de que só teria que atravessá-la mais uma única vez, na viagem final de descida.

Eu havia sido castigado pelo calor em todas as travessias do Circo e essa não foi exceção. Subindo com Andy Harris à frente do grupo, enchia o boné de neve o tempo todo e caminhava o mais rápido que me permitiam minhas pernas e pulmões, na esperança de alcançar a sombra das barracas antes de sucumbir à radiação solar. Com o avanço da manhã e o sol batendo em cheio, minha cabeça começou a dar marteladas. Minha língua inchou de tal forma que era difícil respirar pela boca, e reparei que estava cada vez mais complicado pensar com clareza.

Andy e eu chegamos ao acampamento 2 às 10h30, esgotados. Depois de engolir dois litros de Gatorade, meu equilíbrio voltou. "É uma sensação boa estar finalmente a caminho do cume, não é mesmo?", Andy perguntou. Ele tivera uma série de problemas intestinais, durante boa parte da expedição, e estava começando agora a recuperar as forças. Professor excelente, dotado de uma paciência espantosa, durante as semanas anteriores fora sempre designado para acompanhar os clientes mais lentos, na rabeira do grupo; nessa manhã estava muito satisfeito que Rob o tivesse liberado para ir na frente. Como guia júnior na equipe de Rob Hall, e o único que nunca tinha estado no Everest, Andy estava ansioso para provar a seus experimentados colegas que também era um dos bons. "Estou achando que a gente vai conseguir liquidar com esse grandalhão", ele me assegurou, com um sorriso de orelha a orelha, olhando para o cume.

Mais tarde, naquele mesmo dia, Göran Kropp, o sueco de 29 anos que iria escalar o pico sozinho, passou pelo acampamento 2 a caminho da base, exausto. No dia 16 de outubro de 1995, ele partira de Estocolmo numa bicicleta feita especialmente para ele, com 109 quilos de bagagem, com a intenção de viajar da Suécia, ao nível do mar, até o topo do Everest. Completamente só, sem apoio dos sherpas nem oxigênio artificial. Era um objetivo de extrema ambição, mas Kropp tinha credenciais para tanto: já participara de seis outras expedições ao Himalaia e escalara sozinho o Broad Peak, o Cho Oyu e o K2.

Durante os quase 13 mil quilômetros de viagem até Katmandu, fora assaltado por escolares romenos e atacado por uma multidão no Paquistão. No Irã, um motoqueiro furioso quebrara um taco de beisebol na cabeça (felizmente protegida por capacete) de Kropp. Apesar de tudo, conseguiu chegar intacto ao sopé do Everest no início de abril, com uma equipe de cinema atrás, e começou imediatamente a fazer excursões de aclimatação até a baixa montanha. Então, numa quarta-feira, 1º de maio, partiu do acampamento-base rumo ao topo.

Kropp chegou a seu acampamento avançado, a 7925 metros de altura, no colo sul, na tarde de quinta-feira, e partiu rumo ao cume no dia seguinte, logo depois da meia-noite. Todo mundo no acampamento-base ficou junto aos rádios durante o dia inteiro, esperando com ansiedade por notícias de seu progresso. Helen Wilton pendurara uma faixa em nosso refeitório com os dizeres: "Vai, Göran, vai!".

Pela primeira vez em vários meses, não havia ventania no cume, mas a camada de neve na alta montanha estava muito funda, o que tornava o avanço lento e exaustivo. Kropp, porém, enveredou montanha acima, em meio à neve profunda acumulada pelos ventos, e por volta das duas da tarde da quinta-feira chegou a 8747 metros de altura, logo abaixo do cume sul. Entretanto, ainda que o cume estivesse no máximo sessenta minutos acima, ele decidiu dar meia-volta, consciente de que estaria cansado demais para descer em segurança se fosse adiante.

"Voltar assim tão perto do cume...", Hall comentou, sacudindo a cabeça, quando Kropp passou pelo acampamento 2 ao descer a montanha, no dia 6 de maio. "*Isso* demonstra um bom-senso extraordinário da parte do jovem Göran. Estou muito impressionado — muito mais, aliás, do que teria ficado se ele tivesse continuado escalando até o topo." Durante todo o mês anterior, Rob insistira inúmeras vezes conosco sobre a importância de ter uma hora predeterminada de regresso no dia em que fôssemos atacar o cume — no nosso caso, provavelmente às 13h00 ou, no máximo, às 14h00 — e de obedecer esse horário sem levar em conta o quão próximos estivéssemos do cume. "Se tiver determinação, qualquer idiota consegue *subir* esse morro", Hall comentou. "O grande problema é descer de lá vivo."

O semblante tranquilo de Hall mascarava um desejo intenso de ser bem-sucedido — coisa que ele definia em termos bastante simples, ou seja, levar tantos clientes quantos fosse possível até o cume. Para garantir tal sucesso, ele prestava uma atenção minuciosa aos detalhes: a saúde dos sherpas, a eficiência de seu sistema gerador de energia solar, o estado de conservação dos grampões dos clientes. Hall adorava ser guia e sentia-se magoado porque alguns alpinistas célebres — inclusive, mas não somente sir Edmund Hillary — não avaliavam como era difícil guiar nem tinham pela profissão o respeito que ela merecia.

Rob decretou que terça-feira, 7 de maio, seria um dia de descanso, de modo que levantamos tarde e ficamos perambulando pelo acampamento 2, fervendo de ansiedade com o iminente ataque final ao cume. Revisei meus grampões e alguns outros equipamentos, depois tentei ler um livro de bolso de Carl Hiaasen, mas estava tão ligado na escalada que lia as mesmas frases várias vezes sem conseguir registrar uma palavra.

Acabei largando o livro, tirei algumas fotos de Doug posando com uma bandeira que a garotada da escola de Kent lhe pedira para carregar até o pico e arranquei dele mais algumas informações detalhadas sobre as dificuldades da pirâmide do cume, da qual ele se lembrava muito bem, do ano anterior. "Quando chegarmos finalmente no topo", ele disse, franzindo o cenho, "garanto que você não vai estar se sentindo nada bem." Doug estava decidido a participar do ataque ao cume, embora ainda estivesse com a garganta ruim e com as forças muito abaladas. Como ele mesmo disse: "Eu pus muito de mim mesmo nessa montanha para largar agora, sem antes dar tudo de mim".

Já no final da tarde, Fischer passou por nosso acampamento, de maxilares cerrados, andando muito devagar — o que era bastante incomum — em direção ao ponto onde estavam suas barracas. Em geral ele conseguia manter uma atitude inabalavelmente positiva; uma de suas frases favoritas era: "Se você der moleza, não vai chegar lá em cima, de modo que, já que estamos por aqui, o melhor é curtir". No momento, porém, Scott não parecia estar curtindo nem um pouco; na verdade parecia nervoso e muito cansado.

Como ele incentivara seus clientes a subir e descer a montanha à vontade, durante o período de aclimatação, acabou tendo de fazer inúmeras escaladas apressadas e não planejadas entre o acampamento-base e os acampamentos avançados para acudir os clientes que tiveram algum problema e precisaram de escolta na descida. Ele já fizera viagens especiais para acudir Tim Madsen, Pete Schoening e Dale Kruse. E agora, durante o que deveria ter sido um precioso e necessário dia de descanso, Fischer fora forçado a fazer uma apressada viagem do acampamento 2 até o acampamento-base e tornar a subir, para ajudar seu amigo Kruse, que fora acometido pelo que parecia ser uma recaída de HACE.

Fischer chegara ao acampamento 2 logo depois de Andy e de mim, por volta do meio-dia da segunda-feira, tendo saído do acampamento-base muito antes de seus clientes; dera instruções ao guia Anatoli Boukreev para ir na rabeira da fila e ficar bem perto do grupo, de olho em todo mundo. Porém Boukreev ignorou as instruções de Fischer: em vez de subir com o grupo, dormiu até mais tarde, tomou um banho e partiu do acampamento-base cerca de cinco horas depois dos últimos clientes. Assim, quando Kruse desmaiou, aos 6096 metros, com uma dor de cabeça alucinante, Boukreev não estava por perto, obrigando Fischer e Beidleman a partirem às pressas do acampamento 2 para cuidar da emergência tão logo a notícia do estado de Kruse chegou até eles, levada por alpinistas que vinham subindo o Circo Oeste.

Não muito depois de alcançar Kruse e começar a complicada descida até o acampamento-base, Fischer cruzou com Boukreev no topo da cascata de gelo, subindo sozinho, e criticou-o com toda a severidade por ter fugido a suas responsabilidades. "É", Kruse contou depois, "Scott caiu de pau em cima de Toli. Quis saber por que estava tão atrás de todo mundo — por que não estava escalando com o grupo."

Segundo Kruse e outros clientes de Fischer, a tensão entre Fischer e Boukreev foi aumentando gradativamente durante a expedição. Fischer pagou 25 mil dólares a Boukreev — um salário generoso demais para um guia do Everest (a maioria dos outros guias de alta montanha recebia entre 10 e 15 mil dólares; os alpinistas sherpas experimentados recebiam apenas de 1400 a 2500 dólares). "Toli era muito forte e tinha uma técnica muito boa", explicou Kruse, "mas não tinha muito traquejo social. Ele não cuidava dos outros. Simplesmente não era homem de atuar em grupo. Inclusive eu já tinha dito a Fischer que não queria ter que escalar com Toli na alta montanha, porque tinha certeza de que não poderia contar com ele quando de fato fosse preciso."

O grande problema é que a ideia que Boukreev fazia de suas responsabilidades diferia, e muito, do que Fischer pensava. Como russo, Boukreev vinha de uma cultura alpinista durona, orgulhosa e muito esforçada, que não acreditava em paparicar os fracos. Na Europa oriental os guias eram treinados para agir mais como os sherpas — transportando cargas, fixando cordas, estabelecendo trilhas — do que como tutores. Alto, loiro, com feições eslávicas atraentes, Boukreev era um dos melhores alpinistas de alta montanha do mundo, com vinte anos de experiência no Himalaia, inclusive duas subidas ao Everest sem oxigênio suplementar. E, no decurso de sua prestigiosa carreira, formulara uma série de opiniões muito firmes e pouco ortodoxas sobre como a montanha devia ser escalada. Falava abertamente que, no seu entender, era um grande erro dos guias mimar seus clientes. "Se o cliente não consegue escalar o Everest sem uma grande ajuda do guia", Boukreev me declarou, "esse cliente não devia estar no Everest. Senão dá problema sério lá em cima."

Porém, a recusa ou incapacidade de Boukreev em desempenhar o papel tradicional do guia, no estilo ocidental, irritou Fischer. Também fez com que ele e Beidleman arcassem com um volume desproporcional das responsabilidades perante o grupo. Por volta da primeira semana de maio, o esforço exagerado tinha, é claro, pesado na saúde de Fischer. Após chegar ao acampamento-base na noite de 6 de maio, acompanhando Kruse, ainda bem doente, Fischer fez dois telefonemas via satélite para Seattle, nos quais queixou-se amargamente à sua sócia, Karen Dickson, e à sua agente publicitária, Jane Bromet,* da intransigência de Boukreev. Nenhuma das duas imaginou que essa fosse a última conversa que teriam com Fischer.

Em 8 de maio as equipes de Hall e de Fischer partiram do acampamento 2 e deram início à excruciante subida pelas cordas fixas no flanco do Lhotse. Logo abaixo do acampamento 3, 609 metros acima do Circo Oeste, uma pedra do tamanho de um televisor pequeno desabou dos penhascos e bateu bem no peito de Andy Harris. Ele perdeu completamente o equilíbrio, ficou sem fala e permaneceu pendurado na corda fixa, em estado de choque, por vários minutos. Caso não estivesse preso à corda com um *jumar*, com certeza teria caído e morrido.

Quando chegamos às barracas, Andy parecia abalado demais, porém disse que não estava ferido. "Talvez amanhã de manhã eu esteja com o corpo meio duro", insistiu, "mas acho que a maldita pegou só de raspão." Pouco antes que a pedra caísse em cima dele, Andy estava encurvado, com a cabeça baixa; por acaso ele levantou a cabeça segundos antes de a pedra bater, de modo que ela apenas raspou seu queixo antes de atingi-lo no esterno; foi por um triz que ela não lhe esmagou a cabeça. "Se aquela pedra tivesse me atingido na cabeça...", Andy comentou com uma careta, enquanto tirava a mochila, deixando o resto da frase em aberto.

---

* Jane Bromet partira do acampamento-base em meados de abril e voltara para Seattle, de onde continuou a publicar boletins pela Internet sobre os progressos da expedição de Fischer na Outside Online. Ela recebia atualizações constantes do próprio Fischer por telefone e com isso redigia os boletins.

Como o acampamento 3 fosse o único, em toda a montanha, que não compartilhávamos com os sherpas (a plataforma era estreita demais para acomodar barracas para todos), nós mesmos é que tínhamos que preparar nossa comida — que na verdade significava, em grande medida, derreter quantidades fabulosas de neve para beber. Devido à desidratação pronunciada, uma das consequências inevitáveis de respirar aquele ar ressecado, cada um de nós consumia mais de três litros de líquido por dia. Portanto, precisávamos produzir cerca de quarenta litros diários de água para atender às necessidades de oito clientes e três guias.

Tendo sido a primeira pessoa a chegar às barracas em 8 de maio, coube a mim a tarefa de picador de gelo. Durante três horas, enquanto meus companheiros iam pingando no acampamento e se acomodando nos sacos de dormir, eu permaneci a céu aberto cavando a encosta com a ajuda de meu piolet, enchendo sacos de lixo com lascas congeladas e distribuindo o gelo pelas barracas, para ser derretido. A 7315 metros, era uma tarefa estafante. Cada vez que um dos colegas berrava: "Ei, Jon! Você ainda está aí fora? A gente estava querendo um pouco mais de gelo aqui!", eu ia tendo uma visão bem mais clara do quanto os sherpas faziam todos os dias por nós e o quão pouco apreciávamos esse trabalho.

Já perto do final da tarde, quando o sol começou a perder a força por trás do horizonte enrugado e a temperatura caiu sensivelmente, todos já haviam chegado ao acampamento, exceto Lou Kasischke, Frank Fischbeck e Rob, que se oferecera para fazer a "varredura" e subir por último. Por volta das 16h30, o guia Mike Groom recebeu um chamado de Rob pelo walkie-talkie: Lou e Frank ainda estavam a uns sessenta metros das barracas e movendo-se muito devagar; será que Mike poderia fazer o favor de descer e ajudá-los? Mais que depressa Mike pôs de volta os grampões e desapareceu pelas cordas fixas sem reclamar.

Passou-se mais de uma hora até que ele reaparecesse, bem à frente dos outros. Lou, que estava tão cansado que deixara sua mochila para Rob carregar, cambaleou até o acampamento, pálido, perturbadíssimo, resmungando: "Estou acabado, acabado. Completamente esgotado". Frank apareceu alguns minutos depois, com um aspecto ainda mais exausto, embora tivesse se recusado a passar a mochila para Mike. Foi um choque ver esses caras — que nos últimos dias andavam escalando tão bem — num estado daqueles. O aparente declínio de Frank, em especial, foi um murro na cara: eu presumira, desde o início, que, se algumas pessoas do grupo fossem chegar até o topo, Frank — que já estivera três vezes na alta montanha e parecia tão escolado e forte — seria uma delas.

Quando a escuridão invadiu o acampamento, nossos guias distribuíram garrafas de oxigênio, reguladores e máscaras para todo mundo: dali em diante iríamos fazer a escalada respirando oxigênio artificial.

Subir com a ajuda de oxigênio engarrafado é uma prática que já desencadeou muitos debates azedos, isso desde que os britânicos levaram pela primeira vez um suprimento experimental de oxigênio para o Everest, em 1921. (Os sherpas, muito céticos, logo apelidaram os desajeitados aparelhos de "ar inglês".) A princípio, o crítico mais acerbo do oxigênio engarrafado foi George Leigh Mallory, que costumava dizer que usá-lo não era "um comportamento esportivo e, portanto, ia contra o espírito britânico". Mas logo se tornou evidente que na chamada zona da morte, acima dos 7600 metros, sem o oxigênio suplementar o organismo fica muito mais vulnerável a edemas pulmonar e cerebral, hipotermia, queimaduras, necroses e mais uma infinidade de outros perigos mortais. Em 1924, quando voltou para sua terceira expedição ao Everest, Mallory já se convencera de que o cume jamais seria atingido sem oxigênio suplementar e conformou-se em usá-lo.

Experiências conduzidas em câmaras de descompressão já haviam demonstrado, àquela altura, que um ser humano saído do nível do mar e despejado no topo do Everest, onde o ar contém apenas um terço de oxigênio, perderia a consciência em poucos minutos e morreria logo depois. Porém, vários alpinistas idealistas continuaram insistindo que um bom atleta, dotado de raros atributos físicos, conseguiria, depois de um longo período de aclimatação, escalar o pico sem o uso de oxigênio engarrafado. Os puristas inclusive levaram essa linha de raciocínio às suas últimas consequências e diziam que usar oxigênio artificial era trapaça.

Nos anos 1970, o famoso alpinista tirolês Reinhold Messner surgiu como o principal proponente da escalada sem oxigênio suplementar, declarando que ou escalava o Everest "da forma correta" ou não escalava, e pronto. Pouco depois disso, ele e seu velho parceiro, o austríaco Peter Habeler, surpreenderam a comunidade internacional de alpinistas cumprindo a promessa: às 13h00 do dia 8 de maio de 1978 eles chegaram ao cume pela trilha do colo sul e da crista sudeste sem usar oxigênio suplementar. O feito foi saudado em alguns círculos de alpinistas como a primeira verdadeira escalada do Everest.

A histórica façanha de Messner e Habeler não foi, porém, recebida com salvas em todos os quadrantes, sobretudo entre os sherpas. A maioria deles simplesmente se recusou a acreditar que um ocidental fosse capaz de um feito que nunca fora realizado nem mesmo pelo mais forte dos sherpas. Não faltaram especulações de que Messner e Habeler haviam respirado oxigênio de garrafas em miniatura escondidas nas roupas. Tenzing Norgay e outros sherpas eminentes assinaram uma petição exigindo que o governo nepalês realizasse um inquérito oficial sobre a suposta escalada.

Contudo, as evidências sustentando a escalada sem oxigênio suplementar eram irrefutáveis. Além do mais, dois anos depois Messner calou a boca de todos aqueles que tinham dúvidas viajando até o lado tibetano do Everest e fazendo outra escalada sem oxigênio — dessa vez inteiramente só, sem o apoio de sherpas nem de ninguém. Quando chegou ao topo, às 15h00 do dia 20 de agosto de 1980, em meio a nuvens pesadas e nevasca, Messner disse: "Eu me sentia em agonia constante; nunca na vida me senti tão cansado". Em *The crystal horizon*, seu livro sobre a escalada, ele descreve os metros finais até o topo:

Quando descanso sinto-me sem vida, exceto que minha garganta queima quando respiro. [...] Mal posso prosseguir. Não há desespero, não há felicidade, não há ansiedade. Não é que eu tenha perdido o domínio de minhas sensações, na verdade, não há mais sensação nenhuma. Eu sou apenas força de vontade. Após alguns poucos metros, também isso se dissolve num cansaço sem fim. Aí não penso nada. Deixo-me cair e fico ali, estirado. Por um tempo indefinido permaneço completamente irresoluto. Depois dou mais alguns passos outra vez.

Após o retorno de Messner à civilização, sua subida foi saudada como a maior façanha do alpinismo de todos os tempos.

Depois que Messner e Habeler provaram que era possível subir o Everest sem oxigênio suplementar, uma série de alpinistas ambiciosos concordou que ele *devia* ser escalado sem oxigênio engarrafado. Dali em diante, para todos aqueles que aspiravam integrar a elite do Himalaia, abrir mão da garrafa de oxigênio era obrigatório. Até 1996, cerca de sessenta homens e mulheres já haviam chegado ao cume sem ele — sendo que cinco não voltaram para contar a história.

Por mais grandiosas que pudessem ser algumas das ambições pessoais de nosso grupo, ninguém na equipe de Hall chegou a cogitar na possibilidade de atacar o cume sem garrafas de oxigênio. Inclusive Mike Groom, que escalara o Everest três anos antes sem oxigênio suplementar. Segundo explicou-me, pretendia usá-lo dessa vez porque estava trabalhando como guia e tinha plena consciência, por experiência própria, de que sem oxigênio engarrafado ele ficaria tão limitado — mental e fisicamente — que não conseguiria cumprir seus deveres profissionais. Assim como a maioria dos veteranos do Everest, Groom acredita que, embora seja aceitável — e preferível do ponto de vista estético — passar sem oxigênio engarrafado quando se escala por conta própria, seria uma tremenda irresponsabilidade guiar um grupo até o cume sem usá-lo.

O equipamento de ponta utilizado por Hall, de fabricação russa, era composto por uma máscara de plástico rígido, do tipo usado por pilotos de guerra de aviões MiG, durante a guerra do Vietnã, conectada através de um tubo de borracha e de um tosco regulador a um cilindro laranja, de aço e Kevlar, uma fibra sintética. (Menores e muito mais leves que um tanque de mergulho, cada cilindro pesava três quilos quando cheio.) Embora não tivéssemos dormido com oxigênio artificial durante a passagem anterior pelo acampamento 3, agora que iríamos começar nosso ataque ao cume, Rob nos aconselhara a usar a máscara durante a noite inteira. "Cada minuto que passamos nesta altitude e mais para cima", ele avisou, "representa uma certa deterioração do corpo e da mente." As células do cérebro estavam morrendo. Nosso sangue estava se tornando perigosamente grosso e lamacento. Os capilares sanguíneos em nossas retinas estavam tendo hemorragias espontâneas. Mesmo quando estávamos inativos, nossos corações batiam num ritmo furioso. Rob prometeu que "o oxigênio engarrafado retardaria o declínio e nos ajudaria a dormir".

Tentei seguir o conselho de Rob, mas a minha claustrofobia latente acabou levando a melhor. Assim que ajustei a máscara sobre o nariz e a boca, comecei a imaginar que aquilo estava me sufocando, de maneira que após uma hora de martírio eu a tirei e passei o resto da noite sem oxigênio suplementar, sufocando, virando de lá para cá no saco de dormir, conferindo o relógio a cada vinte minutos para ver se já era hora de levantar.

Encravadas numa encosta, trinta metros abaixo de nosso acampamento, num local igualmente precário, estavam as barracas da maioria das outras equipes — inclusive a de Scott Fischer, a dos sul-africanos e a dos taiwaneses. Bem cedo na manhã seguinte — 9 de maio, quinta-feira —, enquanto eu calçava as botas para a subida até o acampamento 4, Chen Yu-Nan, um metalúrgico de 36 anos, de Taipei, saiu de sua barraca calçado apenas com o forro de sola lisa das botas de alpinismo — um sério erro de julgamento.

Ao agachar, perdeu o equilíbrio no gelo e despencou pelo flanco do Lhotse. Por um desses acasos inacreditáveis, após cair apenas 21 metros, enterrou-se de cabeça numa greta, o que interrompeu a queda. Sherpas que tinham visto o incidente baixaram uma corda, puxaram-no depressa da fenda e o ajudaram a voltar para a barraca. Embora estivesse abalado e muito assustado, não parecia muito ferido. Na época, ninguém na equipe de Hall, inclusive eu, tomou conhecimento do que tinha ocorrido.

Logo depois disso, Makalu Gau e o restante da equipe deixaram Chen sozinho na barraca, para se recuperar, e partiram para o colo sul. Mesmo tendo garantido a Rob e Scott que não iria tentar chegar ao cume no dia 10 de maio, parecia ter mudado de ideia e agora pretendia chegar ao cume no mesmo dia em que nós.

Naquela tarde, um sherpa chamado Jangbu, a caminho do acampamento 2 depois de ter transportado uma carga até o colo sul, parou no acampamento 3 para monitorar o estado de Chen e descobriu que os sintomas do alpinista taiwanês haviam piorado de maneira significativa: estava desorientado e sentindo dores agudas. Convencido de que ele precisava ser transferido, Jangbu recrutou dois outros sherpas e se pôs a escoltá-lo pelo flanco do Lhotse. Cerca de noventa metros antes do fim da encosta de gelo, Chen de repente começou a inclinar-se e perdeu a consciência. Momentos depois, no acampamento 2, o rádio de David Breashears deu sinal de vida: era Jangbu, em pânico, dizendo que Chen parara de respirar.

Breashears e seu colega da IMAX, Ed Viesturs, apressaram-se a subir e ver se poderiam reavivá-lo, mas quando chegaram ao local onde Chen caíra, uns quarenta minutos depois, não encontraram mais nenhum sinal vital. Naquela noite, depois que Gau chegou ao colo sul, Breashears chamou-o por rádio. "Makalu", disse Breashears ao líder do grupo de Taiwan, "o Chen morreu."

"Certo", Gau respondeu. "Obrigado pela informação." Em seguida garantiu ao grupo que a morte de Chen não afetaria em hipótese alguma os planos de partir rumo ao cume à meia-noite. Breashears ficou chocadíssimo. "Eu tinha acabado de fechar os olhos do amigo dele em seu lugar", ele conta, com uma indisfarçável pitada de raiva. "Eu tinha acabado de arrastar o corpo de Chen para baixo. E tudo que Makalu soube me dizer foi: 'Certo'.

Sei lá, vai ver é alguma coisa cultural. Talvez tenha achado que a melhor forma de honrar a morte de Chen era continuar com a expedição."

Nas seis semanas anteriores já tinha havido uma série de acidentes sérios: a queda de Tenzing numa greta antes mesmo de termos chegado ao acampamento-base; o edema pulmonar de Ngawang Topche e a subsequente deterioração de seu estado; um alpinista inglês jovem e aparentemente em forma, da equipe de Mal Duff, chamado Ginge Fullen, tivera um sério ataque cardíaco perto do topo da cascata de gelo; um dinamarquês chamado Kim Sejberg, também da equipe de Mal, fora atingido por um *serac* na cascata de gelo e quebrara várias costelas. Só que até aquele momento ninguém tinha morrido, ainda.

A morte de Chen espalhou uma nuvem escura sobre a montanha, à medida que os rumores do acidente iam sendo divulgados de barraca em barraca, porém 33 alpinistas estariam partindo rumo ao cume dali a poucas horas e o desalento foi rapidamente substituído pela antecipação nervosa do que teríamos pela frente. A grande maioria estava tomada demais pela "febre do cume" para entrar em reflexões ponderadas sobre a morte de um de nós. Haveria muito tempo para reflexão depois, achávamos todos, depois que tivéssemos chegado ao topo e descido de volta.

12. ACAMPAMENTO 3
9 DE MAIO DE 1996
7300 M

> *Olhei para baixo. A descida não apetecia nem um pouco. [...] Tanto esforço despendido, tantas noites insones, tantos sonhos para chegarmos assim tão longe. Não poderíamos regressar no fim de semana seguinte para uma nova tentativa. Descer naquele momento, ainda que tivéssemos podido, teria sido como descer rumo a um futuro marcado por uma imensa indagação: como teria sido?*
>
> Thomas F. Horbein, *Everest: The west ridge*

LEVANTEI-ME NUM ESTADO LETÁRGICO, zonzo, após uma noite inteira sem dormir no acampamento 3, por isso demorei bastante para me vestir, derreter gelo para fazer água e sair da barraca, na manhã do dia 9 de maio. Até que tivesse feito a mochila e colocado os grampões, quase todos do grupo de Hall já estavam subindo pelas cordas, rumo ao acampamento 4. Surpreendentemente, Lou Kasischke e Frank Fischbeck estavam entre eles. Devido ao estado deplorável em que chegaram ao acampamento, na noite anterior, eu imaginara que optariam por jogar a toalha. Impressionado com o fato de terem se aprumado e decidido continuar, gritei para os dois: *"Good on ya, mates!"*, tomando emprestado uma frase de incentivo, mais ou menos equivalente a "é isso aí, meus chapas", do contingente neozelandês.

Quando me apressei para me juntar aos colegas, olhei para baixo e vi uma fila de mais ou menos cinquenta alpinistas de outras expedições subindo também; os primeiros já estavam logo abaixo de mim. Como não tinha a menor intenção de me enroscar no que com certeza viraria um tremendo congestionamento de trânsito (o que prolongaria ainda mais a desagradável sensação de estar intermitentemente sob uma saraivada de pedras despencando lá de cima, entre outros perigos), apressei o passo e resolvi passar para a frente da fila. Como só houvesse uma corda serpenteando pelo flanco do Lhotse, não era fácil ultrapassar os alpinistas mais lentos.

O encontro de Andy com aquela rocha me vinha à mente toda vez que eu me desengatava da corda fixa para ultrapassar alguém — até mesmo um pequeno projétil seria suficiente para me mandar lá para o fundo do flanco, caso me pegasse solto, sem corda. Além disso, brincar de eixo-badeixo lá em cima era não só uma prova de nervos, mas também algo muito exaustivo. Feito um calhambeque tentando passar uma fila de carros numa ladeira íngreme, eu tinha de pisar fundo no acelerador, durante muito tempo, para conseguir ultrapassar alguém, o que me deixava por demais ofegante e com medo de vomitar dentro da máscara de oxigênio.

Como era a primeira vez na vida que eu escalava com oxigênio suplementar, levei um bom tempo para me acostumar. Embora os benefícios de usar oxigênio artificial nessa altitude — 7315 metros — fossem genuínos, não era muito fácil percebê-los de imediato. Quando tentei desesperadamente recuperar o fôlego, depois de ultrapassar três alpinistas, a máscara parecia estar me asfixiando, de modo que a arranquei do rosto — e foi aí que descobri que, sem ela, ficava ainda mais difícil respirar.

Na altura em que transpus o penhasco de calcário amarelado e quebradiço, chamado Franja Amarela, eu já tinha conseguido alcançar a dianteira da fila e pude então seguir num ritmo mais confortável. A passo lento, porém constante, fiz uma travessia ascendente, à esquerda do topo do flanco do Lhotse, em seguida escalei uma ponta de xisto negro esmigalhado chamada esporão de Genebra. Enfim pegara o jeito, estava respirando normalmente com a máscara e tinha uma hora de dianteira sobre meu companheiro mais próximo. Solidão é um bem muito raro no Everest e me senti grato pela chance de aproveitar um pouco sozinho daquele dia, em cenário tão esplendoroso.

A 7894 metros parei na crista do esporão para tomar um pouco de água e apreciar a vista. O ar rarefeito tinha uma qualidade cintilante, cristalina, que fazia até mesmo os picos mais distantes parecerem próximos, tão próximos que a impressão é que se poderia tocá-los. Iluminada pelo sol do meio-dia, a pirâmide do topo do Everest aparecia, extravagante, em meio a um véu intermitente de nuvens. Ao espiar pela teleobjetiva de minha máquina para a parte superior da crista sudeste, fiquei surpreso ao ver quatro figurinhas que pareciam formigas subindo a passos imperceptíveis rumo ao cume sul. Deduzi que deviam ser alpinistas da expedição montenegrina; se conseguissem chegar lá, seriam a primeira equipe a escalar o cume do Everest esse ano. Além disso, significaria que os boatos que andávamos ouvindo sobre camadas de neve de espessuras impossíveis de atravessar também não tinham fundamento — se eles "fizessem" o cume, talvez também nós conseguíssemos "fazê-lo". Porém, o tufo de neve, sendo soprado da crista do cume, era um mau sinal: os montenegrinos estavam subindo com grande dificuldade, em meio a um vendaval feroz.

Cheguei ao colo sul, nossa plataforma de lançamento rumo ao topo, às 13h00. O colo sul, um desolado platô de gelo duro e rochedos varridos por rajadas de vento, a 7925 metros de altitude, ocupa um amplo chanfro entre as encostas superiores do Lhotse e do Everest. De forma mais ou menos retangular, com uns cem metros de comprimento e uns cinquenta de largura, o colo sul despenca 2133 metros pela face do Kangshung até o Tibete, na margem oriental; o outro lado mergulha 1219 metros até o Circo Oeste. Pouco aquém da borda desse abismo, na beirada ocidental do colo, estavam as barracas do acampamento 4, espalhadas sobre um trecho de chão nu, rodeadas por mais de mil cilindros usados de oxigênio.* Caso haja um lugar de moradia mais desolado e inóspito neste mundo, espero de coração jamais visitá-lo.

---

* As garrafas usadas de oxigênio, que desfiguram o colo sul, vêm se acumulando desde a década de 1950, mas graças ao programa de remoção de lixo, instigado em 1994 pela Expedição Ambientalista Sagarmatha, de Scott Fischer, o número delas já diminuiu bastante. Grande parte do crédito pertence a um dos integrantes daquela expedição, chamado Brent Bishop (filho do falecido Barry Bishop, eminente fotógrafo da *National Geographic* que subiu o Everest em 1963). Brent Bishop iniciou uma campanha de incentivos altamente bem-suce-

Quando o *jet stream*, que são ventos fortíssimos, encontra o maciço do Everest e esprime-se pelos contornos em forma de V do colo sul, o vento acelera e atinge velocidades inimagináveis; muitas vezes os ventos do colo sul são ainda mais fortes que as rajadas que castigam o cume. Por causa desse furacão quase constante que sopra pelo colo, no início da primavera, o terreno ali permanece de rocha nua e gelo, mesmo quando há densas camadas de neve nas encostas adjacentes: tudo que não tiver congelado e petrificado, naquele lugar, é varrido na direção do Tibete.

Quando entrei no acampamento 4, seis sherpas estavam batalhando para erguer as barracas de Hall sob uma tempestade de cinquenta nós. Ajudei-os a montar meu abrigo e ancorei a barraca com alguns cilindros velhos de oxigênio e as maiores pedras que consegui erguer, depois enterrei-me lá dentro para esperar os companheiros e aquecer as mãos enregeladas.

O tempo piorou no decorrer da tarde. Lopsang Jangbu, o *sirdar* de Fischer, apareceu, trazendo uma carga pesadíssima, de uns quarenta quilos, sendo que quinze eram do telefone via satélite e periféricos: Sandy Pittman pretendia enviar boletins via Internet a 7925 metros de altitude. O último integrante de minha equipe chegou por volta das 16h30 e os retardatários do grupo de Fischer mais tarde ainda, no auge de uma tempestade violenta. Ao escurecer, os montenegrinos regressaram ao colo sul e contaram que o cume continuava fora de alcance: voltaram quando estavam pouco abaixo do escalão Hillary.

Tanto o tempo quanto a derrota dos montenegrinos pareciam um mau sinal para nosso ataque ao cume, programado para começar em menos de seis horas. Todo mundo se recolheu em sua barraca de náilon assim que chegou ao colo sul e fez o

---

dida, financiada pela companhia Nike, mediante a qual os sherpas recebem um bônus adicional em dinheiro por cada garrafa levada do colo sul. Entre as expedições comerciais, a Adventure Consultants, de Rob Hall, a Mountain Madness, de Scott Fischer, e a Alpine Ascents International, de Todd Burleson, aderiram com entusiasmo ao programa de Bishop. O resultado foi a remoção de mais de oitocentos cilindros de oxigênio da alta montanha, entre 1994 e 1996.

possível para cochilar um pouco, mas o barulho de metralhadora das barracas açoitadas pelo vento e a ansiedade diante do que estava por vir faziam do sono algo inatingível para a maioria de nós.

Stuart Hutchison — o jovem cardiologista canadense — e eu ficamos na mesma barraca; Rob, Frank, Mike Groom, John Taske e Yasuko Namba ficaram em outra; Lou, Beck Weathers, Andy Harris e Doug Hansen ocuparam a terceira. Lou e seus companheiros tiravam uma soneca no abrigo, quando uma voz desconhecida chamou do lado de fora, em meio ao vendaval, dizendo: "Deixe-o entrar rápido, senão vai morrer aqui fora!". Lou abriu o zíper da porta e, momentos depois, um homem barbudo caiu inerte em seus braços. Era Bruce Herrod, o amável vice-líder da equipe sul-africana e o único que sobrara daquele grupo com credenciais verdadeiras de alpinista.

"Bruce estava em sérios apuros", Lou contou depois, "tremendo sem parar, agindo de modo totalmente aluado, irracional, incapaz de fazer qualquer coisa por si mesmo. A hipotermia era tão forte que mal conseguia falar. O restante do grupo, aparentemente, estava em algum ponto do colo sul, ou a caminho do colo sul. Só que ele não sabia em que ponto e não tinha ideia de onde estaria sua própria barraca, de modo que lhe demos alguma coisa para beber e tentamos aquecê-lo."

Doug também não estava indo muito bem. "Doug não estava com bom aspecto", Beck relembra. "Estava se queixando de que não dormia havia uns dois dias e que também não tinha comido nada. Mas estava decidido a botar o equipamento e subir, quando chegasse a hora. Eu fiquei preocupado porque, àquela altura, já o conhecia bem e percebi que Doug passara o ano anterior inteirinho se torturando com o fato de ter chegado a noventa metros do cume e ter sido obrigado a voltar. Sério, isso o atazanava todo santo dia. Estava muito claro que não aceitaria que o pico lhe fosse negado uma segunda vez. Doug ia continuar subindo rumo ao topo enquanto ainda conseguisse respirar."

Havia mais de cinquenta pessoas acampadas no colo sul aquela noite, amontoadas em barracas montadas lado a lado, e no entanto havia uma estranha sensação de isolamento pairando no ar. O rugido do vento impossibilitava qualquer comunicação entre uma barraca e outra. Nesse lugar esquecido por Deus, senti-me desconectado dos companheiros — emocional, espiritual e fisicamente — num grau que jamais experimentara em expedições anteriores. Éramos uma equipe apenas no nome, acabei percebendo, com tristeza. Embora estivéssemos a poucas horas de deixar o acampamento como um grupo, subiríamos como indivíduos, sem corda nem nenhum senso de lealdade que nos unisse. Ali era cada cliente por si, ou quase. E eu não era exceção: sinceramente esperava que Doug conseguisse chegar ao topo, por exemplo, no entanto faria tudo a meu alcance para continuar subindo se por acaso ele desse meia-volta.

Em outro contexto qualquer essa constatação teria sido deprimente, mas eu estava preocupado demais com o tempo para me aprofundar na questão. Se o vento não amainasse — e logo — o cume estaria fora de cogitação para todos nós. Durante a semana anterior, os sherpas de Hall haviam estocado 55 cilindros de oxigênio engarrafado no colo sul. Embora pareça um exagero, era suficiente apenas para uma única tentativa de três guias, oito clientes e quatro sherpas. E o medidor estava correndo: mesmo recostados na barraca, estávamos consumindo o precioso gás. Se fosse preciso, poderíamos desligar o oxigênio e permanecer ali, em segurança, por 24 horas; depois disso, entretanto, teríamos que subir ou descer.

Todavia, *mirabile visu*, às 19h30 o vendaval parou de repente. Bruce Herrod engatinhou para fora da barraca de Lou e saiu trôpego à procura dos colegas. A temperatura estava bem abaixo de zero, mas não havia vento quase nenhum: condição excelente para escalar até o topo. O instinto de Hall era extraordinário: parecia que ele havia marcado com exatidão a data de nossa tentativa. "Jon! Stuart!", ele berrou da barraca vizinha. "Parece que vai ser hoje mesmo, pessoal. Estejam prontos às onze e meia!"

Enquanto tomávamos chá e aprontávamos o equipamento para a escalada, ninguém falou muito. Todos nós tínhamos sofrido um bocado para chegarmos a esse momento. Assim como

Doug, eu comera muito pouco e não dormira nada desde a saída do acampamento 2, dois dias antes. Toda vez que eu tossia, a dor por causa das cartilagens torácicas rompidas era igual a estar sendo esfaqueado nas costas, provocando inclusive lágrimas. Entretanto, se eu queria chegar até o topo, sabia que não tinha outra escolha senão ignorar minhas enfermidades e escalar.

Às 23h35, ajustei a máscara de oxigênio, liguei minha lanterna frontal e comecei a subir pela escuridão. Éramos quinze pessoas no grupo de Hall: três guias, todos os oito clientes e os sherpas Ang Dorje, Lhakpa Chhiri, Ngawang Norbu e Kami. Hall dera instruções a dois outros sherpas — Arita e Chuldum — para que permanecessem nas barracas, prontos para se mobilizarem em caso de problemas.

A equipe da Mountain Madness — composta pelos guias Fischer, Beidleman e Boukreev, por seis sherpas e pelos clientes Charlotte Fox, Tim Madsen, Klev Schoening, Sandy Pittman, Lene Gammelgaard e Martin Adams — saiu do colo sul meia hora depois de nós.* Lopsang sugerira que apenas cinco dos sherpas da Mountain Madness acompanhassem a escalada ao topo, deixando dois deles no colo sul, como equipe de apoio, mas, como ele disse: "Scott é coração aberto, diz para meus sherpas 'todos podem subir'". No fim, Lopsang ordenou, pelas costas de Fischer, que um de seus sherpas, seu primo Pemba, ficasse no colo. "Pemba furioso para mim", Lopsang admitiu, "mas eu diz para ele, 'você fica ou não tem mais emprego meu'. Aí ele fica no acampamento 4."

Saindo do acampamento logo atrás do grupo de Fischer, Makalu Gau partiu com dois sherpas — ignorando abertamente a promessa feita de que os taiwaneses não tentariam escalar o pico na mesma data que nós. Os sul-africanos também pretendiam partir naquele dia, porém a tenebrosa subida do acampamento

---

* Ausentes do grupo de Fischer estavam os clientes Dale Kruse, que permanecera no acampamento-base após uma nova recaída com HACE, e Pete Schoening, o lendário veterano de 68 anos, que optara por não subir além do acampamento 3 depois que um cardiograma aplicado pelos doutores Hutchison, Taske e Mackenzie indicou uma anomalia potencialmente séria em suas batidas cardíacas.

3 até o colo sul os deixara em tal estado que nem sequer puseram a cabeça para fora das barracas.

Tudo somado, 33 alpinistas partiram rumo ao cume no meio daquela noite. Embora tivéssemos saído do colo sul como integrantes de três expedições distintas, nossos destinos estavam começando a se emaranhar — e ficariam cada vez mais ligados a cada metro que subíssemos.

A noite tinha uma beleza fria, fantasmagórica, que foi se intensificando pouco a pouco. No céu congelado havia mais estrelas do que eu jamais vira na vida. A lua, quase cheia, aparecia acima dos 8480 metros do Makalu, inundando a encosta sob minhas botas com uma luz espectral que eliminava a necessidade da lanterna frontal. Mais a sudeste, ao longo da fronteira entre a Índia e o Nepal, massas colossais de cúmulos-nimbos pairavam sobre os pântanos infestados de malária do Terai, clareando o céu com explosões surrealistas de relâmpagos alaranjados e azuis.

Três horas depois de termos partido do colo sul, Frank achou que alguma coisa naquele dia não estava indo bem. Saindo da fila, deu meia-volta e desceu para as barracas. Sua quarta tentativa de escalar o Everest terminara.

Pouco depois disso, Doug também saiu fora da fila. "Ele estava um pouco à frente de mim, na hora", lembra-se Lou. "De repente, ele saiu da fila e ficou ali parado. Quando eu o alcancei, disse-me que estava com frio, sentindo-se mal e que ia descer." Aí Rob, que estava na traseira, alcançou Doug e houve uma conversa rápida entre os dois. Ninguém escutou o que disseram, de modo que não há como saber o que falaram, mas a consequência foi que Doug voltou para a fila e continuou a subida.

No dia anterior à partida do acampamento-base, Rob reunira todos nós no refeitório e fizera uma preleção sobre a importância de obedecer às suas ordens no dia do ataque ao cume.

"Não vou tolerar nenhuma desavença lá em cima", advertiu, olhando direto para mim. "Minha palavra será lei absoluta e não adianta apelar. Se alguém não gostar de uma determinada decisão que eu tenha tomado, terei a maior satisfação em discuti-la depois, mas não enquanto estivermos subindo para o cume."

A causa mais óbvia de qualquer conflito que pudesse haver era a possibilidade de Rob decidir voltar antes que atingíssemos o cume. Porém, havia uma outra questão que o preocupava em especial. Durante os últimos estágios de aclimatação, ele soltara ligeiramente as rédeas para que subíssemos em nosso próprio ritmo — por exemplo, Hall às vezes me permitia viajar duas ou mais horas na frente do grupo principal. Agora, entretanto, fazia questão de frisar que durante a primeira metade do ataque deveríamos escalar todos juntos. "Até chegarmos ao topo da crista sudeste", Rob determinou, referindo-se a uma plataforma a 8412 metros de altitude, chamada Balcony, "todo mundo tem que caminhar a uma distância de no máximo cem metros do companheiro. Isso é muito importante. Estaremos escalando no escuro e quero os guias de olho em vocês o tempo todo."

E foi assim que, subindo nas primeiras horas da madrugada do dia 10 de maio, nós que estávamos na frente da fila éramos obrigados a parar constantemente e esperar, num frio insuportável, até que os companheiros mais lentos nos alcançassem. Numa dessas ocasiões, Mike Groom, o *sirdar* Ang Dorje e eu sentamo-nos numa beirada coberta de neve por mais de quarenta minutos, tremendo e batendo os pés e as mãos para evitar o congelamento, à espera de que os outros chegassem. Mas o tempo perdido era ainda mais difícil de aguentar que o frio.

Às 3h45, Mike anunciou que tínhamos avançado demais e que precisávamos parar mais uma vez e esperar. Espremendo o corpo de encontro a um afloramento xistoso, tentando escapar da brisa abaixo de zero que soprava do oeste, olhei para o declive escarpado e tentei identificar os alpinistas que vinham morosamente subindo à luz da lua. À medida que avançavam, vi que alguns integrantes do grupo de Fischer já haviam alcançado nosso grupo: a equipe de Hall, a equipe da Mountain Madness e os taiwaneses estavam agora misturados numa fila comprida e intermitente. Foi aí que uma coisa estranha me chamou a atenção.

Uns dezenove metros abaixo, uma silhueta alta, trajada com calças e jaqueta amarelo-canário, estava amarrada às costas de um sherpa de estatura bem menor por uma corda de noventa centímetros; o sherpa, que não usava máscara de oxigênio, bufando alto, estava arrastando o parceiro encosta acima como um cavalo puxando a charrua. O estranho par estava ultrapassando os outros e progredindo bem, porém o arranjo — uma técnica para auxiliar um alpinista enfraquecido ou ferido, chamada repesar — parecia ser tanto perigoso quanto desconfortável para ambas as partes. Aos poucos, fui reconhecendo os dois: o sherpa era o extrovertido *sirdar* de Fischer, Lopsang Jangbu, e o alpinista de amarelo era Sandy Pittman.

O guia Neal Beidleman, que também viu Lopsang guinchando Sandy Pittman montanha acima, contou: "Quando subi, vindo logo atrás, Lopsang estava debruçado na encosta, agarrado à rocha feito uma aranha, sustentando Sandy numa corda mais curta. A mim me pareceu desajeitado e bem perigoso. Não sabia muito bem o que pensar da situação".

Por volta das 4h15, Mike nos deu sinal verde para reiniciar a subida e Ang Dorje e eu começamos a escalar o mais depressa possível, para nos aquecermos. Quando os primeiros sinais de luz iluminaram o leste do horizonte, o terreno rochoso e terraceado que estávamos subindo deu lugar a uma ampla vala de neve fofa. Revezando-nos para abrir uma trilha por aquela neve que nos chegava até as canelas, Ang Dorje e eu chegamos ao topo da crista sudeste às 5h30, bem quando o sol começou a aparecer no céu. Três dos cinco picos mais altos do mundo destacavam-se em áspero relevo de encontro aos tons pastel da alvorada. Meu altímetro registrava 8412 metros de altitude.

Hall deixara bem claro que eu não deveria subir mais nem um passo até que todo o grupo estivesse reunido nesse poleiro em forma de sacada; então me sentei sobre a mochila e esperei. Quando Rob e Beck finalmente chegaram, fechando a fila, eu estava ali sentando havia mais de noventa minutos. Enquanto esperava, tanto o grupo de Fischer como o dos taiwaneses passaram por mim. Sentia-me frustrado por estar desperdiçando tanto tempo e irritado por estar sendo passado para trás por todo mundo. Mas entendia os motivos de Hall, de modo que guardei minha raiva muito bem guardada.

Durante meus 34 anos de alpinismo, descobrira que os aspectos mais gratificantes do esporte são justamente a ênfase na autoconfiança, as tomadas de decisões críticas, o lidar sozinho com as consequências, a responsabilidade pessoal. Quando você sai como cliente, conforme fui percebendo, é obrigado a abrir mão disso tudo e mais. Em nome da segurança, um guia responsável insistirá sempre em ter a última palavra — ele ou ela simplesmente não podem se dar ao luxo de deixar que os clientes tomem sozinhos decisões importantes.

Portanto, a passividade por parte dos clientes fora incentivada durante toda a expedição. Os sherpas abriam a rota, montavam os acampamentos, cozinhavam, transportavam a carga. Isso conservava nossa energia e aumentava bastante as nossas chances de chegar no topo do Everest, mas para mim era altamente insatisfatório. Por vezes sentia como se não estivesse de fato escalando a montanha — que estava fazendo aquilo por procuração. Embora tivesse aceitado, de bom grado, o papel de cliente para poder subir o Everest com Hall, nunca me acostumei com a ideia. Portanto fiquei felicíssimo quando, às 7h10, ele chegou no topo da Balcony e me deu sinal verde para continuar escalando.

Uma das primeiras pessoas que ultrapassei quando me pus em movimento de novo foi Lopsang, ajoelhado na neve sobre um monte de vômito. Normalmente, era sempre o integrante mais forte de qualquer grupo com quem estivesse escalando, mesmo que nunca utilizasse oxigênio suplementar. Como ele me disse, cheio de orgulho, após a expedição: "Toda montanha que eu subo, eu vou primeiro, eu fixo a corda. Em 1995, com Rob Hall, eu fui primeiro, do acampamento-base até o topo, eu fixei cordas". Sua posição, quase no fim da fila do grupo de Fischer, na manhã de 10 de maio, pondo as tripas para fora, parecia indicar que havia algo muito errado.

Na tarde anterior, Lopsang ultrapassara seus limites carregando um telefone via satélite para Pittman, além da carga que lhe competia levar, do acampamento 3 ao acampamento 4. Quando Beidleman viu Lopsang debaixo de um fardo de quarenta quilos, no acampamento 3, disse ao sherpa que não era necessário levar o telefone até o colo sul e sugeriu-lhe que o deixasse ali. "Eu não queria carregar telefone", Lopsang mais tarde admitiu, em parte porque funcionara muito mal no acampamento 3 e parecia ainda mais improvável que funcionasse no ambiente mais gelado e difícil do acampamento 4.* "Mas Scott me mandou, disse: 'Se você não carrega, eu carrego'. Aí eu peguei telefone, amarrei na mochila, levei acampamento 4. [...] Me deixa muito cansado."

E agora Lopsang acabara de guinchar Sandy Pittman por cinco ou seis horas, agravando substancialmente sua exaustão e impedindo que assumisse o papel habitual na liderança, estabelecendo a rota. Como sua inesperada ausência à frente da fila teve certa influência nos acontecimentos daquele dia, sua decisão de repesar a corda para Sandy Pittman provocou críticas e surpresa após o fato. "Não faço ideia de por que Lopsang estava puxando Sandy", diz Beidleman. "Ele perdeu a noção do que deveria estar fazendo lá em cima, de quais eram as prioridades."

De sua parte, Sandy Pittman não pediu para ser puxada pela corda. Quando saiu do acampamento 4, na frente do grupo de Fischer, Lopsang puxou-a de supetão para fora da fila e laçou-a com uma corda, pela frente da cadeirinha. Aí, sem consultá-la, atrelou a outra ponta à própria cadeirinha e começou a puxá-la. Sandy sustenta que foi puxada montanha acima contra a vontade. O que deixa uma pergunta por responder: por que motivo aquela notória nova-iorquina prepotente (era tão inflexível que alguns neozelandeses no acampamento-base apelidaram-na de "Sandy Pit Bull") simplesmente não soltou a corda que a atrelava a Lopsang, coisa que não teria requerido mais do que estender a mão e soltar o mosquetão?

---

* O telefone simplesmente não funcionou no acampamento 4.

Sandy explica que não se soltou do sherpa por respeito a sua autoridade — segundo suas palavras: "Eu não queria ferir os brios de Lopsang". Ela também disse que, embora não tivesse consultado o relógio, sua lembrança é de que ele apenas a puxou pela corda por "uma ou uma hora e meia",* e não por cinco ou seis horas, como vários outros alpinistas disseram e Lopsang confirmou.

Da parte do sherpa, quando lhe perguntaram por que havia puxado Sandy Pittman, por quem inúmeras vezes expressara claro desprezo, Lopsang deu respostas conflitantes. Disse ao advogado de Seattle, Peter Goldman — que escalara o Broad Peak com Scott e Lopsang, em 1995, e era um dos melhores amigos de Scott Fischer — que no escuro confundira Sandy Pittman com a cliente dinamarquesa Lene Gammelgaard e que parou de puxá-la assim que percebeu o erro, com a luz do dia. Todavia, durante uma longa entrevista gravada comigo, Lopsang insistiu, de forma muito convincente, que sabia o tempo todo que estava puxando Sandy Pittman e que decidira fazê-lo "porque Scott quer todos os clientes no topo e eu penso, Sandy é a mais fraca, eu penso, ela vai devagar, por isso levo ela primeiro".

Jovem perspicaz, Lopsang era muito dedicado a Fischer; o sherpa compreendia o quão importante era para seu patrão e amigo levar Sandy Pittman até o topo. Na verdade, numa das últimas comunicações que Fischer teve com Jane Bromet, do acampamento-base, ele comentou: "Se eu conseguir levar Sandy Pittman ao topo, aposto que ela vai aparecer em todos os programas de entrevista da televisão. Será que ela vai me incluir nessa festa?".

Como explicou Goldman: "Lopsang era totalmente leal a Scott. Para mim é inconcebível que ele tivesse repesado a corda para alguém se não acreditasse, do fundo da alma, que era isso que Scott queria".

---

* Sandy Pittman e eu conversamos sobre esse e outros incidentes durante um telefonema de setenta minutos, seis meses após voltarmos do Everest. Exceto em relação a alguns pontos para esclarecer o incidente da corda, ela pediu que eu não reproduzisse neste livro nenhum outro trecho de nosso diálogo. Estou honrando esse pedido.

Fossem quais fossem seus motivos, a decisão de Lopsang de puxar um dos clientes não pareceu especialmente grave na época. Porém, acabaria sendo uma entre várias outras coisinhas — um acúmulo lento, que cresceria de forma constante e imperceptível até uma situação crítica.

13. CRISTA SUDESTE
10 DE MAIO DE 1996
8400 M

> *Basta dizer que [o Everest] tem as cristas mais alcantiladas e os precipícios mais tenebrosos que já vi na vida e que toda aquela conversa sobre uma encosta de neve fácil é puro mito. [...]*
>
> *Minha querida, isto tudo é eletrizante, impossível lhe dizer de que forma estou possuído pela ideia, quão grande é a expectativa. E a beleza de tudo!*
>
> George Leigh Mallory, em carta à sua mulher, 28 de junho de 1921

ACIMA DO COLO SUL, no meio da zona da morte, a sobrevivência vem a ser, em grande medida, uma corrida contra o relógio. Ao sair do acampamento 4, no dia 10 de maio, cada cliente levava duas garrafas de oxigênio de três quilos e apanharia uma terceira no cume sul, de um estoque deixado ali pelos sherpas. Num fluxo conservador, de dois litros por minuto, cada garrafa duraria entre cinco a seis horas. Por volta das 16h00 ou 17h00, o gás de todo mundo teria acabado. Dependendo da aclimatação e da constituição física individual, ainda seríamos capazes de funcionar acima do colo sul — porém não muito bem e não por muito tempo. A partir dali estaríamos vulneráveis a edemas cerebral e pulmonar, hipotermia, lentidão de raciocínio, queimaduras e necroses provocadas pelo frio. Os riscos de morrer aumentariam de maneira vertiginosa.

Hall, que já escalara o Everest quatro vezes, compreendia como ninguém a necessidade de subir e descer depressa. Reconhecendo que, em termos de habilidades básicas de alpinismo, alguns de seus clientes deixavam muito a desejar, a intenção de Hall era usar cordas fixas para nos manter em segurança e acelerar o nosso grupo e o de Fischer pelo terreno mais acidentado.

Portanto, o fato de que nenhuma das expedições tivesse ainda conseguido chegar ao topo, em 1996, era motivo de grande preocupação para ele, porque significava que não haveria cordas instaladas em boa parte do caminho.

Göran Kropp, o solista sueco, chegara a 106 metros do topo, em 3 de maio, mas não se preocupara em fixar nenhuma corda. Os montenegrinos, que subiram ainda mais alto, haviam fixado cordas num trecho, mas a inexperiência os levara a usar toda a corda que tinham nos primeiros 426 metros acima do colo sul, desperdiçando o material em encostas suaves, onde não eram de fato necessárias. De modo que na manhã de nosso ataque ao cume, as únicas cordas fixadas nos íngremes serrilhados da parte superior da crista sudeste eram alguns restos de cordas esgarçadas que esporadicamente emergiam do gelo, deixadas ali por antigas expedições.

Antecipando essa possibilidade, antes de deixar o acampamento-base Hall e Fischer convocaram os guias das duas equipes e, durante a reunião, ficou resolvido que dois sherpas de cada expedição — inclusive os *sirdars* Ang Dorje e Lopsang — sairiam do acampamento 4 noventa minutos na frente dos grupos principais. Isso daria aos sherpas tempo de instalar cordas fixas nos trechos mais expostos da alta montanha, antes que os clientes chegassem. "Rob deixou muito claro como isso era importante", lembra-se Beidleman. "Ele queria a todo custo evitar um engarrafamento desnecessário e o consequente desperdício de um tempo precioso."

Por algum motivo que não se conhece, entretanto, nenhum dos sherpas partiu do colo sul na nossa frente, na noite de 9 de maio. Talvez o violento vendaval, que não parou até as 19h30, os tenha impedido de entrar em ação na hora em que pretendiam. Depois da expedição, Lopsang insistiu que, no último minuto, Hall e Fischer simplesmente cancelaram os planos de fixar cordas antes da chegada dos clientes porque receberam informações erradas de que os montenegrinos já haviam completado a tarefa até o cume sul.

Mas, se a afirmação de Lopsang estiver correta, nenhum

dos três guias que sobreviveram — Beidleman, Groom e Boukreev — ficou sabendo que houvera uma alteração nos planos. Além do mais, se o plano de fixar as cordas tivesse sido de fato abandonado, não haveria motivo para que Lopsang e Ang Dorje estivessem com os noventa metros de corda que cada um estava levando quando partiram do acampamento 4, à frente das respectivas equipes.

De todo modo, acima dos 8350 metros, nenhuma corda fora fixada de antemão. Quando Ang Dorje e eu chegamos à Balcony, às 5h30, estávamos mais de uma hora na frente dos demais integrantes do grupo. Naquele momento, poderíamos muito bem ter ido adiante e instalado as cordas. Rob, contudo, me proibira expressamente de ir na frente e Lopsang ainda estava bem abaixo, puxando Sandy Pittman, de modo que não havia ninguém para acompanhar Ang Dorje na tarefa.

Calado e sorumbático por natureza, Ang Dorje parecia especialmente soturno quando nos sentamos juntos, vendo o sol nascer. Minhas tentativas de puxar conversa com ele não deram em nada. O mau humor, eu imaginava, devia-se a um abscesso no dente que vinha lhe causando dores nas duas últimas semanas. Ou talvez estivesse pensando na visão perturbadora que tivera quatro dias antes: na última noite no acampamento-base, ele e alguns outros sherpas celebraram o iminente ataque ao cume bebendo grandes quantidades de *chhang* — uma cerveja densa, doce, feita de arroz e painço. Na manhã seguinte, com uma ressaca tremenda, Ang Dorje estava agitado demais; antes de subir a cascata de gelo, segredou a um amigo que vira fantasmas à noite. Rapaz intensamente espiritual, Ang Dorje não era homem de levar tais agouros na brincadeira.

É possível, porém, que estivesse apenas bravo com Lopsang, a quem considerava um exibido de marca maior. Em 1995, Hall contratara os dois para sua expedição ao Everest e os sherpas não trabalharam bem juntos.

No dia do ataque ao cume, aquele ano, a equipe de Hall atingiu o cume sul tarde, por volta das 13h30, e encontrou um manto de neve instável cobrindo o trecho final da crista do cume.

Hall enviou um guia neozelandês, chamado Guy Cotter, na frente, com Lopsang, em vez de Ang Dorje, para saber se daria para prosseguir — e Ang Dorje, que era o *sirdar* da escalada, ofendeu-se. Um pouco mais tarde, quando Lopsang já havia escalado a base do escalão Hillary, Hall decidiu abortar a tentativa de atingir o topo e fez sinal para Cotter e Lopsang voltarem. Lopsang, porém, ignorou o comando, desamarrou-se de Cotter e continuou subindo sozinho. Hall ficara irritado com a insubordinação de Lopsang e Ang Dorje partilhara da contrariedade do patrão.

Esse ano, ainda que estivessem em equipes diferentes, Ang Dorje fora convocado mais uma vez a trabalhar com Lopsang no dia do ataque ao cume — e Lopsang parecia estar de novo agindo como louco. Ang Dorje vinha trabalhando muito além do que lhe cabia havia seis longas semanas. Agora, aparentemente, estava cansado de fazer mais que sua cota. Com ar emburrado, sentou-se a meu lado na neve, à espera da chegada de Lopsang, e as cordas não foram fixadas.

Em consequência disso, topei com meu primeiro engarrafamento noventa minutos depois de ultrapassar a Balcony, a 8534 metros, quando as equipes, já todas misturadas, encontraram uma série de imensos degraus de rocha que precisavam de cordas para uma passagem segura. Os clientes se amontoaram impacientes na base da rocha por quase uma hora, enquanto Beidleman — assumindo a tarefa do ausente Lopsang — estendia a corda com dificuldade.

Nesse trecho, a impaciência e a inexperiência técnica de um dos clientes de Hall, Yasuko Namba, quase provocaram um desastre. Alta executiva do Federal Express, em Tóquio, Yasuko não se enquadrava no estereótipo da submissa e deferente mulher japonesa de meia-idade. Em casa, ela me contou com uma risada, seu marido fazia a comida e limpava tudo. Sua tentativa de subir o Everest tornara-se uma pequena *cause célèbre* no Japão. Até então, naquela expedição, fora uma alpinista lenta e insegura, porém agora, com o cume tão perto, estava mais energética do que nunca. "No momento em que chegamos ao colo sul", diz John Taske, que dividiu uma barraca com ela no acampamento 4, "Yasuko estava completamente absorvida pelo cume — era quase como se estivesse em transe." Desde que saiu do colo sul, deu um duro danado, tentando alcançar o início da fila.

Agora, enquanto Beidleman ainda estava pendurado precariamente na rocha, trinta metros acima dos clientes, Yasuko, bastante ansiosa, atrelou seu *jumar* à corda pendurada antes que o guia tivesse ancorado a outra ponta. Antes que ela pusesse o peso total do corpo na corda — o que teria puxado Beidleman para baixo — Mike Groom interveio, no último minuto, e passou-lhe um pito suave por ser tão impaciente.

O congestionamento nas cordas crescia com a chegada de mais alpinistas, de modo que os últimos iam ficando cada vez mais para trás. A manhã já ia avançada e três clientes de Hall — Stuart Hutchison, John Taske e Lou Kasischke, subindo perto do final da fila, com Hall — começaram a se preocupar com o ritmo moroso. Logo na frente deles estava a equipe taiwanesa, movendo-se com uma lentidão toda especial. "Eles estavam escalando num estilo muito peculiar, realmente colados", diz Hutchison, "quase como fatias de pão, um atrás do outro, ou seja, era quase impossível passá-los. Levamos um tempão esperando que subissem as cordas."

No acampamento-base, antes de nossa tentativa de chegar ao cume, Hall havia contemplado dois horários para dar meia-volta — ou às 13h00 ou às 14h00. Porém, nunca declarou qual desses horários deveríamos obedecer — o que era curioso, considerando-se o quanto ele martelara a importância de estabelecer um prazo rígido e obedecê-lo, acontecesse o que acontecesse. Fomos simplesmente informados de modo muito vago que Hall se absteria de tomar uma decisão final até o dia do ataque e que, depois de avaliar as condições do tempo e outros fatores, assumiria a responsabilidade pessoal de mandar todos voltarem na hora apropriada.

No meio da manhã do dia 10 de maio, Hall ainda não anunciara qual seria o horário para voltar. Hutchison, conservador por natureza, se programara para as 13h00. Por volta das 11h00,

183

Hall disse a Hutchison e Taske que o topo ainda estava a três horas de distância, e aí correu para tentar passar os taiwaneses. "Parecia cada vez mais improvável que conseguíssemos chegar ao cume antes da uma da tarde", diz Hutchison. Houve uma rápida discussão. Kasischke a princípio relutou em admitir derrota, porém Taske e Hutchison foram convincentes. Às 11h30, os três deram as costas ao topo e começaram a descer. Hall mandou os sherpas Kami e Lhakpa Chhiri com eles.

Optar por descer deve ter sido uma escolha extremamente difícil para esses três clientes, bem como para Frank Fischbeck, que fizera meia-volta horas antes. O alpinismo costuma atrair homens e mulheres que não abandonam seu objetivo com facilidade. Àquela altura da expedição, todos nos sujeitáramos a níveis de desconfortos e perigos que teriam há muito tempo mandado de volta para casa indivíduos mais equilibrados. Para chegar tão longe, é preciso obstinação.

Infelizmente, o tipo de pessoa que é programada para ignorar desconfortos físicos e para continuar avançando rumo ao topo também é, com frequência, programada para ignorar os sinais de perigo iminente e grave. Aí está o nó do dilema que todo alpinista no Everest acaba tendo que enfrentar: para ter sucesso, você precisa estar bastante motivado, mas, se a motivação for excessiva, é provável que você morra. Além do mais, acima dos 7900 metros, a linha divisória entre zelo apropriado e febre desmiolada do topo torna-se perigosamente tênue. Por esse motivo é que as encostas do Everest estão cheias de cadáveres.

Taske, Hutchison, Kasischke e Fischbeck pagaram, cada um, até 70 mil dólares e aguentaram semanas de agonia para terem a possibilidade de atingir o topo. Todos eram homens ambiciosos, não tinham o costume de perder e muito menos de abandonar algo pela metade. No entanto, confrontados com uma dura decisão, estiveram entre os poucos que tomaram a decisão correta naquele dia.

Acima do degrau de rocha onde John, Stuart e Lou deram meia-volta, as cordas fixas acabavam. Desse ponto em diante, a rota subia num ângulo íngreme através de uma graciosa aresta, coberta de neve compacta, que levava ao cume sul — onde eu cheguei às 11h00 e encontrei um segundo e ainda pior engarrafamento. Um pouco mais alto, aparentemente perto, estava a parede quase vertical do escalão Hillary e, um pouco além, o próprio cume. Embotado de cansaço e espanto, tirei algumas fotos, depois me sentei com os guias Andy Harris, Neal Beidleman e Anatoli Boukreev à espera dos sherpas para fixar as cordas ao longo daquela crista espetacular, margeada por blocos suspensos de neve.

Reparei que Boukreev, assim como Lopsang, não estava usando oxigênio suplementar. Embora o russo tivesse chegado ao topo do Everest sem ele duas vezes antes, e Lopsang três vezes, eu estava surpreso que Fischer tivesse lhes dado permissão para subirem sem oxigênio na qualidade de guias, arriscando a segurança dos clientes. Também fiquei surpreso de ver que Boukreev não levava uma mochila — em geral, um guia carrega uma mochila com cordas, equipamentos de primeiros socorros, de resgate em greta, roupas extras e outros itens necessários para assistir os clientes em caso de emergência. Boukreev era o primeiro guia que eu via ignorar essa convenção.

Como fiquei sabendo depois, ele partira do acampamento 4 carregando tanto a mochila quanto a garrafa de oxigênio; mais tarde contou-me que, embora não pretendesse usá-la, queria ter uma garrafa à mão no caso de "sua energia acabar" e precisar dela mais perto do pico. No entanto, ao chegar à Balcony, jogou a mochila de lado e deu o cilindro, a máscara e o regulador da garrafa de oxigênio para Beidleman carregar. Como não estivesse usando oxigênio suplementar, Boukreev parecia tentar reduzir sua carga ao mínimo necessário para obter toda e qualquer vantagem naquele ar incrivelmente rarefeito.

Um vento de vinte nós varria a crista, soprando um tufo de neve para os lados do flanco do Kangshung, porém, mais acima, o céu estava inteirinho azul. Descansando ao sol, a 8747 metros de altitude, dentro de meu grosso traje de penugem de ganso, olhando a paisagem em estupor anóxico, perdi por completo a noção de tempo. Nenhum de nós prestou muita atenção ao fato de que Ang Dorje e Ngawang Norbu, outro sherpa da equipe de Hall, estivessem sentados ao lado, dividindo o chá de uma garrafa térmica e sem nenhuma pressa de ir mais adiante. Por volta das 11h40, Beidleman acabou perguntando: "Ei, Ang Dorje, vocês vão subir para fixar as cordas ou o quê?". A resposta de Ang Dorje foi curta e inequívoca: "Não". Talvez porque nenhum dos sherpas de Fischer tivesse chegado para dividir o trabalho.

Cada vez mais alarmado com a multidão se aglomerando no cume sul, Beidleman acordou Harris e Boukreev do estupor e sugeriu, com veemência, que eles próprios fixassem as cordas; ao ouvir isso, eu logo me ofereci para ajudar. Beidleman pegou um rolo de corda de 45 metros, eu peguei um outro com Ang Dorje e, com Boukreev e Harris, partimos ao meio-dia para fixar as cordas até a crista do topo. Mas, até aí, mais uma hora tinha sido desperdiçada.

O oxigênio engarrafado não torna o topo do Everest parecido com o nível do mar. Escalando acima do cume sul com meu regulador fornecendo menos de dois litros de oxigênio por minuto, eu tinha que parar e dar três ou quatro boas respiradas após cada passo laborioso. Aí dava mais um passo e tinha que parar para mais quatro respiradas ofegantes — e esse era o ritmo mais acelerado que eu conseguia manter. Como o sistema de oxigênio que estávamos usando se utilizava de uma mistura magra de gás comprimido e ar ambiente, 8840 metros com oxigênio era como estar a mais ou menos 7900 metros sem ele. Porém o oxigênio engarrafado conferia alguns outros benefícios difíceis de quantificar.

Subindo pela lâmina da crista do cume, botando ar engarrafado para dentro dos pulmões rascados, senti uma estranha e inexplicável sensação de paz. O mundo para além da máscara de borracha estava estupendamente vívido, mas não parecia muito real, como se houvesse um filme sendo projetado em câmara lenta em frente à máscara. Eu me sentia drogado, alheio, totalmente isolado de estímulos externos. Tinha que me lembrar, a todo momento, que havia 2133 metros de céu de ambos os lados, que ali era tudo ou nada, que eu pagaria com a própria vida por um único passo mal dado.

Meia hora acima do cume sul cheguei ao pé do escalão Hillary. Um dos trechos mais famosos de todo o alpinismo, seus doze metros de rocha e gelo quase verticais pareciam atemorizantes, mas — como todo e qualquer alpinista sério — eu queria, e muito, tomar a ponta da corda e liderar o escalão. Entretanto era óbvio que Boukreev, Beidleman e Harris sentiam a mesma coisa e era ilusão anóxica de minha parte pensar que qualquer um deles iria deixar que um cliente usurpasse tão cobiçada liderança.

No fim, Boukreev — como guia sênior e o único de nós que já escalara o Everest — reivindicou a honra; com Beidleman dando a corda, ele liderou com maestria. Contudo, o processo era lento e, enquanto ele subia penosamente rumo à crista do escalão, eu olhava nervoso o relógio, perguntando a mim mesmo se o oxigênio duraria até lá. Meu primeiro cilindro acabara às 7h00, na Balcony, depois de umas sete horas. Tendo essa duração como parâmetro, enquanto estava no cume sul calculei que meu segundo cilindro expiraria por volta das 14h00 e, estupidamente, presumira que isso me daria tempo suficiente para atingir o topo e retornar ao cume sul para pegar minha terceira garrafa de oxigênio. Só que agora já passava das 13h00 e eu estava começando a ter sérias dúvidas.

No topo do escalão comuniquei minha preocupação a Beidleman e perguntei-lhe se ele se importaria se eu fosse na frente, até o topo, em vez de parar para ajudá-lo a fixar o último rolo de corda pela crista. "Vá em frente", disse-me ele, generoso. "Eu tomo conta das cordas."

Subindo devagar os últimos poucos passos até o topo, eu tinha a sensação de estar debaixo da água, de que a vida se movia a um quarto da velocidade normal. E aí me vi no topo de uma cunha delgada de gelo, adornada com um cilindro usado de oxigênio e uma surrada vara de medição de alumínio, sem ter mais o que subir. Uma fileira de bandeirinhas budistas agitava-se ao vento com fúria. Lá embaixo, abaixo do flanco da montanha que eu nunca vira, o ressequido platô tibetano estendia-se pelo horizonte, uma interminável vastidão de terra parda.

Chegar ao topo do Everest supostamente desencadeia uma onda de intensa alegria; apesar de todos os pesares, eu atingira uma meta cobiçada desde a infância. Porém o topo era, na verdade, apenas a metade do caminho. Qualquer impulso que eu pudesse ter sentido de autocongratulação foi eliminado de imediato pela apreensão horrenda que eu sentia diante da longa e perigosa descida que tinha pela frente.

14. CUME
13H12
10 DE MAIO DE 1996
8848 M

> *Não apenas durante a escalada, mas também durante a descida, minha força de vontade fica entorpecida. Quanto mais subo, menos importante me parece ser o alvo, mais indiferente fico a mim mesmo. Minha atenção diminui, minha memória enfraquece. Minha fadiga mental é agora maior que a do corpo. É tão bom ficar sentado, sem fazer nada — e entretanto tão perigoso. A morte por exaustão — como a morte por congelamento — é uma morte agradável.*
> Reinhold Messner, *The crystal horizon*

NA MOCHILA EU LEVAVA UMA FAIXA da revista *Outside*, uma pequena flâmula na qual Linda, minha mulher, pregara um esdrúxulo lagarto e alguns outros mementos com os quais eu pretendia posar para uma série de fotos triunfais. Porém, sabendo que minha reserva de oxigênio estava baixando cada vez mais, deixei tudo na mochila e fiquei no topo do mundo apenas o tempo suficiente para tirar quatro rápidas fotos de Andy Harris e Anatoli Boukreev, posando na frente da vara de medição do cume. Depois disso virei as costas para descer. Cerca de vinte metros abaixo do cume passei por Neal Beidleman e um cliente de Fischer chamado Martin Adams, na direção contrária. Depois de trocar com Neal Beidleman um *high-five*, um gesto de celebração em que, com os braços estendidos acima da cabeça, as mãos se tocam, peguei um punhado de pequenas pedras de um trecho exposto de xisto, corroído pelo vento, pus no bolso, fechei o zíper e me apressei crista abaixo.

Momentos antes eu notara que fiapos de nuvens cobriam agora os vales ao sul, tapando tudo exceto os picos mais altos.

Adams — um texano pequeno e batalhador que ficara rico vendendo papéis do governo durante o *boom* dos anos 1980 — é um piloto experiente com várias horas passadas olhando por cima das nuvens; mais tarde ele me disse que, imediatamente após chegar ao cume, reconhecera aqueles chumaços de vapor de água; eram as coroas de robustos cúmulos-nimbos. "Quando você vê um cúmulo-nimbo do avião", explicou ele, "sua primeira reação é dar o fora dali o mais rápido possível. Foi o que fiz."

Porém, ao contrário de Adams, eu não estava acostumado a espiar por cima de aglomerados de cúmulos-nimbos a 8840 metros de altitude e, portanto, continuei ignorando a tempestade que já àquela altura estava se formando. Minhas preocupações giravam em torno do estoque cada vez menor de oxigênio em meu tanque.

Quinze minutos após ter chegado ao cume atingi o escalão Hillary, onde encontrei um punhado de alpinistas arrastando-se pela única corda disponível; minha descida teve uma interrupção forçada. Enquanto esperava a multidão passar, Andy apareceu. "Jon", ele me pediu, "parece que não estou tendo ar suficiente. Será que pode me dizer se a válvula de entrada da máscara está congelada?"

Uma rápida olhada revelou um pedaço do tamanho de um punho fechado de saliva congelada, bloqueando a válvula de borracha que dava passagem ao ar ambiente para dentro da máscara. Quebrei o gelo com a ponta do piolet, depois pedi a Andy que me fizesse um favor em troca, desligando meu regulador para economizar oxigênio até que o escalão ficasse desimpedido. Entretanto ele se enganou, abriu a válvula em vez de fechá-la, e dez minutos depois todo meu oxigênio acabara. Minhas funções cognitivas, que já estavam bastante prejudicadas, começaram a declinar muito depressa. Sentia-me como se tivesse tomado uma overdose de algum sedativo poderoso.

Enquanto eu esperava, lembro-me vagamente de Sandy Pittman passando por mim a caminho do topo, seguida, após um tempo indeterminado, por Charlotte Fox e Lopsang Jangbu.

Yasuko apareceu na sequência, pouco abaixo de minha precária plataforma, mas estava aturdida com o último e íngreme trecho do escalão. Eu observei, impotente, durante quinze minutos enquanto ela lutava para se alçar pela parte superior da rocha, exausta demais para conseguir fazê-lo. Enfim Tim Madsen, que estava aguardando impaciente logo atrás, resolveu a questão empurrando-a pelas nádegas até o topo.

Rob Hall apareceu pouco depois. Disfarçando meu pânico crescente, agradeci-lhe por ter me posto no topo do Everest. "Pois é, acabou sendo uma expedição bem boa", ele disse, e aí mencionou que Frank Fischbeck, Beck Weathers, Lou Kasischke, Stuart Hutchison e John Taske haviam todos dado meia-volta. Mesmo em meu estado de imbecilidade causada pela falta de oxigênio, percebi que Hall estava profundamente decepcionado com o fato de cinco de seus oito clientes terem desistido — um sentimento, suspeito eu, acentuado pelo aparente sucesso de toda a turma de Fischer, a caminho do topo. "Eu só gostaria de ter podido pôr mais clientes no topo", Rob lamentou, antes de seguir seu caminho.

Logo depois, Adams e Boukreev chegaram, parando bem acima de mim, à espera de que o trânsito amainasse. Um minuto depois, a aglomeração piorou com a chegada de Makalu Gau, Ang Dorje e vários outros sherpas, seguidos por Doug Hansen e Scott Fischer. Aí, por fim, o escalão Hillary ficou livre — mas somente depois de eu ter passado mais de uma hora a 8808 metros de altitude sem oxigênio suplementar.

Àquela altura, setores inteiros do córtex pareciam ter se fechado para sempre. Zonzo, temendo desmaiar, eu estava desesperado para chegar ao cume sul, onde minha terceira garrafa de oxigênio me esperava. Comecei a descer pelas cordas fixas, rígido de pavor. Pouco abaixo do escalão, Anatoli e Martin passaram por mim e apertaram o passo. Com o máximo de cautela, continuei descendo por aquela verdadeira corda bamba que é a crista; contudo, quinze metros acima de onde estava o estoque de oxigênio, a corda acabou e eu empaquei, com medo de ir mais longe sem oxigênio.

Mais adiante, no cume sul, eu podia ver Andy Harris fuçando numa pilha de garrafas de oxigênio cor de laranja. "Ei, Harold!", eu gritei. "Será que podia me trazer uma garrafa nova?"

"Não tem oxigênio nenhum por aqui!", o guia gritou de volta. "Essas garrafas estão todas vazias!" Essa era uma notícia perturbadora. Meu cérebro gritava por oxigênio. Eu não sabia o que fazer. Bem nesse momento, Mike Groom me alcançou, também já voltando do cume. Mike escalara o Everest em 1993 sem oxigênio suplementar e não parecia muito preocupado com ele. Deu-me sua garrafa de oxigênio e mais que depressa chegamos ao cume sul.

Quando chegamos ali, um exame do estoque de oxigênio revelou de imediato que havia pelo menos seis garrafas cheias. Mas Andy recusava-se a acreditar. Continuava insistindo que estavam todas vazias e nada que Mike ou eu disséssemos era capaz de convencê-lo do contrário.

A única maneira de saber quanto oxigênio resta num cilindro é ajustá-lo no regulador e ler o medidor; presume-se que foi assim que Andy checou as garrafas no cume sul. Depois da expedição, Neal Beidleman disse que se o regulador de Andy tivesse sido prejudicado pelo gelo, o medidor poderia ter marcado vazio ainda que os cilindros estivessem cheios, o que explicaria sua bizarra teimosia. E se seu regulador estava avariado, não mandaria oxigênio para a máscara, o que também explicaria a aparente falta de lucidez de Andy.

Entretanto, essa possibilidade — que agora parece tão óbvia — não ocorreu nem a mim nem a Mike, naquele momento. Em retrospecto, Andy estava agindo de modo irracional e tinha, sem dúvida alguma, ultrapassado e muito a hipóxia de rotina, mas eu estava mentalmente tão embotado que simplesmente não registrei.

Minha incapacidade de discernir o óbvio foi, em certa medida, exacerbada ainda mais pelo protocolo que dita as atitudes entre cliente e guia. Andy e eu éramos muito semelhantes em termos de habilidades físicas e experiência técnica; caso estivéssemos escalando juntos numa situação de igual para igual, como parceiros, é inconcebível que eu tivesse falhado em reconhecer seu estado. Mas nessa expedição ele recebera o papel de guia invencível, estava ali para zelar por mim e pelos outros clientes; fôramos especialmente doutrinados a não questionar o julgamento dos guias. Nunca me passou pela cabeça estropiada que Andy estivesse de fato numa situação terrível — que um guia pudesse precisar urgentemente de minha ajuda.

Enquanto Andy continuava garantindo que não havia garrafas cheias no cume sul, Mike me deu uma olhada irônica. Olhei de volta para ele e sacudi os ombros. Virando-me para Andy, disse-lhe: "Não tem problema, Harold. Muito barulho por nada". Em seguida, peguei um novo cilindro de oxigênio, atarraxei no meu regulador e continuei a descer a montanha. Tendo-se em vista o que aconteceria nas horas subsequentes, a facilidade com que abdiquei da responsabilidade — meu completo fracasso em supor que Andy podia estar em sérios apuros — foi um lapso que talvez me persiga pelo resto da vida.

Por volta das 15h30 deixei o cume sul na frente de Mike, Yasuko e Andy; quase no mesmo instante mergulhei numa densa camada de nuvens. Começou a nevar de leve. Mal podia ver onde terminava a montanha e onde começava o céu, pois a luz estava cada vez mais fraca; teria sido muito fácil escorregar da beirada da crista e desaparecer para sempre. E a situação do tempo só piorou à medida que eu descia o pico.

Ao final dos degraus de rocha da crista sudeste parei com Mike para esperar por Yasuko, que estava tendo dificuldade em avançar pelas cordas fixas. Mike tentou chamar Rob pelo rádio, mas como o transmissor estava funcionando apenas de vez em quando, ele não conseguiu achar ninguém. Com Mike cuidando de Yasuko e tanto Rob como Andy acompanhando Doug Hansen — o único outro cliente ainda acima de nós —, imaginei que a situação estivesse sob controle. De modo que, quando Yasuko nos alcançou, pedi permissão a Mike para continuar sozinho. "Tudo bem", ele respondeu. "Só não despenque lá para baixo."

Por volta das 16h45, quando cheguei à Balcony — a plataforma a 8412 metros na crista sudeste de onde eu ficara vendo o sol nascer com Ang Dorje —, tive um choque ao encontrar Beck Weathers, parado sozinho na neve, tremendo violentamente. Para mim, ele já tinha descido para o acampamento 4 havia horas. "Beck!", exclamei, "que diabo está fazendo aqui?"

Anos antes, Beck sofrera uma intervenção cirúrgica para corrigir sua miopia.* Um dos efeitos colaterais da cirurgia, como Beck descobriu logo no início da escalada do Everest, é que a baixa pressão barométrica, própria das grandes altitudes, prejudica a visão. Quanto mais alto ele subia, menor era a pressão barométrica e, portanto, pior ficava a vista.

Na tarde anterior, ao subir do acampamento 3 para o acampamento 4, Beck me confessou depois, "minha visão tinha piorado tanto que eu não enxergava mais que uns poucos metros adiante. Então grudei na cola de John Taske e quando ele erguia um pé, eu colocava meu pé direito na sua pegada".

Beck falara abertamente de seu problema de vista, no início, mas com o cume assim tão perto, ao alcance da mão, esquecera-se de mencionar a Rob ou a qualquer outra pessoa que estava piorando cada vez mais. Não obstante a vista ruim, estava escalando bem e sentindo-se mais forte do que jamais estivera desde o começo da expedição. "Eu não queria desistir cedo demais", explicou-me.

Escalando acima do colo sul noite adentro, Beck conseguiu se manter junto ao grupo usando a mesma estratégia da tarde anterior — pisando nas pegadas da pessoa logo à sua frente. Porém, quando chegou à Balcony e o sol apareceu, percebeu que sua vista estava mais fraca que nunca. Para piorar ainda mais as coisas, ele esfregara sem querer alguns cristais de gelo nos olhos, lacerando ambas as córneas.

"Àquela altura", Beck revelou, "um olho estava completamente embaçado, mal podia ver com o outro e perdera toda e qualquer noção de profundidade. Senti que não poderia ver o suficiente

---

* O procedimento, chamado ceratomia radial, envolve várias incisões radiadas, feitas dos cantos externos da córnea para dentro, achatando-a.

para ir adiante sem me pôr em perigo e sem ser um fardo para alguém, de modo que contei a Rob o que estava acontecendo."

"Sinto muito, companheiro", Rob anunciou de imediato, "mas você vai descer. Vou mandar um dos sherpas acompanhá-lo." Mas Beck ainda não estava preparado para desistir de sua esperança de alcançar o cume: "Expliquei a Rob que eu achava que a vista tinha boa chance de melhorar assim que o sol subisse mais um pouco e minhas pupilas se contraíssem. Disse que queria esperar mais um pouco e depois, se começasse a enxergar melhor, seguir em frente".

Rob pensou na proposta de Beck e em seguida decidiu. "Certo, é justo. Dou-lhe meia hora para descobrir se está ou não melhor. Mas não posso permitir que desça para o acampamento 4 sozinho. Se sua vista não melhorar em trinta minutos, quero que fique aqui para que eu possa saber exatamente onde você está quando descer do topo, e então vamos juntos. Isso é muito sério: ou você desce agora mesmo, ou você promete que vai ficar aqui até eu voltar."

"Fiz o sinal da cruz e torci", Beck me disse, de bom humor, debaixo da neve, com a luz já rareando. "E cumpri minha palavra. Por isso ainda estou aqui parado."

Pouco depois do meio-dia, Stuart Hutchison, John Taske e Lou Kasischke haviam passado a caminho do acampamento 4, acompanhados por Lhakpa e Kami, mas Weathers preferiu não os acompanhar. "O tempo continuava bom", ele explica, "e eu não vi motivo para quebrar a promessa que fizera a Rob àquela altura."

Agora, contudo, estava escurecendo e as condições do tempo começavam a ficar sombrias. "Desça comigo", implorei. "Ainda devem faltar pelo menos mais duas ou três horas para Rob aparecer. Eu serei os seus olhos. Levo você para baixo, não tem problema." Beck estava quase convencido a descer comigo, quando eu cometi o erro de mencionar que Mike Groom estava a caminho, com Yasuko, alguns minutos atrás de mim. Num dia de muitos erros, este acabaria sendo um dos maiores.

"Obrigado, de qualquer forma", Beck disse. "Acho que vou esperar por Mike. Ele tem uma corda; pode me puxar até lá."

"Certo, Beck", respondi. "Você é quem manda. Então, até o acampamento." Por dentro, estava aliviado por não ter que cuidar de Beck nas encostas problemáticas ainda por vir, a maioria delas sem a proteção de uma corda fixa. A luz do dia estava sumindo, o tempo piorando, minhas reservas de força estavam quase no fim. Ainda assim não tive nenhum pressentimento de que havia uma catástrofe se aproximando. De fato, depois de conversar com Beck eu inclusive passei um certo tempo tentando achar o cilindro usado de oxigênio que eu enterrara na neve a caminho do topo, umas dez horas antes. Querendo remover todo meu lixo da montanha, enfiei o cilindro dentro da mochila, junto com os outros dois (um vazio, um parcialmente cheio) e depois me apressei em alcançar o colo sul, 487 metros abaixo.

Da Balcony, desci sem incidentes um trecho de mais ou menos duzentos metros por uma vala larga e suave de neve, mas depois as coisas começaram a ficar pretas. A rota serpenteava por afloramentos de xisto fragmentado cobertos por quinze centímetros de neve fresca. Atravessar aquele terreno exigia concentração, feito quase impossível para alguém naquele estado embotado.

Como o vento tivesse apagado as pegadas dos alpinistas que desceram antes de mim, eu tinha dificuldade em determinar a rota correta. Em 1993, o parceiro de Mike Groom — Lopsang Tshering Bhutia, experiente alpinista do Everest e sobrinho de Tenzing Norgay — tomara um atalho errado nessa área, caíra e morrera. Lutando para manter um pé na realidade, comecei a falar sozinho em voz alta. "Não dê bobeira agora, não dê bobeira agora, não dê bobeira agora", eu entoava, vezes e vezes, como se fosse um mantra. "Você não pode foder tudo aqui em cima. Isto é muito sério. Não dê bobeira."

Sentei para descansar numa plataforma larga, inclinada, mas após alguns minutos veio um BUM! ensurdecedor, o suficiente para me pôr de pé novamente. Havia tanta neve fresca acumulada que eu temi tratar-se de uma avalanche vindo das encostas acima, mas quando me virei não vi nada. Em seguida veio outro

BUM!, acompanhado por um raio que iluminou por um momento o céu inteiro; então percebi que estava ouvindo o estouro de um trovão.

De manhã, a caminho do topo, eu fizera todo o possível para estudar continuamente a rota nessa parte da montanha, olhando para baixo com frequência a fim de localizar marcos que me seriam úteis na descida, memorizando o terreno de modo compulsivo: "Lembre-se de virar à esquerda naquele rochedo que parece a proa de um navio. Aí, siga pela linha fininha de neve até que ela faça uma curva fechada para a direita". Isso era algo que eu me condicionara a fazer muitos anos antes, um exercício que eu me obrigava a fazer toda vez que escalava e, no Everest, pode ter sido o que salvou minha vida. Por volta das 18h00, à medida que a tempestade se acentuava, com neve forte e rajadas de vento de mais de sessenta nós, cheguei à corda que fora fixada pelos montenegrinos na encosta de neve, 182 metros acima do colo sul. Já um pouco mais sensato devido à violência da tempestade, percebi que acabara de descer o trecho mais perigoso bem a tempo.

Enrolando a corda fixa em volta dos braços para fazer o *rappel*, continuei descendo em meio à nevasca. Alguns minutos depois, fui tomado por uma desagradável e familiar sensação de sufocação, ao perceber que minha garrafa de oxigênio acabara de novo. Três horas antes, quando enrosquei o regulador no terceiro e último cilindro de oxigênio, reparei que estava pela metade. Contudo, achava que daria para descer boa parte do caminho, de modo que não me preocupei em trocá-lo por um cheio. E agora o oxigênio acabara.

Tirei a máscara do rosto, deixando-a pendurada no pescoço, e continuei em frente despreocupado, para minha própria surpresa. Entretanto, sem o oxigênio suplementar, eu me movia mais devagar e tinha que parar e descansar com mais frequência.

A literatura sobre o Everest é cheia de relatos de experiências alucinatórias, atribuíveis à hipóxia e à fadiga. Em 1933, o famoso alpinista inglês Frank Smythe observou "dois objetos curiosos flutuando no céu" diretamente acima dele, aos 8230 metros: "[Um] possuía o que pareciam ser asas atrofiadas, não desenvolvidas, e o outro uma protuberância que sugeria um bico. Eles ficaram parados, imóveis, mas pareciam vibrar lentamente". Em 1980, durante sua escalada solo, Reinhold Messner imaginou que havia um companheiro invisível escalando a seu lado. Aos poucos me dei conta de que minha mente também estava atordoada e observei, com um misto de fascínio e horror, a mim mesmo escorregando para fora da realidade.

Eu estava tão além da exaustão comum que experimentei um estranho distanciamento de meu corpo, como se estivesse observando minha descida de alguns metros acima. Imaginei estar vestido com um cardigã verde e calçado com sapatos do tipo *wing-tips*, com a ponta e o calcanhar virados para cima. E embora o vendaval estivesse gerando um fator vento que baixava a temperatura a quase –60ºC, eu me sentia estranha e perturbadoramente aquecido.

Às 18h30, quando as últimas luzes do dia desapareceram do céu, eu estava a sessenta metros verticais do acampamento 4. Agora havia apenas mais um obstáculo entre mim e a segurança: uma saliência inclinada de gelo duro, brilhante, que eu teria que descer sem corda. Pelotas de neve trazidas por rajadas de vento de até setenta nós fustigavam-me o rosto; qualquer pedaço de carne exposto congelava imediatamente. As barracas, a menos de duzentos metros horizontais dali, apareciam e desapareciam em meio àquele manto branco. Não havia margem para enganos. Preocupado em não cometer nenhum erro crítico, sentei-me para recuperar um pouco de energia antes de descer mais.

Assim que me pus de pé, a inércia tomou conta de mim. Era muito mais fácil permanecer em repouso do que tomar a iniciativa de atacar o perigoso declive de gelo, de modo que fiquei ali sentado, enquanto a tempestade rugia a minha volta, deixando a mente vagar, sem fazer nada durante talvez uns 45 minutos.

Eu apertara os cordões do capuz até não ficar nada de fora, exceto um pequeno buraco para os olhos; estava removendo a máscara inútil e congelada de sob o queixo, quando Andy Harris surgiu de repente do escuro, bem do meu lado. Ao focalizar minha lanterna frontal em sua direção, recuei por puro reflexo ao ver o estado apavorante de seu rosto. Suas bochechas estavam cobertas com uma armadura de gelo, um olho congelara e fechara; ele mal podia falar. Parecia estar em sérios apuros. "Qual o caminho das barracas?", Andy perguntou, frenético para chegar até os abrigos.

Apontei para a direção do acampamento 4, depois o avisei sobre o gelo logo abaixo de nós. "É mais íngreme do que parece!", gritei, num esforço para ser ouvido por cima da tempestade. "Talvez eu devesse ir na frente e pegar uma corda no acampamento..." Eu estava no meio da frase quando Andy afastou-se de repente, em direção à borda do declive de gelo, deixando-me ali sentado falando sozinho.

Feito doido, começou a descer a parte mais empinada da inclinação. "Andy", gritei, "é loucura ir desse jeito! Você vai fazer besteira!" Ele gritou algo de volta, porém suas palavras foram levadas pelo vento que rugia. Um segundo depois perdeu o pé, deu uma cambalhota e de repente estava despencando pelo gelo.

Logo mais, sessenta metros abaixo, pude distinguir a silhueta imóvel de Andy esborrachada no pé do declive. Tinha certeza que quebrara pelo menos uma perna, talvez até o pescoço. Mas então, inacreditavelmente, ele se levantou, acenou que estava bem e caminhou em direção ao acampamento 4, que, naquele momento, estava em plena vista, 150 metros adiante.

Eu podia ver a sombra de três ou quatro pessoas de pé, do lado de fora das barracas; suas lanternas frontais tremulavam em meio a cortinas de neve. Vi Harris andando em direção a elas pelo terreno plano, uma distância que ele percorreu em quinze minutos. Quando as nuvens se fecharam, momentos depois, cortando minha vista, ele estava a dezoito metros, talvez menos, das barracas. Não o vi mais depois disso, mas tinha certeza de que chegara à segurança do acampamento, onde Chuldum e Arita estariam, sem dúvida, esperando com chá quente. Sentado debaixo da tempestade, com a saliência de gelo entre mim e as barracas, senti uma pontada de inveja. E estava bravo porque meu guia não esperara por mim.

Minha mochila continha pouca coisa mais além dos três cilindros vazios de oxigênio e de meio litro de limonada congelada; devia estar pesando no máximo oito ou nove quilos. Como eu estava cansado e preocupado com a possibilidade de quebrar uma perna naquele declive, joguei a mochila lá para baixo e esperei que parasse em algum lugar onde pudesse reavê-la. Em seguida levantei-me e comecei a descer pelo gelo, que estava liso e duro como a superfície de uma bola de bilhar.

Quinze minutos de trabalho arriscado e fatigante com os grampões e eu estava lá embaixo, a salvo, onde logo localizei minha mochila. Mais dez minutos e eu estava no acampamento. Entrei correndo em minha barraca, ainda com os grampões, fechei o zíper até o fim e esparramei-me no chão coberto por uma camada de gelo fino, cansado demais até mesmo para me sentar. Pela primeira vez tive uma ideia do quão esgotado eu estava: eu nunca estivera tão exausto em toda minha vida. Porém estava a salvo. Andy estava a salvo. Os outros desceriam logo mais até o acampamento. Nós tínhamos conseguido. Nós escalamos o Everest. Tinha sido meio confuso lá em cima, por uns momentos, mas no fim tudo acabou dando certo.

Ainda seriam necessárias muitas horas até que eu ficasse sabendo que, na verdade, nada acabou dando certo — que dezenove homens e mulheres estavam presos na montanha, sob a tempestade, numa luta desesperada para salvar suas vidas.

15. CUME
13H25
10 DE MAIO DE 1996
8848 M

> *O perigo de aventuras e vendavais apresenta muitos matizes, mas só de vez em quando é que aparece, na face dos acontecimentos, uma violência sinistra de intenções — aquele algo indefinível que se impõe na mente e no coração do homem e lhe diz que esse emaranhado de acidentes ou essas fúrias elementares estão vindo contra ele com propósitos malignos, com uma força além de qualquer controle, com uma crueldade desabrida que significa arrancar-lhe a esperança e o medo, a dor de seu cansaço e seu desejo de descanso: que significa esmagar, destruir, aniquilar tudo aquilo que ele viu, soube, amou, gozou ou odiou; tudo que não tem preço e é necessário — a luz do sol, as memórias, o futuro; que significa varrer todo o precioso mundo totalmente para fora de sua visão pelo simples e tenebroso ato de tirar-lhe a vida.*
>
> Joseph Conrad, *Lord Jim*

NEAL BEIDLEMAN ALCANÇOU O CUME às 13h25, com o cliente Martin Adams. Quando eles chegaram lá, Andy Harris e Anatoli Boukreev já estavam no topo: eu partira oito minutos antes. Presumindo que o restante da equipe estaria aparecendo em pouco tempo, Beidleman tirou umas fotos, fez umas brincadeiras com Boukreev e sentou-se para esperar. Às 13h45, o cliente Klev Schoening galgou a subida final, sacou uma foto da mulher e dos filhos e começou uma comemoração chorosa de sua chegada ao topo do mundo.

Do cume, uma saliência na crista bloqueia a visão do restante da rota e por volta das 14h00 — a hora designada para a volta — ainda não havia nenhum sinal de Fischer nem dos outros clientes. Beidleman começou a ficar preocupado com o adiantado da hora.

Engenheiro aeroespacial por formação, 36 anos, Beidleman era um guia calado, cuidadoso e extremamente consciencioso, muito querido da maioria dos integrantes de sua equipe bem como da equipe de Hall. Beidleman era também um dos melhores alpinistas presentes no Everest em 1996. Dois anos antes ele e Boukreev — a quem considerava um bom amigo — escalaram os 8480 metros do Makalu juntos, em tempo quase recorde, sem oxigênio suplementar nem apoio dos sherpas. Conhecera Fischer e Hall nas encostas do K2, em 1992, ocasião em que sua competência e conduta serena causaram ótima impressão nos dois. Porém, como a experiência de Beidleman em grandes altitudes fosse de certa maneira limitada (o Makalu fora o único pico alcançado no Himalaia), seu posto na hierarquia de comando da Mountain Madness era abaixo de Fischer e Boukreev. E seu salário refletia essa posição júnior: ele concordara em servir de guia ao Everest por 10 mil dólares, ao passo que Fischer pagou a Boukreev 25 mil dólares.

Beidleman, sensível por natureza, estava plenamente consciente de seu lugar na pirâmide social da expedição. "Eu era considerado o terceiro guia", admitiu depois, "de modo que tentei não me meter muito. Portanto, nem sempre me pronunciava nos momentos em que, talvez, devesse ter dito alguma coisa e agora me censuro por isso."

Beidleman disse que, segundo o plano vagamente enunciado por Fischer para o dia do ataque ao cume, Lopsang Jangbu deveria encabeçar a fila, levando um rádio e dois rolos de corda para instalar à frente dos clientes; Boukreev e Beidleman — nenhum dos quais recebera um rádio — deveriam ficar "no meio ou perto da frente, dependendo do ritmo em que os clientes estivessem se mexendo; e Scott, levando um segundo rádio, faria a 'varrição'. Por sugestão de Rob, decidimos estabelecer a hora da volta para as duas da tarde: quem não estivesse bem próximo do topo às duas da tarde teria que dar meia-volta e descer".

"Scott deveria fazer essa parte, mandar os clientes descerem", Beidleman explicou. "Conversamos sobre isso. Eu lhe disse que, na qualidade de terceiro guia, não me sentia muito à vontade de dizer a clientes que haviam pago 65 mil dólares que teriam de voltar. Assim, Scott concordou que essa responsabilidade ficaria com ele. Mas por algum motivo isso não aconteceu." Na verdade, as únicas pessoas a atingir o pico antes das 14h00 foram Boukreev, Harris, Beidleman, Adams, Schoening e eu; se Fischer e Hall tivessem sido fiéis às regras preestabelecidas, todos os demais teriam voltado antes de chegar ao topo.

Apesar da preocupação crescente de Beidleman sobre o adiantado da hora, ele não tinha um rádio, de modo que não havia como discutir a situação com Fischer. Lopsang — que tinha um rádio — continuava em algum lugar, fora da vista, mais abaixo. No começo daquela manhã, quando Beidleman encontrou Lopsang na Balcony, vomitando entre os joelhos, pegara os dois rolos de corda do sherpa para fixar nos íngremes degraus de rocha mais adiante. Mais tarde lamentou-se: "Nem me passou pela cabeça pegar o rádio também".

A consequência, recorda Beidleman, "foi que eu acabei ficando sentado lá no cume por um tempão, olhando o relógio, esperando Scott aparecer e pensando em começar a descida — mas toda vez que eu me levantava para ir embora, mais um de nossos clientes despontava no topo da crista e eu sentava de volta, para esperá-lo".

Sandy Pittman apareceu no trecho final do cume por volta das 14h10, ligeiramente à frente de Charlotte Fox, Lopsang Jangbu, Tim Madsen e Lene Gammelgaard. Pittman estava indo muito devagar e pouco abaixo do cume ela de repente caiu de joelhos na neve. Quando Lopsang foi ajudá-la, descobriu que seu terceiro cilindro de oxigênio acabara. De madrugada, quando começou a puxar Sandy Pittman, Lopsang abrira o fluxo de oxigênio no máximo — quatro litros por minuto — e, em consequência disso, ela usara todas as suas reservas em um tempo relativamente curto. Por sorte, Lopsang — que não estava usando oxigênio — carregava uma garrafa na mochila. Ele ajustou a máscara e o regulador de Sandy ao novo cilindro, em seguida os dois subiram os últimos metros até o topo, tomando parte nas comemorações.

Rob Hall, Mike Groom e Yasuko Namba também alcançaram o cume por volta dessa hora e Hall transmitiu por rádio uma mensagem a Helen Wilton, no acampamento-base, dando-lhe a boa notícia. "Rob disse que estava frio e ventando por lá", Wilton contou depois, "mas me parecia bem. Ele disse, 'Doug está quase aparecendo no horizonte; depois disso vou começar a descida. [...] Se não tiver mais notícias de mim, significa que está tudo bem'." Helen Wilton comunicou o fato ao escritório da Adventure Consultants, na Nova Zelândia, e de lá saíram vários fax a amigos e familiares em todo o mundo, anunciando o apogeu triunfante da expedição.

Todavia, Doug Hansen não estava logo abaixo do cume nessa altura, como Hall pensava, nem Fischer. Fischer na verdade chegou ao cume às 15h40 e Hansen não chegaria lá antes das 16h00.

Na tarde anterior — quinta-feira, 9 de maio —, quando todos nós subimos do acampamento 3 para o acampamento 4, Fischer só alcançou as barracas no colo sul por volta das 17h00 e parecia estar bastante cansado quando chegou, embora tenha feito o possível para esconder sua fadiga dos clientes. "Aquela noite", lembra-se sua companheira de barraca, Charlotte Fox, "eu não saberia dizer se Scott estava doente. Agia como um treinador de futebol antes do grande jogo, levantando o moral de todo mundo."

A verdade é que Fischer estava exausto devido às tensões físicas e mentais das semanas anteriores. Embora possuísse uma extraordinária reserva de energia, esbanjara tais reservas e, quando chegou ao acampamento 4, elas estavam quase esgotadas. "Scott é um sujeito forte", Boukreev reconheceu, depois da expedição, "mas antes do ataque, ele estava cansado, cheio de problemas; gastou muita energia. Preocupação, preocupação, preocupação. Scott estava nervoso, mas guardava tudo consigo."

Fischer também escondeu de todo mundo o fato de que podia estar com problemas durante o ataque ao cume. Em 1984, durante uma expedição ao maciço Annapurna, no Nepal, contraíra uma misteriosa doença que degenerara num problema crônico de fígado. Nos anos seguintes, consultara inúmeros médicos e passara por uma bateria de exames, mas não houve um diagnóstico definitivo. Fischer se referia a seu mal simplesmente como um "cisto no fígado", contava a muito poucas pessoas a respeito e tentava fingir que não havia nada com que se preocupar.

"Fosse lá o que fosse", diz Jane Bromet, uma das poucas pessoas íntimas de Fischer que sabiam da doença, "ela provocava sintomas parecidos com os da malária, ainda que não fosse malária. Ele tinha crises de tremedeira e suava muito. As crises o deixavam bem mal, mas duravam apenas dez ou quinze minutos, depois passavam. Em Seattle ele tinha ataques talvez uma ou duas vezes por semana, mas quando estava estressado, ocorriam com mais frequência. No acampamento-base ele estava tendo mais vezes — dia sim, dia não, algumas vezes todos os dias."

Se Fischer teve esses ataques no acampamento 4 ou acima, nunca mencionou a ninguém. Charlotte Fox contou que, logo depois que entrou na barraca, na quinta-feira à noite, "Scott apagou e dormiu profundamente por umas duas horas". Quando acordou, às 22h00, demorou para se aprontar e saiu do acampamento bem depois que seus últimos clientes, guias e sherpas.

Não se sabe ao certo a que horas Fischer de fato saiu do acampamento 4; talvez até lá pela uma hora da madrugada de sexta-feira, 10 de maio. Ele se arrastou bem atrás de todo mundo durante boa parte do dia e só foi chegar ao cume sul por volta das 13h00. Eu o vi pela primeira vez por volta das 14h45, quando descia do cume, enquanto esperava no escalão Hillary com Andy Harris até que a multidão passasse. Fischer foi o último alpinista a subir pela corda e parecia bem desgastado.

Depois de trocarmos amabilidades, ele falou rapidamente com Martin Adams e Anatoli Boukreev, que estavam esperando logo acima de nós para descer o escalão. "E aí, Martin", Fischer caçoou, por trás da máscara de oxigênio, tentando fingir um tom brincalhão. "Você acha que consegue escalar o monte Everest?"

"Ei, Scott", Adams retrucou, parecendo meio irritado porque Fischer não lhe dera os parabéns, "acabei de escalá-lo."

Em seguida, Fischer trocou algumas palavras com Boukreev. Segundo a lembrança que Adams tem da conversa, Boukreev disse a Fischer: "Eu vou descer com Martin". Depois Fischer continuou penosamente rumo ao topo, enquanto Harris, Boukreev, Adams e eu nos preparávamos para fazer o *rappel* pelas cordas fixas do escalão Hillary. Ninguém comentou a aparência exausta de Fischer. Não ocorreu a nenhum de nós que ele pudesse estar com algum problema.

Às 15h10 da sexta-feira Fischer ainda não chegara ao topo, diz Beidleman, acrescentando: "Decidi que era hora de dar o fora dali, mesmo que Scott ainda não tivesse aparecido". Juntei Sandy Pittman, Gammelgaard, Fox e Madsen e comecei a guiá-los pela crista do cume. Vinte minutos depois, logo acima do escalão Hillary, eles cruzaram com Fischer. "Não cheguei a conversar com ele", Beidleman relembra. "Ele apenas ergueu um pouco a mão. Parecia estar tendo dificuldade, mas ele era o Scott, de modo que não fiquei especialmente preocupado. Imaginei que bateria no cume e que nos alcançaria bem depressa, para ajudar a descer os clientes."

A principal preocupação de Beidleman, naquele momento, era Sandy Pittman: "Todo mundo estava em péssimo estado, àquelas alturas, mas Sandy, em particular, parecia abalada. Achei que, se não ficasse realmente de olho nela, haveria uma boa chance de que despencasse da crista. De modo que fiz questão de verificar o tempo todo se ela estava atrelada às cordas fixas e, nos lugares onde não havia corda, eu pegava a cadeirinha dela por trás e segurava firme até que pudesse engatar na próxima seção de corda. Ela estava tão desligada de tudo que eu nem sei se percebia que eu estava ali".

Um pouco abaixo do cume sul, à medida que os alpinistas iam penetrando no meio de nuvens densas e neve, Sandy Pittman caiu de novo e pediu a Charlotte Fox para lhe dar uma injeção com um potente esteroide chamado dexametasona. O *dex*, como costuma ser chamado, pode temporariamente cancelar os efeitos deletérios da altitude; cada integrante da equipe de Fischer levava uma seringa já preparada com a droga, num estojo de plástico de escova de dente, dentro do traje de penugem de ganso, onde não congelaria, para emergências. "Puxei um pouco a calça de Sandy", lembra-se Charlotte Fox, "e enfiei a agulha em seu quadril, por cima da ceroula e tudo o mais."

Beidleman, que se demorara no cume sul para inventariar o oxigênio, chegou ao local bem na hora em que Charlotte Fox estava enfiando a seringa em Sandy Pittman, estirada de bruços na neve. "Quando me aproximei e vi Sandy deitada ali, com Charlotte de pé sobre ela, agitando uma agulha hipodérmica, pensei, 'Puta merda, isso está indo mal'. Aí perguntei a Sandy o que estava havendo e quando ela tentou responder, tudo que saiu de sua boca foi um emaranhado sem nexo." Extremamente preocupado, Beidleman ordenou que Gammelgaard trocasse seu cilindro de oxigênio quase cheio com a garrafa quase vazia de Pittman, certificou-se de que o regulador estava em fluxo máximo, depois agarrou-a pela cadeirinha, em estado semicomatoso, e começou a arrastá-la pela neve íngreme da crista sudeste. "Assim que ela começava a deslizar", explica, "eu soltava e deslizava na frente dela. A cada cinquenta metros eu parava, passava as mãos em volta da corda fixa e me preparava para pará-la com o corpo. A primeira vez que Sandy bateu em mim, as pontas dos grampões dela rasgaram minha calça. Foi pena voando para tudo quanto é lado." Para alívio de todos, cerca de vinte minutos depois, a injeção e o oxigênio extra reanimaram Pittman e ela foi capaz de retomar a descida por conta própria.

Por volta das 17h00, enquanto Beidleman acompanhava seus

clientes crista abaixo, Mike Groom e Yasuko Namba estavam chegando à Balcony, a uns 150 metros mais para baixo. Dessa plataforma, a 8412 metros, a rota dá uma guinada abrupta para o sul, rumo ao acampamento 4. Quando Groom olhou para o outro lado, porém — para o lado norte da crista — viu, através das rajadas de neve e da pouca luz, um alpinista sozinho, completamente fora da rota: era Martin Adams, que se desorientara na tempestade e estava começando a descer o flanco do Kangshung, rumo ao Tibete.

Assim que Adams viu Groom e Yasuko acima dele, percebeu o erro e diminuiu o ritmo. "Martin estava fora de sintonia quando chegou até nós", lembra-se Groom. "Sua máscara de oxigênio estava desligada e a cara coberta de neve. Ele me perguntou: 'Qual a direção das barracas?'." Mike Groom apontou e Adams logo se pôs a caminho, pelo lado correto da crista, seguindo a trilha que eu marcara uns dez minutos antes, talvez.

Enquanto Groom esperava até que Adams escalasse de volta a crista, mandou Yasuko Namba descer na frente e foi procurar o estojo da máquina fotográfica que deixara ali na subida. Enquanto olhava em volta, reparou, pela primeira vez, que havia mais uma pessoa com ele. "Como ele estava meio que camuflado pela neve, pensei que fosse do grupo de Fischer e ignorei-o. De repente, essa pessoa estava parada na minha frente dizendo: 'Oi, Mike', e então percebi que era Beck."

Groom, tão surpreso de ver Beck ali quanto eu ficara, pegou a corda e começou a puxar o texano em direção ao colo sul. "Beck estava tão cego", conta Groom, "que a cada dez metros ele dava um passo no ar e eu tinha que agarrá-lo com a corda. Fiquei com medo, muitas vezes, de que ele me levasse junto. Meus nervos estavam em frangalhos. Eu tinha que ter certeza de ter um bom local para dar segurança com o piolet, precisava ter todas as pontas dos grampões limpas e enterradas em algo sólido o tempo todo."

Um a um, seguindo as pegadas que eu deixara havia quinze ou vinte minutos, Beidleman e os clientes restantes de Fischer atravessaram o pior na nevasca. Adams estava atrás de mim, na frente dos outros; depois vinham Yasuko Namba, Mike Groom e Beck Weathers, Schoening e Gammelgaard, Beidleman e, por fim, Sandy Pittman, Charlotte Fox e Tim Madsen.

A 150 metros acima do colo sul, onde o xisto empinado cede lugar a uma encosta mais suave de neve, o oxigênio de Yasuko Namba acabou e a minúscula japonesa sentou-se, recusando-se a se mexer. "Quando tentei tirar a máscara de oxigênio para que ela pudesse respirar mais à vontade", diz Groom, "ela insistiu em colocá-la imediatamente de volta. Não houve o que a fizesse acreditar que seu oxigênio acabara, que a máscara na verdade estava ajudando a sufocá-la. A essa altura, Beck havia enfraquecido tanto que não conseguia mais andar sozinho e eu tinha que apoiá-lo no ombro. Por sorte, bem nessa hora Beidleman nos alcançou." Beidleman, vendo que Groom já estava sobrecarregado com Weathers, começou a arrastar Yasuko Namba até o acampamento 4, ainda que ela não estivesse na equipe de Fischer.

Eram agora umas 18h45 e já estava quase escuro. Beidleman, Groom, seus clientes e dois sherpas da equipe de Fischer que, tardiamente, haviam se materializado no nevoeiro — Tashi Tshering e Ngawang Dorje — formaram um único grupo. Embora estivessem se deslocando devagar, estavam a sessenta metros verticais do acampamento 4. Naquele momento eu estava acabando de chegar às barracas — talvez não mais que quinze minutos adiante dos primeiros integrantes do grupo de Beidleman. Mas naquele brevíssimo período de tempo a tempestade se convertera repentinamente em um furacão de extrema violência; a visibilidade não ia além dos seis metros.

Querendo evitar o perigoso declive de gelo, Beidleman levou o grupo por uma rota indireta, que fazia uma volta bem para leste, onde a encosta era menos íngreme e, às 19h30, alcançaram em segurança o terreno amplo e de suave inclinação do colo sul. Nessa altura, entretanto, apenas três ou quatro pessoas ainda tinham pilhas boas nas lanternas frontais, estando todos à beira de um colapso físico. Charlotte Fox dependia cada vez mais do auxílio de Madsen. Weathers e Namba não conseguiam mais andar sem o apoio de Groom e Beidleman, respectivamente.

Beidleman sabia que estava no lado oriental, tibetano, do colo sul e que as barracas ficavam em algum lugar a oeste. Porém, para se locomover naquela direção, era necessário caminhar contra o vento, no pior da tempestade. Grãos de neve e gelo, açulados pelo vento, batiam no rosto dos alpinistas com força violentíssima, machucando-lhes os olhos e tornando impossível enxergar por onde estavam indo. "Estava tão difícil e penoso", explica Schoening, "que houve uma tendência natural de fugir do vento, de continuar desviando dele para a esquerda, e foi aí que erramos."

"Às vezes não dava nem para ver os próprios pés, ventava tão forte", continua Schoening. "Eu estava preocupado que alguém resolvesse sentar e se separasse do grupo. Nunca mais veríamos essa pessoa. Mas, assim que chegamos à parte plana do colo, começamos a seguir os sherpas e imaginamos que eles soubessem onde estava o acampamento. Então, de repente eles pararam e deram meia-volta; logo percebemos que eles não tinham a menor ideia de onde estávamos. Naquele momento tive uma sensação de vazio na boca do estômago. Foi aí que percebi, pela primeira vez, que estávamos em apuros."

Durante as duas horas seguintes, Beidleman, Groom, os dois sherpas e os sete clientes giraram às cegas pela tempestade, cada vez mais exaustos, a hipotermia crescendo, na esperança de logo toparem com o acampamento. Uma vez passaram perto de algumas garrafas vazias de oxigênio, indicando que as barracas estavam próximas, mas não foram capazes de achá-las. "Foi um caos total", diz Beidleman. "As pessoas vagavam por tudo quanto é lugar; e eu gritando com todo mundo, tentando fazê-los seguir um único líder. Enfim, talvez lá pelas dez da noite, ultrapassei uma pequena elevação e senti como se estivesse de pé na beirada do mundo. Podia sentir um imenso vazio logo além."

O grupo caminhara de maneira inadvertida até a ponta oriental do colo sul, na borda de um precipício de 2133 metros, no flanco do Kangshung. Eles estavam na mesma altitude do acampamento 4, a apenas trezentos metros horizontais da segurança,* mas, diz Beidleman: "Eu sabia que se continuássemos vagando em meio à tempestade, logo mais acabaríamos perdendo alguém. Eu estava exausto de arrastar Yasuko. Charlotte e Sandy mal conseguiam parar em pé. De modo que gritei para que todos se amontoassem bem ali e esperassem a tempestade amainar".

Beidleman e Schoening procuraram um lugar protegido para escapar do vento, mas não havia onde se esconder. O oxigênio de todos acabara havia muito tempo, tornando o grupo mais vulnerável ainda ao fator vento, que excedia –73ºC. Ao abrigo de uma rocha não muito maior que uma máquina de lavar pratos, num trecho de gelo estriado de ventos, os alpinistas agacharam-se numa fileira patética. "A essa altura, o frio praticamente já acabara comigo", diz Charlotte Fox. "Meus olhos estavam congelados. Eu não via como iríamos sair dali vivos. O frio era tão doloroso, não achava que fosse aguentar nem mais um minuto. Eu me enrolei como uma bola e torci para que a morte chegasse depressa."

"Tentamos nos manter aquecidos esmurrando-nos", Weathers relembra. "Alguém gritou para nós que devíamos manter os braços e as pernas em movimento. Sandy estava histérica; não parava de berrar: 'Eu não quero morrer! eu não quero morrer!'. Mas fora ela, ninguém disse quase nada."

Trezentos metros a oeste dali, eu tremia sem parar dentro da barraca — ainda que estivesse dentro do saco de dormir, usando meu traje de penugem de ganso e todas as outras peças de roupa que levara. O vendaval ameaçava rasgar a barraca. Cada vez que a porta se abria, a neve entrava, carregada pelo vento, de modo que tudo ali dentro estava coberto com 2,5 centímetros de neve. Sem saber da tragédia que se desenrolava lá

* Embora um bom alpinista possa precisar de umas três horas para escalar trezentos metros *verticais*, nesse caso a distância era mais ou menos por terreno plano, que o grupo teria sido capaz de vencer talvez em quinze minutos, se soubesse onde estavam as barracas.

fora, em meio à tempestade, eu perdia e recobrava a consciência, delirante de exaustão, desidratação e com os efeitos acumulados da falta de oxigênio.

Em algum momento, no começo da noite, Stuart Hutchison, meu companheiro de barraca, entrou, me sacudiu forte e perguntou se eu não queria ir lá fora com ele para bater umas panelas e piscar lanternas na esperança de guiar os alpinistas perdidos, mas eu estava muito fraco e incoerente para reagir. Hutchison — que voltara ao acampamento às 14h00 e que, portanto, estava muito menos debilitado que eu — tentou então acordar clientes e sherpas nas outras barracas. Todos estavam sentindo muito frio ou exaustos demais. De modo que Hutchison saiu sozinho na tempestade.

Ele saiu de nossa barraca seis vezes aquela noite para procurar os alpinistas que não haviam voltado, no entanto a nevasca era tão forte que em nenhum momento se aventurou mais que alguns metros além da margem do acampamento. "O vento estava tremendo, com força balística", ele conta. "A neve levantada pelo vento parecia um jato de areia ou algo assim. Eu só conseguia ficar do lado de fora uns quinze minutos por vez, depois ficava frio demais e tinha que voltar para a barraca."

Lá, entre os alpinistas agachados na extremidade oriental do colo sul, Beidleman prometeu a si mesmo permanecer alerta, em busca do menor sinal de que a tempestade estaria amainando. Pouco antes da meia-noite sua vigilância foi recompensada quando, de repente, notou umas poucas estrelas acima e gritou para que os outros olhassem. O vento continuava soprando uma furiosa nevasca na superfície, mas lá em cima o céu começava a clarear, revelando as silhuetas maciças do Everest e do Lhotse. Com esses pontos de referência em mente, Klev Schoening acreditava saber onde o grupo estava em relação ao acampamento 4. Depois de uma conversa aos berros com Beidleman, ele convenceu o guia de que sabia onde estavam as barracas.

Beidleman tentou convencer todo mundo a se levantar e começar a andar na direção indicada por Schoening, mas Sandy Pittman, Charlotte Fox, Beck Weathers e Yasuko Namba estavam fracos demais. Àquela altura, já estava óbvio para o guia que, se alguém do grupo não conseguisse chegar às barracas para reunir uma equipe de resgate, todos ali morreriam. De modo que Beidleman reuniu todos os que tinham condições de andar e ele, Schoening, Gammelgaard, Groom e os dois sherpas saíram tempestade afora para pedir ajuda, deixando para trás quatro clientes incapacitados, com Tim Madsen. Relutante em abandonar sua namorada, Charlotte Fox, Madsen se oferecera, altruisticamente, para ficar e cuidar de todos até que chegasse ajuda.

Vinte minutos mais tarde, o contingente de Beidleman entrou trôpego no acampamento, onde tiveram uma reunião emocionada com Anatoli Boukreev, preocupadíssimo. Schoening e Beidleman, mal capazes de falar, disseram ao russo onde encontrar os cinco clientes que haviam ficado para trás, à mercê dos elementos, em seguida desmaiaram nas respectivas barracas, totalmente esgotados.

Boukreev descera para o colo sul horas antes de qualquer outra pessoa da equipe de Fischer. Na verdade, às 17h00, quando seus companheiros de equipe ainda estavam se debatendo entre as nuvens, a 8530 metros de altitude, Boukreev já se encontrava na barraca, descansando e tomando chá. Guias experientes mais tarde questionaram sua decisão de descer tão na frente de seus clientes — um comportamento muito pouco ortodoxo da parte de um guia. Um dos clientes daquele grupo diz não sentir nada além de desprezo por Boukreev, insistindo que, quando era mais necessário, o guia "deu no pé".

Anatoli deixara o cume por volta das 14h00 e logo depois se viu preso no congestionamento formado no escalão Hillary. Assim que a multidão se dispersou, ele desceu depressa pela crista sudeste, sem esperar por nenhum dos clientes — apesar de ter dito a Fischer, no topo do escalão, que estaria descendo com Martin Adams. Boukreev, portanto, chegou ao acampamento 4 bem antes do pior da tempestade.

Depois da expedição, quando perguntei a Anatoli por que se apressara em descer adiante de seu grupo, ele me entregou a transcrição de uma entrevista que havia dado dias antes ao *Men's Journal*, através de um intérprete russo. Boukreev me disse que havia lido a transcrição e confirmava sua veracidade. Lendo ali mesmo, rapidamente cheguei a uma série de perguntas sobre a descida, às quais ele respondera o seguinte:

> Eu fiquei [no cume] cerca de uma hora. [...] Fazia muito frio, claro; tirava as forças. [...] Minha posição era a de que eu não serviria para nada se ficasse por ali congelando, esperando. Eu seria mais útil se voltasse ao acampamento 4 para poder levar oxigênio até os alpinistas que regressavam ou subir para ajudar alguém que ficasse fraco durante a descida. [...] Se você fica imóvel naquela altitude, perde a força no frio e então não é mais capaz de fazer nada.

A suscetibilidade de Boukreev ao frio fora, sem dúvida, muito exacerbada pelo fato de não estar usando oxigênio suplementar; na ausência dele, simplesmente não podia parar e esperar pelos clientes mais lentos na crista do cume sem se expor a queimaduras, necroses e hipotermia. Sejam quais forem os motivos, ele saiu bem à frente do grupo — o que, aliás, fora seu comportamento durante a expedição toda, como deixaram bem claro os últimos telefonemas de Fischer do acampamento-base para Seattle.

Quando insisti com ele sobre o perigo de deixar os clientes na crista do cume, Anatoli manteve sua posição de que era para o bem da equipe toda: "É muito melhor eu me aquecer no colo sul e estar pronto para levar oxigênio, se o do cliente acabar". De fato, pouco depois do anoitecer, depois que o grupo de Beidleman não voltou e a tempestade adquiriu força de furacão, Boukreev percebeu que deviam estar com problemas e fez uma corajosa tentativa de levar oxigênio até eles. Mas esse estratagema tinha uma falha séria: como nem ele nem Beidleman tivessem um rádio, Anatoli não tinha como saber a verdadeira situação dos alpinistas perdidos, ou em que trecho da imensa porção superior da montanha poderiam estar.

Por volta das 19h30, Boukreev saiu do acampamento 4 para procurar o grupo, assim mesmo. À essa altura, disse ele:

> A visibilidade era de talvez um metro, até que sumiu por completo. Eu tinha uma lanterna e comecei a usar oxigênio para acelerar minha subida. Estava carregando três garrafas. Tentei ir mais rápido, mas a visibilidade era nula. [...] É como estar sem olhos, sem poder ver, era impossível enxergar. Isso é muito perigoso, porque se pode cair numa greta, pode-se cair pelo lado sul do Lhotse, 3 mil metros abaixo. Tentei subir, estava escuro, mas não consegui encontrar a corda fixa.

Uns 180 metros acima do colo sul, Boukreev reconheceu a futilidade de seu esforço e regressou ao acampamento, mas, ele admite, quase se perdeu também. De todo modo, foi até melhor abandonar sua tentativa de resgate porque, nessa altura, seus companheiros não estavam mais no pico acima, para onde Boukreev se dirigia — na altura em que ele desistiu da busca, o grupo de Beidleman estava, na verdade, vagando em torno do colo sul, 180 metros *abaixo* do russo.

Quando chegou de volta ao acampamento 4, por volta das 21h00, Boukreev estava preocupado com os dezenove alpinistas que faltavam, mas como não tivesse ideia de onde se achavam, não havia nada a fazer exceto esperar. Aí, às 00h45, Beidleman, Groom, Schoening e Gammelgaard entraram se arrastando no acampamento. "Klev e Neal tinham perdido completamente a força e mal podiam falar", lembra-se Boukreev. "Eles me disseram que Charlotte, Sandy e Tim precisavam de ajuda, que Sandy estava perto de morrer. Aí me deram uma indicação geral de onde encontrá-los."

Ao saber da chegada dos alpinistas, Stuart Hutchison saiu para ajudar Groom. "Levei Mike até a barraca dele", Hutchison lembra, "e vi que ele estava muito, muito exausto. Era capaz de se comunicar com clareza, mas exigia um tremendo esforço, como se fossem as últimas palavras de um moribundo. 'Você tem que arrumar alguns sherpas', ele me disse. 'Mande buscarem Beck e Yasuko.' Depois apontou para o lado do Kangshung."

Os esforços de Hutchison para organizar uma equipe de resgate foram infrutíferos, no entanto. Chuldum e Arita — sherpas da equipe de Hall que não tinham acompanhado o grupo até o cume e que ficaram de reserva no acampamento 4, justamente para uma emergência como essa — estavam incapacitados, com envenenamento por monóxido de carbono, por terem cozinhado numa barraca pouco ventilada; Chuldum, na verdade, estava vomitando sangue. E os outros quatro sherpas de nossa equipe estavam gelados e debilitados demais por terem ido até o topo.

Depois da expedição, perguntei a Hutchison por que, assim que soube do paradeiro dos alpinistas perdidos, não tentou acordar Frank Fischbeck, Lou Kasischke ou John Taske — ou não fez uma segunda tentativa de me acordar — para pedir nossa ajuda na operação de resgate. "Era tão óbvio que todos vocês estavam tão exauridos que nem pensei em perguntar. Você estava tão além do ponto normal de fadiga que imaginei que, se tentasse ajudar no resgate, só pioraria a situação — você acabaria precisando ser resgatado também." O resultado foi que Stuart saiu sozinho, na tempestade, mas uma vez mais retornou da beirada do acampamento, quando começou a pensar que não saberia voltar se fosse mais adiante.

Ao mesmo tempo, Boukreev também estava tentando organizar uma equipe de resgate, mas não entrou em contato com Hutchison nem foi até nossa barraca, de modo que os esforços de Hutchison e Boukreev continuaram descoordenados e eu nunca soube nem de um nem de outro plano. No fim Boukreev descobriu, como acontecera com Hutchison, que todo mundo que ele conseguia acordar estava ou doente, ou exausto ou com medo de ajudar. Assim, o russo resolveu trazer de volta sozinho o grupo todo. Mergulhando bravamente nas garras da tempestade, deu busca pelo colo sul durante quase uma hora, mas não conseguiu encontrar ninguém.

Boukreev não desistiu. Voltou ao acampamento, obteve uma indicação mais detalhada de Beidleman e Schoening, depois saiu de novo debaixo da tormenta. Dessa vez viu a luzinha fraca da lanterna frontal de Madsen, já com a pilha no fim, e pôde localizar os alpinistas perdidos. "Estavam deitados no gelo, sem movimento", diz Boukreev. "Não conseguiam falar." Madsen continuava consciente e ainda capaz de cuidar de si próprio, porém Pittman, Fox e Weathers estavam totalmente incapazes, e Namba parecia estar morta.

Depois que Beidleman e os outros deixaram o amontoado para buscar ajuda, Madsen reuniu os que sobraram e insistiu para que continuassem se mexendo para não congelarem. "Pus Yasuko no colo de Beck", Madsen contou depois, "mas ele já mal reagia, àquela altura, e Yasuko não se movia. Um pouco depois, vi que ela estava deitada de costas, a neve soprando em seu capuz. Não sei como, mas ela perdera uma luva — a mão direita estava nua e os dedos enrolados tão apertados que era impossível endireitá-los. Parecia que estavam congelados até os ossos."

"Presumi que estivesse morta", continua Madsen. "Mas aí, um pouco depois, ela se mexeu, de repente, e eu levei um susto danado: ela arqueou o pescoço ligeiramente, como se estivesse tentando se sentar, o braço direito subiu e foi tudo. Yasuko deitou de novo e não se mexeu mais."

Assim que Boukreev encontrou o grupo, percebeu que só poderia levar um alpinista de volta por vez. Estava carregando uma garrafa de oxigênio, que ele e Madsen atarraxaram na máscara de Pittman. Depois Boukreev acenou para Madsen que voltaria assim que possível e começou a levar Charlotte Fox de volta ao acampamento. "Depois que partiram", diz Madsen, "Beck estava todo enrolado em posição fetal, imóvel, e Sandy enroscada em meu colo, também sem se mover muito. Eu gritei com ela: 'Ei, continue mexendo as mãos! Deixa eu ver suas mãos!'. E quando ela sentou e tirou as mãos para fora, vi que estava sem nada — que [as luvas] estavam penduradas no pulso."

"E aí lá estou eu tentando enfiar as mãos dela dentro das luvas de novo quando, de repente, Beck resmunga: 'Já sei, já planejei tudo'. Depois ele meio que rolou um pouco mais adiante, subiu numa pedra e ficou em pé, de frente para o vento, com os braços abertos. Um segundo depois, veio uma rajada de vento que o derrubou em algum lugar, fora do alcance de minha lanterna. E foi a última vez em que o vi."

"Toli voltou pouco depois disso e pegou Sandy. De modo que eu arrumei minhas coisas e fui atrás dos dois, tentando seguir as lanternas de Toli e Sandy. Àquela altura imaginei que Yasuko estava morta e que Beck era caso perdido." Quando finalmente chegaram ao acampamento eram 4h30 da manhã e o céu estava começando a clarear acima do horizonte oriental. Ao ficar sabendo, por intermédio de Madsen, que Yasuko não aguentara, Beidleman chorou durante 45 minutos dentro da barraca.

16. COLO SUL
6H00
11 DE MAIO DE 1996
7900 M

> *Desconfio dos resumos, de todo e qualquer voo superficial pelo tempo, de qualquer reivindicação grandiosa de que estamos no controle daquilo que narramos; para mim, quem declara entender permanece, entretanto, obviamente calmo, quem afirma escrever com a emoção reconstruída na tranquilidade é um tolo e um mentiroso. Compreender é tremer. Relembrar é reentrar e rachar-se. [...] Admiro o direito de se pôr de joelhos diante do evento.*
>
> Harold Brodkey, "Manipulations"

STUART HUTCHISON FINALMENTE CONSEGUIU me acordar às 6h00 do dia 11 de maio. "Andy não está na barraca", disse-me, com ar soturno, "e também não parece estar em nenhuma outra barraca. Acho que não voltou."

"Harold não voltou?", perguntei. "Não tem como. Eu o vi andando rumo ao acampamento." Chocado e confuso, pus as botas e saí às pressas para procurar Harris. O vento continuava feroz — forte o bastante para me derrubar várias vezes — mas a manhã estava clara, brilhante, e a visibilidade perfeita. Procurei por toda a metade ocidental do colo sul durante mais de uma hora, espiando por trás das rochas e metendo o nariz debaixo de barracas esfarrapadas e abandonadas havia muito, todavia não achei nenhum vestígio de Harris. A adrenalina corria a toda pelas minhas veias. As lágrimas me inundavam os olhos, congelando e fechando instantaneamente as pálpebras. Como é que Andy podia ter desaparecido? Era impossível.

Fui até o local onde Harris escorregara gelo abaixo, pouco acima do colo, e refiz, de maneira metódica, a rota que ele seguira em direção ao acampamento, a qual acompanhava um sulco quase plano de gelo. Na altura em que o vi pela última vez, quando as nuvens baixaram, uma curva fechada para a esquerda teria levado Harris até as barracas depois de uns doze ou quinze metros através de uma elevação de rocha.

Percebi, no entanto, que se ele não tivesse virado à esquerda e tivesse ido em frente pelo sulco — o que seria muito fácil de fazer naquela brancura total, mesmo sem estar exausto e estupidificado com o mal da montanha —, teria rapidamente desembocado na extremidade ocidental do colo sul. Abaixo, o íngreme gelo cinzento do flanco do Lhotse despencava uns 1200 metros verticais, até o chão do Circo Oeste. Parado ali, com medo de chegar mais perto da beirada, reparei numa única trilha meio apagada, deixada por grampões, que levavam rumo ao abismo. Aquelas pegadas, eu temia, eram de Andy Harris.

Após chegar ao acampamento, na noite anterior, eu dissera a Hutchison que tinha visto Harris chegar são e salvo até as barracas. Hutchison mandara a notícia por rádio para o acampamento-base e de lá a mensagem fora passada, pelo telefone via satélite, para a mulher com quem Harris vivia na Nova Zelândia, Fiona McPherson. Ela ficara emocionada e muito aliviada de saber que Harris estava seguro no acampamento 4. Agora, contudo, lá em Christchurch, Jan Arnold, a mulher de Hall, teria que fazer o impensável: ligar para Fiona McPherson e informá-la de que tinha havido um horrível engano — que Andy na verdade estava desaparecido, provavelmente morto. Imaginando essa conversa telefônica e meu papel nos acontecimentos que levaram até ela, caí de joelhos, com ataques de ânsia seca, ameaçando vomitar várias e várias vezes, enquanto o vento gelado me castigava as costas.

Após passar sessenta minutos procurando em vão por Andy, regressei à minha barraca bem a tempo de escutar uma conversa por rádio entre o acampamento-base e Rob Hall; ele estava lá em cima, na crista do cume, pedindo ajuda. Hutchison contou-me então que Beck e Yasuko estavam mortos e que Scott

Fischer estava desaparecido em algum lugar no pico. Logo em seguida, as baterias do nosso rádio acabaram, isolando-nos do resto da montanha. Alarmados por terem perdido contato conosco, integrantes da equipe IMAX, no acampamento 2, chamaram a equipe sul-africana, cujas barracas no colo sul estavam a poucos metros das nossas. David Breashears — líder da IMAX e alpinista que eu conhecia fazia vinte anos — relata: "Nós sabíamos que os sul-africanos tinham um rádio potente e que estava funcionando, de modo que pedimos a um dos integrantes da equipe deles, no acampamento 2, para chamar Woodall no colo sul e dizer: 'Escute, isto é uma emergência. Tem gente morrendo lá em cima. Precisamos nos comunicar com os sobreviventes da equipe de Hall para coordenar um resgate. Por favor empreste o rádio a Jon Krakauer'. E Woodall disse não. Era muito claro o que estava em jogo naquele momento, mas eles não cederam o rádio deles".

Logo depois da expedição, quando eu estava pesquisando para escrever meu artigo para a revista *Outside*, entrevistei tantas pessoas das equipes de Hall e Fischer que foram até o cume quantas me foi possível — falei com a maioria delas várias vezes. Martin Adams, desconfiado de repórteres, foi contudo esquivo na esteira da tragédia; escapou a várias tentativas minhas de entrevistá-lo até a publicação do artigo na revista.

Quando consegui por fim entrar em contato com Adams por telefone, em meados de julho, e ele consentiu em falar, comecei pedindo-lhe que me contasse tudo o que lembrava sobre o ataque ao cume. Um dos melhores clientes aquele dia, ele permaneceu próximo à dianteira do grupo e, durante boa parte da escalada, manteve-se ou à minha frente ou pouco atrás. Como possuísse o que me parecia uma memória fora do comum, estava especialmente interessado em ouvir sua própria versão dos eventos e compará-la com a minha.

Já era tarde avançada, quando Adams começou a descida da Balcony, a 8412 metros. Disse-me que eu ainda estava visível, talvez uns quinze minutos à sua frente, mas que descia mais rápido que ele e logo desapareci de vista. "E quando eu o vi de novo", disse, "já estava quase escuro e você estava atravessando a região plana do colo sul, a cerca de trinta metros das barracas. Reconheci que era você por causa do seu traje vermelho."

Pouco depois, Adams desceu até uma plataforma plana, bem acima da íngreme rampa de gelo que me dera tanto trabalho e caiu numa pequena greta. Conseguiu sair e, em seguida, caiu numa outra greta, mais funda. "Deitado ali naquela greta, eu pensava: 'Acho que agora é o fim'. Levou um certo tempo, mas no fim consegui escalar aquela também. Quando saí, meu rosto estava coberto de neve, que logo se transformou em gelo. Então vi alguém sentado no gelo, um pouco mais à esquerda, usando uma lanterna frontal, de modo que andei naquela direção. Ainda não estava totalmente escuro, mas já não dava mais para eu ver as barracas."

"Aí cheguei no tal sujeito e perguntei: 'Ei, onde estão as barracas?', e o cara, sei lá quem era, apontou a direção delas. Daí eu disse: 'É, é o que eu imaginava'. Em seguida o cara me disse alguma coisa do tipo: 'Tome cuidado. O gelo aqui é mais íngreme do que parece. Talvez a gente devesse descer e pegar uma corda e alguns parafusos de gelo'. Eu pensei: 'Foda-se a corda. Eu vou dar o fora daqui'. Dei dois ou três passos, tropecei, escorreguei no gelo, de cabeça e de peito. Enquanto estava escorregando, sei lá como a ponta do piolet agarrou-se em alguma coisa, eu virei de cabeça para cima e parei no fim da rampa. Foi mais ou menos isso."

Enquanto Adams descrevia seu encontro com o alpinista anônimo e o escorregão pelo gelo, minha boca foi ficando seca e os pelos no dorso da nuca de repente se eriçaram. "Martin", perguntei, quando ele terminou de falar, "você acha que pode ter sido eu que você encontrou naquele lugar?"

"Não, claro que não!", ele riu. "Não sei quem era, mas definitivamente não era você." Então lhe contei sobre meu encontro com Andy Harris e sobre a arrepiante série de coincidências: eu tinha visto Harris mais ou menos na mesma hora em que

Adams encontrara o tal sujeito, e mais ou menos no mesmo lugar. Boa parte do diálogo trocado entre Harris e eu foi misteriosamente semelhante ao diálogo entre Adams e o tal homem. E, pelo que me lembrava, Adams escorregara de cabeça no gelo quase da mesma maneira que Harris.

Depois de conversarmos alguns minutos mais, Adams se convenceu: "Quer dizer que foi com você que eu falei àquela hora", ele afirmou, espantado, admitindo que talvez tivesse se enganado quando pensou ter me visto cruzando o colo sul, pouco antes de escurecer. "E foi comigo que você falou. E não com Andy Harris. Uau! Cara, você vai ter um bocado que explicar."

Eu estava atônito. Há dois meses eu vinha dizendo que Harris caíra do colo sul num precipício e não era nada disso. Meu erro aumentara ainda mais, e sem necessidade, a dor de Fiona McPherson, dos pais de Andy, Ron e Mary Harris, de seu irmão, David Harris, e de seus muitos amigos.

Andy era um homem grande, de mais de 1,80 metro de altura e quase cem quilos, que falava com um forte sotaque neozelandês; Martin era pelo menos quinze centímetros mais baixo, pesava talvez uns 65 quilos e falava com um pronunciado sotaque texano. Como pude cometer um erro assim tão grosseiro? Será que estava de fato tão debilitado que olhei na cara de um quase estranho e o confundi com um amigo com quem eu passara as seis semanas anteriores? E se Andy nunca chegou ao acampamento 4, depois de atingir o cume, o que teria acontecido com ele?

17. CUME
15H40
10 DE MAIO DE 1996
8848 M

> *Nossa ruína deve-se, sem dúvida, ao tempo inclemente para o qual não parece haver nenhuma explicação satisfatória. Não creio que os seres humanos tenham atravessado, jamais, um mês como este que atravessamos, que deveríamos ter atravessado, não fosse o adoecimento de um segundo companheiro, o capitão Oates, e a falta de combustíveis em nosso depósito, pela qual não saberia responder e, por fim, não fosse a tempestade que caiu sobre nós a dezessete quilômetros do depósito de onde esperávamos resgatar nossos suprimentos finais. Com certeza a desdita não poderia ter sido maior depois deste último golpe. [...] Expusemo-nos a riscos, sabíamos que estávamos nos expondo; os eventos foram contra nós e, portanto, não temos motivos de queixa e nos curvamos à Providência, decididos a fazer o melhor que pudermos, até o fim. [...]*
> *Se porventura tivéssemos vivido, eu seria obrigado a relatar a intrepidez, a resistência e a coragem de meus companheiros, coisas que teriam comovido o coração de todos os ingleses. Essas notas toscas e nossos corpos mortos terão que contar a história.*
> Robert Falcon Scott, em "Mensagem ao Público", escrita logo antes de sua morte na Antártida, a 29 de março de 1912, de *Scott's last expedition*

SCOTT FISCHER CHEGOU AO CUME por volta das 15h40, no dia 10 de maio, e lá estava seu fiel amigo e *sirdar*, Lopsang Jangbu, esperando por ele. O sherpa tirou o rádio de dentro da jaqueta e fez contato com Ingrid Hunt, no acampamento-base, depois entregou o walkie-talkie a Fischer. "Todos nós conseguimos", Fischer disse a Ingrid Hunt, 3475 metros abaixo. "Nossa, estou cansado." Alguns minutos depois, Makalu Gau chegou com dois sherpas. Rob Hall também estava lá, esperando impacientemente que Doug Hansen aparecesse, quando uma maré crescente de nuvens lambeu sinistramente a crista do cume.

Segundo Lopsang, durante os quinze ou vinte minutos que Fischer passou no cume, queixou-se várias vezes de que não estava se sentindo bem — coisa que o estoicismo congênito do guia raramente lhe permitia fazer. "Scott me diz: 'Estou cansado demais. Também estou doente, preciso remédio para estômago'", relembra o sherpa. "Eu dei chá, mas ele bebeu só um pouquinho, só meia caneca. Aí eu digo a ele: 'Scott, por favor, desce depressa'. Aí nós descemos."

Fischer foi na frente, por volta das 15h55. Lopsang relata que embora Scott tivesse usado oxigênio suplementar durante toda a subida e que seu terceiro cilindro ainda estivesse mais de três quartos cheio, ao deixar o cume por algum motivo ele tirou a máscara e parou de usá-la.

Pouco depois que Fischer deixou o topo, Gau e seus sherpas também saíram de lá e, enfim, Lopsang começou a descer — deixando Hall sozinho no cume, à espera de Hansen. Momentos depois que Lopsang começou a descida, lá pelas 16h00, Hansen apareceu, movendo-se penosa e lentamente por sobre a última saliência da crista. Assim que viu Hansen, Hall apressou-se para ir encontrá-lo.

O prazo obrigatório determinado por Hall para que todos voltassem de onde estivessem já se esgotara havia duas horas. Tendo em vista a natureza conservadora e por demais metódica do guia, muitos colegas manifestaram espanto total diante dessa falha de julgamento. Por que Hall não obrigou Hansen a voltar bem antes, assim que ficou óbvio que o alpinista americano estava atrasado?

Exatamente um ano antes, Hall obrigara Hansen a voltar do cume sul às 14h30. Ver o cume tão perto e não poder chegar lá foi uma decepção tremenda para Hansen. Ele me dissera várias vezes que tinha voltado ao Everest em 1996 devido à insistência de Hall — disse que Rob ligara para ele, da Nova Zelândia, "uma dúzia de vezes" insistindo para que tentasse de novo — e dessa vez Doug estava absolutamente decidido a chegar ao topo. "Quero acabar com isso e tirar o Everest de minha vida", ele me dissera três dias antes, no acampamento 2. "Eu não quero ter que voltar aqui. Estou ficando velho demais para isso."

Não parece exagero especular que, por ter obrigado Hansen a voltar antes de chegar ao pico do Everest, Rob Hall estivesse achando especialmente difícil negar-lhe o cume uma segunda vez. "É muito duro mandar alguém voltar lá de cima", diz Guy Cotter, um guia neozelandês que chegou ao cume do Everest junto com Hall, em 1992, e era um dos guias da expedição de 1995, em que Hansen fez sua primeira tentativa. "Se um cliente vê que o pico está próximo e está decidido a chegar lá, ele vai rir na sua cara e continuar subindo." Como disse o veterano guia norte-americano Peter Lev à revista *Climbing*, depois desse desastre no Everest: "A gente acha que as pessoas nos pagam para tomar as decisões corretas, mas na verdade elas nos pagam para chegar ao topo".

Seja como for, Hall não obrigou Hansen a voltar por volta das 14h00 — nem tampouco às 16h00, quando foi ao encontro de seu cliente logo abaixo do pico principal. Em vez disso, segundo Lopsang, Hall colocou o braço de Hansen em volta de seu pescoço e auxiliou o exausto cliente durante os doze metros finais até o cume. Os dois ficaram apenas um ou dois minutos, depois começaram a longa descida.

Quando Lopsang viu que Hansen estava mal, diminuiu o ritmo de sua própria descida o suficiente para ter certeza de que Doug e Rob tinham atravessado um trecho de blocos de gelo suspenso, particularmente perigoso, logo abaixo do cume. Em seguida, ansioso por alcançar Fischer, que estava agora a mais de trinta minutos na frente dele, o sherpa continuou a descer a crista, deixando Hansen e Hall no topo do escalão Hillary.

Logo depois que Lopsang desapareceu pelo escalão, o oxigênio de Hansen acabou e ele desmoronou. Gastara até a última gota de energia para alcançar o cume — e agora não havia reserva nenhuma para a descida. "Aconteceu quase a mesma coisa com Doug em 1995", diz Ed Viesturs que, assim como Cotter, estava guiando a escalada ao pico aquele ano. "Ele foi bem durante a subida, mas assim que começamos a descer fraquejou, mental e fisicamente; virou um zumbi, como se tivesse esgotado tudo."

Às 16h30 e, de novo, às 16h41, Hall transmitiu por rádio que ele e Hansen estavam tendo problemas no topo da crista do cume e precisavam de oxigênio com urgência. Havia duas garrafas cheias à espera deles no cume sul; se Hall tivesse sabido disso, poderia ter ido pegá-las e subido de novo para dar uma nova garrafa a Hansen. Porém Andy Harris, ainda no depósito de cilindros de oxigênio, em meio a sua crise de demência anóxica, ouviu esses chamados de rádio e interrompeu para dizer a Hall — incorretamente, da mesma forma que fizera comigo e com Mike Groom — que todas as garrafas do cume sul estavam vazias.

Groom ouviu a conversa entre Harris e Hall em seu rádio, enquanto descia a crista sudeste com Yasuko Namba, logo acima da Balcony. Tentou chamar Hall para corrigir a informação errada e avisá-lo de que na verdade havia cilindros cheios de oxigênio esperando por ele no cume sul, entretanto "meu rádio estava funcionando mal. Eu conseguia receber quase todos os chamados, mas quando eu chamava quase ninguém me ouvia. Nas duas ou três ocasiões em que meus chamados estavam sendo ouvidos por Rob, tentei lhe dizer onde estavam os cilindros cheios, mas logo era interrompido por Andy, dizendo que não havia oxigênio nenhum no cume sul".

Incerto sobre se havia ou não oxigênio para ele, Hall decidiu que a melhor coisa a fazer era permanecer ao lado de Hansen e tentar levá-lo para baixo, mesmo naquele estado deplorável. Porém, quando chegaram ao topo do escalão Hillary, Hall não conseguiu descer Hansen pelos doze metros de inclinação quase vertical e os dois pararam ali.

Pouco antes das 17h00, Groom enfim conseguiu entrar em contato com Hall e comunicou-lhe que na verdade havia oxigênio no cume sul. Quinze minutos depois, Lopsang chegou ao cume sul e encontrou Harris.* Nessa altura, segundo Lopsang, Harris devia ter entendido que havia pelo menos dois cilindros de oxigênio cheios, porque pediu ao sherpa para ajudá-lo a carregar as garrafas até Hall e Hansen, no escalão Hillary. "Andy me diz que vai pagar quinhentos dólares para mim para levar oxigênio para Rob e Doug", Lopsang contou. "Mas eu tenho que tomar conta só do meu grupo. Tenho que tomar conta de Scott. Então digo a Andy, não, vou descer rápido."

Às 17h30, quando Lopsang deixou o cume sul para continuar a descida, virou-se e viu Harris — que devia estar seriamente debilitado, caso as condições em que eu o vira, duas horas antes, fossem indicação de seu estado — caminhando devagar na direção da crista do cume para ajudar Hall e Hansen. Foi um ato de heroísmo que lhe custou a vida.

Uns cem metros abaixo, Scott Fischer batalhava para descer a crista sudeste, cada vez mais fraco. Ao chegar na altura dos degraus de rocha, a 8656 metros, viu-se diante de uma série de *rappels* curtos porém complicados, que desciam obliquamente pela crista. Exausto demais para lidar com as complexidades do trabalho de corda, Fischer preferiu escorregar sentado por uma encosta de neve vizinha. Isso era bem mais fácil que seguir as cordas fixas, mas uma vez abaixo do nível dos degraus de rocha,

---

* Somente quando entrevistei Lopsang em Seattle, em 25 de julho de 1996, é que fiquei sabendo que ele tinha visto Harris no final da tarde do dia 10 de maio. Embora eu tivesse falado com Lopsang diversas vezes antes disso, nunca me passou pela cabeça perguntar se ele tinha encontrado com Harris no cume sul, simplesmente porque àquela altura eu ainda estava certo de que vira Harris no colo sul, 914 metros abaixo do cume sul, às 18h30. Além do mais, Guy Cotter *perguntou* a Lopsang se tinha visto Harris, e por algum motivo — talvez não tenha entendido a pergunta — naquela ocasião ele disse que não.

teria que fazer uma penosa travessia subindo cem metros com neve até os joelhos, para retomar a rota.

Da Balcony, Tim Madsen, que descia com o grupo de Beidleman, deu uma olhada para cima por volta das 17h20 e viu Fischer começando a travessia. "Ele parecia realmente cansado", lembra-se Madsen. "Dava dez passos, sentava para descansar, dava mais alguns passos e parava de novo. Estava indo muito devagar. Mas eu estava vendo Lopsang acima dele, descendo a crista e imaginei que, com Lopsang ali para tomar conta, Scott não teria problemas."

Segundo Lopsang, ele alcançou Fischer por volta das 18h00, logo acima da Balcony: "Scott não está usando oxigênio, então pus a máscara nele. Ele me diz: 'Estou muito doente, muito doente para descer. Eu vou pular'. Ele diz isso várias vezes, agindo como um louco, de modo que eu amarro ele na corda, depressa, senão ele pula para o Tibete".

Segurando Fischer com uma corda de 22 metros de comprimento, Lopsang convenceu seu amigo a não pular e, em seguida, conseguiu que ele começasse a se mover lentamente na direção do colo sul. "A tempestade agora muito forte", Lopsang relembra. "Bum! Bum! Duas vezes, como barulho de canhão, um trovão muito forte. Duas vezes raio bateu bem perto de mim e de Scott, muito alto, muito medo."

A noventa metros da Balcony, a suave vala de gelo que eles vinham descendo com pressa cedeu lugar a afloramentos de xisto solto, de inclinação íngreme, e Fischer não era capaz de atravessar esse trecho naquele estado debilitado. "Scott já não consegue andar, eu tenho um problema grande nas mãos", diz Lopsang. "Tento carregar Scott, mas também estou muito cansado. Scott tem corpo grande, eu pequeno; não posso carregar ele. Ele diz para mim: 'Lopsang, você desce. Desce'. Eu digo para ele: 'Não, eu fico aqui com você'."

Às 20h00, Lopsang continuava ao lado de Fischer, numa plataforma coberta de neve, quando Makalu Gau e seus dois sherpas surgiram da nevasca que uivava por todos os lados. Gau estava quase tão fraco quanto Fischer e, assim como Fischer, incapacitado de descer os difíceis trechos de xisto, de modo que seus sherpas puseram o alpinista taiwanês sentado ao lado de Lopsang e Fischer, e continuaram sem ele.

"Eu fico com Scott e Makalu uma hora, quem sabe mais", diz Lopsang. "Estou com muito frio, muito cansado. Scott me diz: 'Você desce, manda o Anatoli subir'. Eu então digo: 'Certo, eu desço, mando um sherpa rápido e o Anatoli'. Aí arrumei um bom lugar para Scott e desci."

Lopsang deixou Fischer e Gau numa plataforma 365 metros acima do colo sul e desceu em meio à tempestade. Sem conseguir ver nada, saiu completamente fora da rota, na direção oeste e acabou indo parar abaixo do nível do colo, até que percebeu o erro e teve que escalar de volta pela margem norte do flanco do Lhotse* para localizar o acampamento 4. Por volta da meia-noite conseguiu chegar. "Eu digo a Anatoli: 'Por favor, você sobe, Scott está muito doente, não consegue andar'. Aí vou para minha barraca e caio no sono, feito morto."

Guy Cotter, amigo antigo tanto de Hall como de Harris, estava a alguns quilômetros do acampamento-base do Everest na tarde de 10 de maio, guiando uma expedição ao Pumori, e monitorou as transmissões de rádio feitas por Hall durante aquele dia todo. Às 14h15 ele falou com Hall no cume e tudo parecia bem. Às 16h30 e às 16h41, contudo, Hall chamou a base para dizer que Doug estava sem oxigênio e incapaz de se mexer, e Cotter ficou muito alarmado. Às 16h53 ele pegou o rádio e insistiu veementemente com Hall para que descesse até o cume sul. "A chamada foi mais para convencê-lo a descer e pegar oxigênio", diz Cotter, "porque sabíamos que não seria

---

* Bem cedo, na manhã seguinte, enquanto procurava por Andy Harris no colo sul, vi as pegadas dos grampões de Lopsang, já meio apagadas, subindo pelo gelo da borda do flanco do Lhotse e, erroneamente, presumi que eram as pegadas de Harris indo flanco *abaixo* — motivo de eu ter pensado que Harris caíra no precipício.

possível fazer qualquer coisa por Doug sem ele. Rob disse que ainda estava em condições de descer, mas não com Doug."

Porém, quarenta minutos depois, Hall continuava com Doug Hansen no topo do escalão Hillary. Durante as chamadas de rádio feitas por Hall, às 17h36 e, de novo, às 17h57, Cotter implorou ao amigo para que deixasse Hansen e descesse sozinho. "Eu sei que isso parece canalhice de minha parte, dizer a Rob para abandonar seu cliente", confessou Cotter, "mas àquela altura estava óbvio que deixar Doug era sua única escolha." Hall, entretanto, nem quis ouvir falar em descer sem Hansen.

Não houve mais nenhuma comunicação de Hall até o meio da noite. Às 2h46, Cotter acordou em sua barraca abaixo do Pumori e ouviu uma longa e entrecortada transmissão, que provavelmente não era para ser ouvida: Hall usava um microfone de captação remota preso à alça de sua mochila que, de vez em quando, entrava em ação por engano. Nessa ocasião, diz Cotter, "suspeito que Rob nem sequer sabia que estava transmitindo. Eu ouvia alguém berrando — poderia ser Rob, mas não dá para ter certeza porque o vento estava fazendo muito barulho no fundo. Mas ele estava dizendo alguma coisa como 'continua andando! continua andando!', talvez para Doug, para incentivá-lo".

Se isso aconteceu de fato, então nas primeiras horas da madrugada Hall e Hansen — talvez acompanhados por Harris — ainda estavam tentando descer do escalão Hillary até o cume sul através do vendaval. E, nesse caso, isso significa que eles levaram mais de dez horas para descer um trecho da crista que qualquer alpinista levaria menos de meia hora.

Claro que tudo isso é pura especulação. Tudo que se sabe é que Hall chamou pelo rádio às 17h57. Àquela altura, ele e Hansen ainda estavam no escalão Hillary; e que às 4h43 da madrugada do dia 11 de maio, quando falou de novo com o acampamento-base, tinha descido até o cume sul. E que, naquele ponto, nem Hansen nem Harris estavam com ele.

Numa série de transmissões nas duas horas seguintes, Rob parecia muito confuso e irracional. Durante a chamada das 4h43, ele disse a Caroline Mackenzie, nossa médica no acampamento-base, que suas pernas não funcionavam mais e que ele estava "muito desajeitado para andar". Num fiapo de voz, que mal dava para ouvir, Rob falou: "Harold estava comigo ontem à noite, mas parece que não está mais. Ele estava muito fraco". Depois, obviamente atordoado, perguntou: "Harold estava comigo? Vocês sabem se ele estava?".*

Nessa altura Hall tinha à disposição dois cilindros cheios de oxigênio, mas as válvulas de sua máscara estavam tão entupidas de gelo que ele não conseguia fazer o oxigênio fluir. Entretanto deu a entender que estava tentando descongelar o aparelho e "isso", diz Cotter, "deixou todos nós com uma sensação um pouco melhor. Era a primeira coisa positiva que ouvíamos havia horas".

Às 5h00, o acampamento-base fez uma conexão telefônica via satélite com Jan Arnold, mulher de Hall, em Christchurch, Nova Zelândia. Ela escalara o Everest com Hall em 1993 e não tinha nenhuma ilusão quanto à gravidade da situação do marido. "Meu coração realmente apertou quando ouvi a voz dele", ela conta. "Ele estava enrolando demais as palavras. Parecia que estava flutuando, indo embora. Eu já tinha estado lá em cima; eu sabia o que aquilo pode virar com tempo ruim. Rob e eu já havíamos conversado sobre a impossibilidade de resgate na crista do cume. Como ele próprio disse: 'É a mesma coisa que estar na Lua'."

Às 5h31, Hall tomou quatro miligramas de dexametasona por via oral e deu a entender que ainda estava tentando retirar o gelo da máscara de oxigênio. Falando com o acampamento-base, ele perguntou repetidas vezes sobre o estado de Makalu Gau, Fischer, Beck Weathers, Yasuko Namba e de seus outros clientes. Parecia mais preocupado com Andy Harris e insistia muito, querendo saber onde estava. Cotter diz que eles tentaram desviar o assunto de Harris, que com toda certeza estava

* Eu já tinha relatado, com absoluta segurança, ter visto Andy Harris no colo sul às 18h30 do dia 10 de maio. Quando Hall disse que Harris estava com ele, no cume sul — 914 metros acima de onde eu dissera tê-lo visto — a maioria das pessoas, graças ao meu erro, presumiu que Hall estivesse delirando em consequência de seu estado de exaustão e severa hipóxia.

morto, "porque não queríamos que Rob tivesse mais nenhum motivo para ficar lá em cima. Numa determinada altura Ed Viesturs interveio pelo rádio, do acampamento 2 e mentiu: 'Não se preocupe com Andy; ele está aqui conosco'".

Um pouco depois, Caroline Mackenzie perguntou a Rob como Hansen estava. "Doug", Hall respondeu, "se foi." Foi tudo que falou e não mencionou mais o nome de Hansen.

A 23 de maio, quando David Breashears e Ed Viesturs chegaram ao cume, não encontraram sinal do corpo de Hansen; encontraram, contudo, um piolet enterrado a cerca de quinze metros verticais acima do cume sul, ao longo de um trecho muito exposto da crista, onde as cordas fixas acabavam. É muito possível que Hall e/ou Harris tenham conseguido descer Hansen pelas cordas até esse ponto, apenas para vê-lo perder o pé e despencar 2130 metros pelo flanco sudoeste, deixando seu piolet enterrado na saliência onde escorregou. Mas também isso é mera conjectura.

O que pode ter acontecido com Harris é ainda mais difícil de saber. Entre o testemunho de Lopsang, as chamadas de rádio feitas por Hall e o fato de que um outro piolet encontrado no cume sul foi identificado como sendo o de Andy, podemos ter uma certeza razoável de que ele estava no cume sul com Hall na noite de 10 de maio. Além disso, no entanto, quase nada se sabe sobre como o jovem guia morreu.

Às 6h00, Cotter perguntou a Hall se o sol já o alcançara. "Quase", Rob respondeu — o que era um bom sinal, porque momentos antes ele mencionara que estava tremendo descontroladamente por causa do frio terrível. Em conjunto com sua revelação anterior, de que não estava mais conseguindo andar, essa foi uma notícia alarmante para as pessoas que o escutavam lá embaixo. Ainda assim, era extraordinário que Hall continuasse vivo, depois de passar uma noite sem abrigo nem oxigênio a 8747 metros de altitude, em meio a um furacão e com um fator vento que baixava a temperatura para –73°C.

Durante essa mesma conversa por rádio, Hall perguntou por Harris de novo: "Alguém mais viu Harris ontem à noite, fora eu?". Cerca de três horas depois, Rob ainda continuava obcecado com o paradeiro de Andy. Às 8h43, ele comentou pelo rádio: "Algumas coisas de Andy ainda estão aqui. Acho que ele deve ter ido na frente, à noite. Escuta, vocês sabem dele ou não?". Helen Wilton tentou driblar a pergunta, mas Rob insistiu na mesma linha: "Certo. O que estou querendo dizer é que o piolet dele está aqui, e a jaqueta e umas outras coisas".

"Rob", Viesturs respondeu do acampamento 2, "se você conseguir pôr a jaqueta, ponha. Continue descendo e preocupe-se apenas com você. Todos os demais estão cuidando dos outros. Desça e pare de se preocupar."

Depois de batalhar durante horas para descongelar a máscara, Hall finalmente conseguiu fazê-la funcionar e, por volta das 9h00, estava respirando oxigênio suplementar pela primeira vez; àquela altura passara mais de dezesseis horas acima dos 8746 metros sem oxigênio. Centenas de metros abaixo, seus amigos aumentaram os esforços para convencê-lo a descer. "Rob, aqui é Helen, do acampamento-base", chamou Helen Wilton, com voz de quem está à beira do choro. "Vê se pensa naquele seu bebezinho. Você vai ver a carinha dele daqui uns meses, continue descendo."

Por várias vezes Hall anunciou que estava se preparando para descer e num determinado momento estávamos certos de que ele finalmente saíra do cume sul. No acampamento 4, Lhakpa Chhiri e eu tremíamos do lado de fora das barracas, espiando um minúsculo ponto se deslocando vagarosamente, descendo a parte superior da crista sudeste. Convencidos de que se tratava de Rob, voltando afinal, Lhakpa e eu batemos nas costas um do outro e o aplaudimos. Porém, uma hora mais tarde, meu otimismo de repente se extinguiu quando reparei que o pontinho continuava no mesmo lugar: na verdade não passava de uma rocha — mais uma alucinação induzida pela altitude. Na verdade, Rob não chegara sequer a sair do cume sul.

Por volta das 9h30, Ang Dorje e Lhakpa Chhiri saíram do acampamento 4 e começaram a escalada, rumo ao cume sul, com uma garrafa térmica de chá quente e dois cilindros extras de oxigênio, com a intenção de resgatar Hall. Teriam pela frente uma tarefa absolutamente fantástica. Por mais impressionante e corajoso que tivesse sido o ato de Boukreev, na noite anterior, ao salvar Sandy Pittman e Charlotte Fox, o feito empalidecia diante do que os dois sherpas estavam se propondo a fazer agora: Pittman e Fox estavam a vinte minutos das barracas, em terreno relativamente plano; Hall estava a 914 metros verticais do acampamento 4 — uma exaustiva escalada de oito ou nove horas, na melhor das circunstâncias.

E aquelas não eram, com certeza, as melhores das circunstâncias. O vento soprava a mais de quarenta nós. Tanto Ang Dorje quanto Lhakpa estavam sentindo muito frio e, além do mais, exaustos por terem subido até o topo e descido um dia antes. Se por acaso conseguissem chegar até Hall isso seria no final da tarde, deixando apenas uma ou duas horas de luz para começar a provação ainda mais difícil de descê-lo de lá. No entanto, a lealdade que tinham por Hall era tamanha que os dois homens ignoraram as pouquíssimas chances que havia de salvá-lo e partiram em direção ao cume sul o mais rápido que conseguiram.

Pouco depois disso, dois sherpas da equipe da Mountain Madness — Tashi Tshering e Ngawang Sya Kya (um homem pequeno, esguio, de têmporas grisalhas, pai de Lopsang) e um sherpa da equipe taiwanesa começaram a subida para trazer Scott Fischer e Makalu Gau. Trezentos e sessenta e cinco metros acima do colo sul os três sherpas encontraram os alpinistas incapacitados na plataforma onde Lopsang os deixara. Embora tivessem tentado dar oxigênio a Fischer, ele não reagiu. Scott ainda estava respirando, mal e mal, porém seus olhos estavam parados nas órbitas e os dentes cerrados com firmeza. Concluindo que era caso perdido, os sherpas deixaram Scott Fischer na plataforma e começaram a descer com Gau, que após ter tomado chá quente, recebido oxigênio e um considerável auxílio dos três sherpas, foi capaz de descer com as próprias pernas até as barracas, repesado numa corda.

O dia começara claro e ensolarado, porém o vento continuava feroz e, no final da manhã, a parte superior da montanha estava envolta em grossas nuvens. Do acampamento 2 a equipe da IMAX informou que o vento no cume soava como um esquadrão de jatos 747, mesmo ali, 2133 metros abaixo. Enquanto isso, já no alto da crista sudeste, Ang Dorje e Lhakpa Chhiri continuavam firmes, atravessando a tempestade que piorava, na direção de onde estava Hall. Às 15h00, entretanto, ainda a 213 metros abaixo do cume sul, o vento e a temperatura muito fria foram demais para eles; os sherpas não conseguiram ir adiante. Foi um esforço valoroso — porém fracassado — e, quando deram meia-volta, as chances de Hall sobreviver praticamente desapareceram.

Durante todo o dia 11 de maio, seus amigos e companheiros de equipe imploraram para que fizesse um esforço e tentasse descer sozinho. Várias vezes Hall anunciou que estava se preparando para descer, mas depois mudava de ideia e continuava imóvel no cume sul. Às 15h30, Cotter — que a essa altura subira de seu acampamento, abaixo do Pumori, até o acampamento-base do Everest — ralhou com ele pelo rádio: "Rob, mexa-se, comece a descer a crista".

Parecendo zangado, Hall retrucou: "Escuta, se eu achasse que ia conseguir manejar os nós das cordas fixas com minhas mãos assim congeladas, eu já teria descido seis horas atrás, cara. Me mande uns dois rapazes com uma grande garrafa térmica de algo quente — aí vou ficar bom".

"O problema, companheiro, é que os rapazes que subiram hoje encontraram ventos fortes e tiveram que descer", Cotter respondeu, tentando comunicar, tão delicadamente quanto possível, que a tentativa de resgate fora abandonada, "de modo que estamos achando que sua melhor chance é descer mais um pouco."

"Eu consigo me aguentar por aqui mais uma noite, se você me mandar uns dois rapazes com um pouco de chá, logo de manhã, não mais que nove e meia ou dez horas", Rob respondeu.

"Você é um homem durão, cara", disse Cotter, com voz meio embargada. "Nós vamos mandar alguns rapazes para você amanhã de manhã."

Às 18h20, Cotter chamou Hall pelo rádio para lhe dizer que Jan Arnold estava ao telefone, chamando via satélite de Christchurch, e esperando para ser conectada. "Me dê um minuto", Rob disse. "Minha boca está seca. Quero comer um pouco de neve antes de falar com ela." Instantes depois ele voltou, com uma voz lenta e horrível, de tão distorcida: "Oi, minha querida. Espero que você esteja bem quentinha na cama. Como é que você está?".

"Você nem imagina o quanto estou pensando em você!", Jan Arnold respondeu. "Você está com uma voz tão melhor do que eu esperava. [...] Está bem aquecido, meu querido?"

"Considerando-se a altitude e o lugar, estou mais ou menos confortável", Hall respondeu, fazendo o possível para não alarmá-la.

"Como estão os pés?"

"Não tirei as botas para checar, mas acho que devem ter congelado um pouco. [...]"

"Não vejo a hora de poder cuidar de você quando voltar para casa", disse Jan Arnold. "Eu sei que você vai ser resgatado. Não se sinta sozinho. Estou mandando toda minha energia positiva pra você!"

Antes de desconectar a ligação, Hall disse à mulher: "Eu te amo. Durma bem, minha querida. E, por favor, não se preocupe demais".

Essas seriam as últimas palavras que alguém ouviria Hall pronunciar. Tentativas de restabelecer o contato por rádio, mais tarde, naquela mesma noite e no dia seguinte, ficaram sem resposta. Doze dias depois, quando Breashears e Viesturs passaram pelo cume sul, a caminho do topo, encontraram o corpo de Hall deitado sobre o lado direito, numa depressão rasa de gelo, a parte de cima enterrada sob um monte de neve.

18. CRISTA NORDESTE
10 DE MAIO DE 1996
8700 M

> *O Everest corporificava todas as forças físicas da natureza. Contra elas, era preciso contrapor o espírito do homem. Ele já podia ver o júbilo no rosto de seus camaradas, se conseguisse. Podia imaginar o frêmito que seu sucesso causaria entre os companheiros de alpinismo; o crédito que traria à Inglaterra; o interesse mundial; o renome que obteria; a satisfação duradoura de que sua vida valera a pena. [...] Talvez não tenha jamais formulado essas coisas de forma concreta, porém em sua mente devia estar presente a ideia de "tudo ou nada". Das duas alternativas, recuar uma terceira vez ou morrer, a última era provavelmente a mais fácil para Mallory. A agonia da primeira seria mais do que ele, como homem, alpinista e artista, poderia suportar.*
> sir Francis Younghusband, *The epic of mount Everest*, 1926

ÀS 16H00 DO DIA 10 DE MAIO, mais ou menos na mesma hora em que Doug Hansen chegou já bem debilitado ao cume, apoiado no ombro de Rob Hall, três alpinistas da província de Ladakh, no norte da Índia, mandaram um recado por rádio para o líder de sua expedição dizendo que, eles também, estavam no topo do Everest. Integrantes de uma equipe de trinta e nove pessoas, organizada pela polícia da fronteira indo-tibetana, Tsewang Smanla, Tsewang Paljor e Dorje Morup haviam subido pela lado tibetano do pico, via crista nordeste — pela mesma rota na qual George Leigh Mallory e Andrew Irvine desapareceram em 1924.

Tendo um acampamento avançado a 8300 metros de altitude, eles só foram sair das barracas às 5h45.* Seis integrantes da equipe partiram. Lá pelo meio da tarde, ainda a mais de trezentos metros verticais do topo, foram engolfados pelas mesmas nuvens que nós encontramos do outro lado da montanha. Três deles desistiram e voltaram lá pelas 14h00, porém Smanla, Paljor e Morup continuaram subindo, apesar da piora no tempo. "Estavam tomados pela febre do cume", explica Harbhajan Singh, um dos três que voltaram.

Os outros três atingiram o que acreditavam ser o cume às 16h00, momento em que a densidade das nuvens já reduzira a visibilidade a trinta metros, se tanto. Eles mandaram uma mensagem por rádio a seu acampamento-base, no glaciar Rongbuk, para dizer que estavam no topo. Com essa informação, o líder da expedição, Mohindor Singh, fez um telefonema via satélite para Nova Delhi e com orgulho relatou o triunfo ao primeiro-ministro Narashima Rao. Comemorando seu sucesso, o grupo deixou oferendas com bandeirinhas de oração, *katas* e grampos de fenda no que parecia ser o ponto mais alto da montanha, em seguida desceu em meio à nevasca crescente.

Na verdade quando os três deram meia-volta, ainda estavam a uma altitude de 8700 metros e a cerca de duas horas abaixo do cume principal que, àquela hora, ainda era visível acima das nuvens mais altas. O fato de terem inadvertidamente parado a uns 150 metros antes de seu alvo explica por que eles não viram Hansen, Hall nem Lopsang no topo e vice-versa.

Mais tarde, pouco antes de escurecer, alpinistas que se encontravam mais abaixo, na crista nordeste, relataram ter visto duas luzes de lanterna mais ou menos a 8600 metros de altitude, logo acima de um notório e problemático paredão de rocha, conhecido como segundo escalão, porém nenhum dos três alpi-

---

* Para evitar confusões, todos os horários citados neste capítulo foram convertidos para a hora do Nepal, mesmo que os acontecimentos narrados tenham acontecido no Tibete. Os relógios do Tibete estão acertados com a hora de Pequim, ou seja, duas horas e quinze minutos à frente da hora do Nepal — por exemplo, quando no Nepal são 6h00, no Tibete são 8h15.

nistas de Ladakh retornou às barracas naquela noite, nem houve mais qualquer contato por rádio.

À 1h45 da madrugada do dia 11 de maio — mais ou menos na mesma hora em que Anatoli Boukreev fazia uma busca desesperada no colo sul, à procura de Sandy Pittman, Charlotte Fox e Tim Madsen —, dois alpinistas japoneses, acompanhados por três sherpas, partiram para o cume, pela rota da crista nordeste, da mesma altitude em que os três indianos haviam partido, apesar das fortes rajadas de vento que varriam o pico. Às 6h00, enquanto contornavam um empinado promontório de rocha chamado de primeiro escalão, Eisuke Shigekawa, 21 anos, e Hiroshi Hanada, 36, tiveram um choque ao ver um dos alpinistas de Ladakh, talvez Paljor, deitado na neve, seriamente congelado mas ainda vivo, depois de uma noite inteira sem abrigo nem oxigênio, murmurando coisas ininteligíveis. Como não queriam colocar em perigo sua escalada, parando para auxiliá-lo, os japoneses continuaram escalando rumo ao cume.

Às 7h15 chegaram à base do segundo escalão, uma penha vertical de xisto esfarelado que, em geral, é escalada por uma escada de alumínio que fora presa ao paredão por uma equipe chinesa em 1975. Para espanto dos alpinistas japoneses, entretanto, a escada estava caindo aos pedaços e parcialmente solta da rocha, de modo que seriam necessários noventa minutos de escalada extenuante para superar o rochedo de seis metros.

Pouco além do topo do segundo escalão os japoneses toparam com Smanla e Morup. Segundo um artigo escrito para o *Financial Times* pelo jornalista britânico Richard Cowper, que entrevistou Hanada e Shigekawa a 6400 metros de altitude, logo após a escalada, um dos indianos "parecia estar perto da morte, o outro agachado na neve. Nenhuma palavra foi dita. Nem água, nem comida nem oxigênio trocaram de mãos. Os japoneses continuaram a subir e, 48 metros adiante, pararam para descansar e trocaram os cilindros de oxigênio".

Hanada disse a Cowper: "Nós não os conhecíamos. Não, não demos água a eles. Não falamos com eles. Haviam sido gravemente atingidos pelo mal da montanha. Pareciam perigosos".

Shigekawa explicou: "Estávamos cansados demais para ajudar. Acima de 8 mil metros não é para se ter pruridos morais".

Virando as costas a Smanla e Morup, a equipe japonesa reiniciou a escalada, passou pelas bandeirinhas de oração e pelos grampos de fenda deixados pelos indianos a 8702 metros e — numa espantosa mostra de tenacidade — chegaram ao cume às 11h45, em meio a um furioso vendaval. Rob Hall estava, nesse momento, no cume sul, lutando por sua vida, uma meia hora de escalada abaixo dos japoneses, na crista sudeste.

Na volta a seu acampamento avançado, pela crista nordeste, os japoneses cruzaram de novo com Smanla e Morup, acima do segundo escalão. A essa altura Morup parecia morto; Smanla, embora ainda estivesse vivo, estava todo enrolado numa corda fixa. Pasang Kami, um dos sherpas da equipe japonesa, desenroscou Smanla da corda, depois continuou a descer a crista. Quando passaram pelo primeiro escalão — onde, a caminho do cume, haviam cruzado com Paljor, todo encolhido e delirando na neve — o grupo dos japoneses não viu mais nenhum sinal do terceiro indiano.

Sete dias mais tarde, a expedição da polícia da fronteira indo-tibetana fez uma outra tentativa de chegar ao topo. Partindo do acampamento avançado à 1h15 da manhã do dia 17 de maio, dois indianos e três sherpas logo encontraram os corpos congelados de seus companheiros de equipe. Relataram que um deles, já nas últimas, arrancara quase todas as roupas antes de sucumbir. Smanla, Morup e Paljor foram deixados na montanha no local em que caíram e os cinco alpinistas continuaram rumo ao topo do Everest, onde chegaram às 7h40.

19. COLO SUL
7H30
11 DE MAIO DE 1996
7900 M

> *Turning and turning in the widening gyre*
> *The falcon cannot hear de falconer;*
> *Things fall apart; the center cannot hold;*
> *Mere anarchy is loosed upon the world,*
> *The blood-dimmed tide is loosed, and everywhere*
> *The ceremony of innocence is drowned.**
> William Butler Yeats, "The Second Coming"

QUANDO VOLTEI CAMBALEANDO ao acampamento 4, por volta das 7h30 da manhã de sábado, 11 de maio, a realidade do que acontecera — do que ainda estava acontecendo — começou a calar fundo, com uma força paralisante. Eu estava física e emocionalmente em farrapos, depois de ter passado uma hora apenas procurando por Andy Harris no colo sul; a procura me deixara convencido de que ele estava morto. As chamadas por rádio que meu colega de equipe Stuart Hutchison vinha monitorando, feitas por Rob Hall do cume sul, deixavam bem claro que nosso líder estava em situação desesperadora e que Doug Hansen morrera. Integrantes da equipe de Scott Fischer, que haviam passado boa parte da noite perdidos no colo sul informaram que Yasuko Namba e Beck Weathers estavam mortos. E Scott Fischer e Makalu Gau, presumia-se, também estavam mortos, ou muito próximos da morte, a 365 metros das barracas.

Confrontada com esse resultado, minha mente evadiu-se e

---

* Girando e girando no turbilhão crescente/ O falcão não escuta mais o falcoeiro;/ As coisas descambam; o centro se desintegra;/ Pura anarquia toma conta do mundo,/ A maré tinta de sangue avança e, por toda parte,/ O cerimonial da inocência se afoga. (N. T.)

entrou num estranho estado, quase robotizado, de distanciamento. Do ponto de vista emocional sentia-me anestesiado e, no entanto, hipervigilante, como se tivesse fugido para dentro de um abrigo nas profundezas do crânio e espiasse as ruínas à minha volta por uma fenda estreita numa placa blindada. Olhava entorpecido para o céu, que parecia ter adquirido um tom de azul sobrenatural, pálido, alvejado, onde restavam apenas meros resquícios de cor. Eu via o recorte do horizonte delineado por uma luminosidade de corona, que vibrava e pulsava. Cheguei a me perguntar se por acaso não estaria começando a resvalar para a terra de pesadelos dos loucos.

Após uma noite sem oxigênio suplementar a 7925 metros, estava ainda mais fraco e mais exausto do que estivera na noite anterior, antes de descer do cume. A menos que comprássemos, de algum modo, um pouco mais de oxigênio ou descêssemos para um acampamento inferior, nosso estado, de meus colegas e meu, continuaria a se deteriorar bem depressa.

O cronograma de rápida aclimatação seguido por Hall e pela maioria dos alpinistas modernos no Everest é eficientíssimo: permite-nos embarcar rumo ao cume depois de passar um período relativamente curto de quatro semanas acima dos 5180 metros — incluindo-se aí um único pernoite de aclimatação a 7315 metros.* No entanto, tal estratégia supõe que, acima dos 7315 metros, todos tenham um suprimento contínuo de oxigênio. Caso contrário, todas as apostas ficam canceladas.

---

* Em 1996, a equipe de Rob Hall passou apenas oito noites no acampamento 2 (6492 metros) ou mais acima antes de partir do acampamento-base para o cume, o que vem a ser um período bastante típico de aclimatação, nos dias de hoje. Antes de 1990, os alpinistas em geral passavam muito mais tempo no acampamento 2 ou em altitudes ainda maiores — e faziam pelo menos uma excursão de aclimatação a 7925 metros — antes de embarcar para o cume. Embora os méritos da aclimatação acima dos 7925 metros sejam uma questão discutível (os efeitos deletérios de se passar tempo extra em altitude tão extrema podem muito bem anular os benefícios), não resta dúvida de que prolongar o atual período de oito ou nove dias de aclimatação entre os 6400 e os 7300 metros forneceria uma margem maior de segurança.

Procurando os colegas restantes do grupo, encontrei Frank Fischbeck e Lou Kasischke deitados numa barraca vizinha. Lou delirava e estava com niflabepsia, completamente sem visão e incapaz de fazer qualquer coisa sozinho, resmungando palavras sem coerência. Frank parecia estar em estado de choque, mas tentava cuidar o melhor possível de Lou. John Taske estava numa outra barraca com Mike Groom; ambos pareciam estar dormindo ou inconscientes. Por mais fraco e abalado que estivesse me sentindo, era óbvio que todos os outros, exceto Stuart Hutchison, estavam em estado pior ainda.

Enquanto ia de barraca em barraca, tentava localizar algum oxigênio, mas todos os cilindros que achei estavam vazios. A hipóxia, aliada à minha profunda fadiga, exacerbavam a sensação de caos e desespero. Devido ao incessante chacoalhar das barracas de náilon, fustigadas pelo vento, era impossível qualquer comunicação de uma barraca para outra. As pilhas do único rádio que nos restara estavam quase esgotadas. Uma atmosfera de entropia terminal invadiu o acampamento, agravada pelo fato de que nossa equipe — que durante as seis semanas anteriores fora incentivada a depender por completo de nossos guias — estava agora total e absolutamente sem liderança. Estávamos sem Rob, sem Andy e, embora Groom estivesse presente, os tormentos da noite anterior tinham tido um efeito devastador sobre ele. Seriamente afetado pelo congelamento, ainda meio abobalhado, não conseguia nem falar, por enquanto.

Com todos os guias fora de combate, Hutchison assumiu o vazio da liderança. Rapaz extremamente tenso, que se levava muito a sério, fruto da nata da sociedade anglófona de Montreal, era um brilhante médico pesquisador que saía em grandes expedições de alpinismo a cada dois ou três anos mas, fora isso, não tinha muito tempo para escalar. À medida que a crise foi aumentando no acampamento 4, ele fez o possível para mostrar-se à altura da situação.

Enquanto eu tentava retomar minha infrutífera busca de Andy Harris, Hutchison organizou um grupo de quatro sherpas para localizar os corpos de Weathers e Namba, que haviam sido deixados na outra extremidade do colo sul quando Anatoli Boukreev levou Charlotte Fox, Sandy Pittman e Tim Madsen. A equipe sherpa de busca, encabeçada por Lhakpa Chhiri, partiu na frente de Hutchison, que estava tão exausto e atônito que esquecera de pôr as botas de alpinismo e tentara sair do acampamento calçado apenas com o forro delas, de sola lisa. Somente quando Lhakpa apontou é que Hutchison se deu conta e voltou para pôr as botas. Seguindo as instruções de Boukreev, os sherpas logo encontraram os dois corpos numa encosta de gelo cinzento, pontilhada de rochas, perto da borda do flanco do Kangshung. Extremamente supersticiosos em relação aos mortos, como tantos outros sherpas, pararam a uns vinte metros e esperaram por Hutchison.

"Os dois corpos estavam parcialmente enterrados", Hutchison conta. "As mochilas estavam a uns trinta metros de distância, mais acima deles. O rosto e torso de ambos estavam cobertos de neve; apenas mãos e pés continuavam à mostra. O vento uivava pelo colo sul." O primeiro corpo do qual se aproximou foi o de Namba, mas Hutchison não sabia dizer de quem era até ajoelhar-se no vendaval e quebrar uma carapaça de 7,5 centímetros de gelo do rosto dela. Atônito, percebeu que ela ainda respirava. As duas luvas tinham desaparecido e as mãos nuas davam a impressão de estarem completamente congeladas. As pupilas estavam dilatadas. A pele do rosto estava da cor de porcelana branca. "Foi terrível", disse Hutchison. "Eu fiquei arrasado. Ela estava à beira da morte. Eu não sabia o que fazer."

Stuart então virou-se para Beck, que estava a uns seis metros de distância. A cabeça de Beck também estava coberta por uma armadura rígida de gelo. Bolas de gelo do tamanho de uma uva enroscavam-se em seu cabelo e nas pestanas. Após limpar os detritos congelados do rosto de Beck, Hutchison descobriu que o texano também ainda estava vivo: "Beck estava murmurando qualquer coisa, acho eu, mas não dava para saber o que estava tentando dizer. Sua luva direita tinha desaparecido e a mão estava terrivelmente necrosada. Tentei fazê-lo sentar-se mas não conseguia. Estava tão perto da morte quanto alguém pode estar, mas ainda respirava".

245

Abalado ao extremo, Hutchison foi até os sherpas e pediu o conselho de Lhakpa, um veterano do Everest respeitado tanto por sherpas como por *sahibs*, pelo seu conhecimento da montanha. Lhakpa pediu que Hutchison deixasse Beck e Yasuko onde estavam. Mesmo que sobrevivessem tempo suficiente para serem arrastados de volta ao acampamento 4, com certeza morreriam antes de poderem ser carregados até o acampamento-base; além do mais, tentar um resgate poria em perigo, sem necessidade, a vida dos outros alpinistas no colo sul, a maioria dos quais teria problemas suficientes para descer em segurança, mesmo sozinhos.

Hutchison decidiu que Lhakpa estava certo — havia apenas uma escolha a fazer, por mais difícil que fosse: deixar que a natureza seguisse seu curso inevitável com Beck e Yasuko, e investir os recursos do grupo para aqueles que ainda podiam ser ajudados. Foi um clássico ato de triagem. Quando Hutchison retornou ao acampamento, estava à beira das lágrimas e parecia um fantasma. A pedido seu, acordamos Taske e Groom, depois nos amontoamos numa das barracas para decidir o que fazer com Beck e Yasuko. A conversa que se seguiu foi angustiada e entrecortada. Evitávamos olhar uns para os outros. Depois de cinco minutos, entretanto, nós quatro concordamos: a decisão de Hutchison de deixar Beck e Yasuko onde estavam era a mais apropriada.

Também discutimos a possibilidade de descer para o acampamento 2 naquela tarde, mas Taske insistiu que não devíamos sair do colo sul enquanto Hall estivesse preso no cume sul. "Eu não vou nem pensar na possibilidade de sair sem ele daqui." Era apenas um ponto retórico: Kasischke e Groom estavam em tal estado que ir a algum lugar estava totalmente fora de cogitação.

"Àquela altura eu estava bastante preocupado que estivéssemos começando a repetir o que aconteceu no K2 em 1986", diz Hutchison. No dia 4 de julho daquele ano, sete veteranos do Himalaia — inclusive o lendário *bergsteiger* austríaco Kurt Diemberger — partiram para o cume da segunda montanha mais alta do mundo. Seis dos sete chegaram ao topo, mas durante a descida uma forte tempestade varreu as encostas superiores do K2, prendendo os alpinistas em seu campo avançado, a 8 mil metros de altitude. A nevasca continuou, sem amainar, durante cinco dias e eles foram ficando cada vez mais fracos. Quando a tempestade finalmente cessou, apenas Diemberger e uma outra pessoa conseguiram descer com vida.

No sábado de manhã, enquanto discutíamos o que fazer com Namba e Weathers e para onde descer, Neal Beidleman estava chamando os integrantes da equipe de Fischer nas barracas e ordenando que todos começassem a descida. "Todo mundo estava tão esgotado da noite anterior que foi realmente duro botar nosso grupo de pé e fora das barracas — eu quase tive que esmurrar alguns para conseguir fazê-los calçar as botas", ele diz. "Mas estava de fato decidido a fazer com que todo mundo descesse logo. Na minha opinião, ficar a 7900 metros mais tempo do que o absolutamente necessário é chamar desgraça. Eu sabia que havia equipes de resgate tentando chegar até Scott e Rob, de modo que me concentrei em tirar nossos clientes do colo sul e ir para um acampamento inferior."

Enquanto Boukreev permanecia no acampamento 4, para esperar por Fischer, Beidleman conduzia a descida vagarosa do grupo. Aos 7620 metros, parou para dar outra injeção de dexametasona em Sandy Pittman, em seguida todos pararam por um longo tempo no acampamento 3 para descansar e reidratar-se. "Quando vi aquele pessoal", diz David Breashears, que estava no acampamento 3 quando o grupo de Beidleman chegou, "fiquei atordoado. Parecia que eles tinham estado numa guerra durante uns cinco meses. Sandy começou a desmoronar — estava chorando: 'Foi terrível! Eu simplesmente desisti, deitei e esperei a morte!'. Todo mundo parecia estar em estado de choque profundo."

Pouco antes de anoitecer, as últimas pessoas do grupo de Beidleman estavam descendo o gelo íngreme da porção inferior do flanco do Lhotse quando, a uns 150 metros do fim das cordas fixas, o grupo encontrou alguns sherpas de uma expedição de limpeza do Nepal, que tinham ido até lá para ajudá-los. Ao reiniciarem a descida, pedras do tamanho de uma toranja começaram a rolar do alto da montanha e uma delas bateu em cheio na parte de trás da cabeça de um sherpa. "A pedra simplesmente o pegou em cheio", diz Beidleman, que observou o incidente um pouco acima.

"Foi pavoroso", Klev Schoening diz, recordando-se. "O barulho foi como se ele tivesse sido atingido por um taco de beisebol." A força do golpe tirou uma lasca do tamanho de um dólar de prata do crânio do sherpa, ele perdeu a consciência e teve uma parada cardiopulmonar. Quando caiu e começou a escorregar pela rampa, Schoening pulou na frente dele e conseguiu pará-lo. Porém, um momento depois, enquanto Schoening segurava o sherpa nos braços, uma segunda pedra despencou e bateu em cheio no sherpa; de novo, o homem sofreu o impacto bem na parte posterior do crânio.

Apesar do segundo golpe, após uns momentos o sherpa arfou com força e começou a respirar de novo. Beidleman conseguiu baixá-lo até o sopé do flanco do Lhotse, onde havia uma dúzia de companheiros sherpas esperando para carregá-lo de volta ao acampamento 2. Naquele momento, diz Beidleman: "Klev e eu apenas olhamos um para o outro, sem poder acreditar. Era como se estivéssemos perguntando: 'O que está acontecendo por aqui? O que foi que nós fizemos para deixar esta montanha tão brava?'".

Durante todo o mês de abril e ainda no começo de maio Rob manifestara diversas vezes sua preocupação de que uma ou mais, entre as equipes menos competentes, pudessem se meter num sério enrosco, o que obrigaria nosso grupo a ir em seu auxílio, arruinando com isso nosso ataque ao topo. Agora, por ironia do destino, era a expedição de Hall que estava em sérios apuros, mas havia outras equipes em condições de ir em nosso auxílio. Sem rancor, três delas — a expedição da Alpine Ascents International, de Todd Burleson, a expedição da IMAX de David

Breashears, e a expedição de Mal Duff — adiaram seus planos de atacar o cume para poder auxiliar os alpinistas atingidos.

No dia anterior — sexta-feira, 10 de maio —, enquanto nós, das equipes de Hall e de Fischer, estávamos subindo do acampamento 4 rumo ao topo, a expedição da Alpine Ascents International, encabeçada por Burleson e Pete Athans, estava chegando ao acampamento 3. No sábado de manhã, assim que ficaram sabendo da tragédia que se desenrolava acima, Burleson e Athans deixaram seus clientes a 7315 metros, sob os cuidados de um terceiro guia, Jim Williams, e subiram às pressas até o colo sul para ajudar.

Breashears, Ed Viesturs e o restante da equipe da IMAX ainda estavam no acampamento 2, nesse momento; Breashears imediatamente suspendeu as filmagens a fim de concentrar todos os recursos de sua expedição no trabalho de resgate. Primeiro, mandou-me uma mensagem de que havia algumas pilhas de reserva guardadas em uma das barracas da IMAX no colo sul; no meio da tarde eu já encontrara as pilhas, o que permitiu à equipe de Hall restabelecer contato por rádio com os acampamentos inferiores. Depois Breashears ofereceu o suprimento de oxigênio de sua expedição — cinquenta cilindros que haviam sido carregados com grande dificuldade até os 7925 metros — para os alpinistas doentes e para a futura equipe de resgate no colo sul. Ainda que isso ameaçasse colocar seu filme de 5,5 milhões de dólares em perigo, ele pôs o oxigênio à nossa disposição sem hesitar.

Athans e Burleson chegaram ao acampamento 4 no meio da manhã, e logo começaram a distribuir garrafas de oxigênio da IMAX para quem estava precisando. Depois esperaram para ver o resultado da tentativa dos sherpas de resgatar Hall, Fischer e Gau. Às 16h45, Burleson estava parado do lado de fora das barracas quando reparou que alguém vinha andando lentamente na direção do acampamento, com um passo muito peculiar, de joelhos duros. "Ei, Pete", ele gritou para Athans. "Venha ver isto. Tem alguém vindo para o acampamento." A mão direita sem luva, nua naquele vento gélido, estava estendida numa espécie de saudação estranha, congelada. Fosse quem fosse, fez Athans pensar numa múmia num filme B de horror. À medida que a múmia avançava acampamento adentro, Burleson percebeu que era ninguém mais nem menos que Beck Weathers, ressurgido dos mortos.

Na noite anterior, encolhido ao lado de Groom, Beidleman, Namba e dos outros integrantes do grupo, Weathers foi se sentindo "cada vez mais frio. Eu tinha perdido a luva direita. Minhas mãos estavam congelando. Senti que estava cada vez mais entorpecido, depois ficou muito difícil de me concentrar e por fim acabei escorregando no nada".

Durante o resto da noite e boa parte do dia seguinte, Beck ficou deitado no gelo, exposto ao vento impiedoso, cataléptico, meio morto. Não se lembra de Boukreev aparecendo para levar Pittman, Fox e Madsen. Tampouco se lembra de Hutchison tê-lo encontrado pela manhã e retirado o gelo de seu rosto. Permaneceu em estado comatoso por mais de doze horas. Então, no final da tarde de sábado, por alguma razão, entrou uma luz no cerne do cérebro inanimado de Beck e ele recobrou a consciência.

"De início achei que estivesse sonhando", Weathers relembra. "Quando acordei, achei que estivesse deitado na cama. Não estava sentindo frio, nenhum desconforto. Eu meio que rolei de lado, abri os olhos, e lá estava minha mão direita bem na frente dos olhos. Depois vi o estado de congelamento em que estava e isso me ajudou a voltar à realidade. Finalmente consegui ficar desperto o suficiente para reconhecer que estava no meio da merda e que a cavalaria não ia chegar, de modo que era melhor eu fazer alguma coisa, e rápido."

Embora estivesse cego do olho direito e só conseguisse focalizar o esquerdo num raio de um metro ou pouco mais, ele começou a andar contra o vento, deduzindo, corretamente, que o acampamento ficava naquela direção. Caso tivesse se enganado, não demoraria a despencar pelo flanco do Kangshung, cuja beirada estava a apenas nove metros dali, na direção oposta. Cerca de noventa minutos depois, ele encontrou algumas "rochas azuladas, curiosamente lisas", que na verdade eram as barracas do acampamento 4.

Hutchison e eu estávamos em nossa barraca, monitorando

uma chamada de rádio de Rob Hall, do cume sul, quando Burleson apareceu correndo. "Doutor! Precisamos do senhor agora!", gritou ele para Stuart, ainda do lado de fora da porta. "Pegue suas coisas. Beck acaba de voltar e está mal." Sem fala com a milagrosa ressurreição de Beck, Hutchison, exausto, saiu da barraca para atender ao chamado.

Ele, Athans e Burleson puseram Beck numa barraca desocupada, embrulharam-no em dois sacos de dormir com várias bolsas de água quente e colocaram uma máscara de oxigênio em seu rosto. "Naquele momento", Hutchison confessa, "nenhum de nós achava que Beck sobreviveria àquela noite. Eu mal podia pegar o pulso da carótida, que é a última pulsação que você perde antes de morrer. Ele estava num estado crítico. E mesmo que sobrevivesse até a manhã seguinte, não fazia ideia de como poderíamos levá-lo mais para baixo."

A essa altura os três sherpas que haviam partido para resgatar Scott Fischer e Makalu Gau estavam de volta ao acampamento, com Gau; deixaram Fischer numa plataforma a 8290 metros, depois de concluírem que não havia mais nada a fazer por ele. Porém, tendo acabado de ver Beck entrar no acampamento, depois de ser abandonado como morto, Anatoli Boukreev não se dispôs a dar Fischer como morto. Às 17h00, à medida que a tempestade se intensificava, o russo começou sozinho a subida, na tentativa de salvá-lo.

"Encontrei Scott às sete da noite, talvez sete e meia, oito", diz Boukreev. "Já estava escuro, e a tempestade, muito forte. Sua máscara de oxigênio estava no rosto, mas a garrafa vazia. Não estava usando luvas; as mãos completamente nuas. O traje de penugem de ganso estava aberto, ele tinha tirado o ombro e um dos braços para fora. Não havia nada que eu pudesse fazer. Scott estava morto." Com o coração pesado, Boukreev pôs a mochila de Fischer sobre seu rosto, como uma mortalha, e deixou-o ali mesmo na plataforma. Depois recolheu a máquina fotográfica, o piolet e seu canivete preferido — que mais tarde Beidleman daria ao filho de Scott, de nove anos de idade, em Seattle — e desceu em meio à tempestade.

O vendaval de sábado à noite foi ainda pior que o da noite anterior. Na altura em que Boukreev conseguiu voltar ao acampamento 4, a visibilidade era de apenas alguns metros e ele teve dificuldade em encontrar as barracas.

Respirando oxigênio engarrafado (graças à equipe da IMAX) pela primeira vez em trinta horas, caí num sono tortuoso, irrequieto, apesar do barulhão que a barraca fazia com o vento. Pouco depois da meia-noite, eu estava no meio de um pesadelo com Andy — ele estava caindo do flanco do Lhotse, amarrado a uma corda, querendo saber por que eu não tinha segurado a outra ponta —, quando Hutchison me acordou. "Jon", gritou, por cima dos rugidos da tempestade. "Estou preocupado com a barraca. Você acha que ela aguenta?"

Emergindo ainda zonzo das profundezas de meu sono angustiado, como um afogado subindo à superfície do oceano, levei bem um minuto para perceber por que Stuart estava tão preocupado: o vento achatara metade de nosso abrigo, que sacudia de modo violento a cada rajada sucessiva de vento. Várias estacas estavam já completamente tortas e minha lanterna frontal revelou que duas costuras principais estavam em perigo iminente de serem rasgadas. Nuvens de partículas finas de neve enchiam o ar dentro da barraca, cobrindo tudo com uma camada de branco. O vento estava soprando mais forte do que tudo que eu já vira antes, até mesmo na calota de gelo da Patagônia, um lugar famoso por ter os ventos mais fortes do planeta. Se a barraca se desintegrasse antes da manhã, estaríamos em sérios apuros.

Stuart e eu juntamos nossas botas e roupas, em seguida nos posicionamos na direção de onde soprava o vento. Com as costas e os ombros grudados com firmeza nas estacas danificadas, passamos as três horas seguintes debruçados no furacão, apesar de nossa imensa fadiga, segurando a sofrida cúpula de náilon como se disso dependessem nossas vidas. Pensei em Rob, no cume sul, a 8747 metros, sem oxigênio, exposto à selvageria total dessa tempestade, sem nenhum lugar para se abrigar — mas era um pensamento tão perturbador que tentei esquecer o assunto.

Pouco antes do amanhecer, no domingo 12 de maio, o oxigênio de Stuart acabou. "Sem ele, me sentia cada vez mais frio, a hipotermia aumentando", diz. "Comecei a perder a sensação das mãos e dos pés. Fiquei preocupado, achei que estava perdendo o controle, que eu não ia conseguir descer do colo. O mais preocupante era que, se não descesse aquela manhã, talvez não descesse nunca mais." Dando minha garrafa de oxigênio a Stuart, procurei até encontrar uma outra com algum gás sobrando e depois começamos os dois a juntar as coisas para a descida.

Quando me aventurei a sair, vi que pelo menos uma das barracas desocupadas tinha sido varrida do colo. Depois reparei em Ang Dorje, parado sozinho, ao vento inclemente; soluçava de modo inconsolável pela perda de Rob. Depois da expedição, quando eu contei a Marion Boyd sobre sua dor, ela me explicou que "Ang Dorje vê seu papel na terra como o de alguém que deve manter as pessoas a salvo — nós dois conversamos bastante sobre isso. É importantíssimo para ele, em termos de sua religião, a fim de preparar-se para a próxima rodada da vida.* Ainda que Rob fosse o líder da expedição, Ang Dorje vê como responsabilidade sua garantir a segurança de Rob, Doug Hansen e dos outros. De modo que, quando morreram, pôs a culpa em si mesmo".

Preocupado que Ang Dorje estivesse perturbado a ponto de se recusar a descer, Hutchison lhe implorou que descesse do colo sul imediatamente. Então, às 8h30 — acreditando que àquela altura Rob, Andy, Doug, Scott, Yasuko e Beck estavam todos certamente mortos —, Mike Groom, com lesões sérias devido ao congelamento, obrigou-se a sair da barraca, reuniu Hutchison, Taske, Fischbeck e Kasischke e começou a liderá-los montanha abaixo.

Na ausência de quaisquer outros guias, apresentei-me como voluntário para preencher a lacuna e ir atrás de todos. Enquan-

---

* Budistas devotos acreditam em *sonam* — uma somatória de atos corretos que, quando grande o bastante, permite que se escape do ciclo de nascimento e renascimento para transcender, para sempre, este mundo de dor e sofrimentos.

to nosso triste grupo ia, em fila indiana, descendo devagar do acampamento 4 rumo ao esporão de Genebra, reuni toda a coragem que tinha para uma última visita a Beck que, presumia eu, tinha morrido durante a noite. Localizei sua barraca, que fora achatada pelo furacão, e vi que ambas as portas estavam abertas. Quando espiei lá dentro, contudo, fiquei chocado ao descobrir que Beck ainda estava vivo.

Estava deitado de costas, no chão da barraca arruinada, tremendo convulsivamente. Seu rosto estava inchado demais; manchas negras de congelamento cobriam seu nariz e bochechas. A tempestade arrastara os dois sacos de dormir de seu corpo, deixando-o exposto aos ventos abaixo de zero e, com as mãos congeladas, não pudera puxar os sacos de volta nem fechar a barraca com o zíper. "Jesus Cristo!", ele berrou quando me viu, as feições torcidas num rito de agonia e desespero. "O que é que um cara precisa fazer para obter um pouco de ajuda por aqui?" Gritara por socorro durante duas ou três horas, mas a tempestade abafara seus gritos.

Beck acordara no meio da noite e descobrira que "a tempestade tinha arruinado a barraca e aberto as portas. O vento estava espremendo a parede da barraca de tal forma sobre meu rosto que eu não conseguia respirar. Ela afastava um segundo, depois vinha direto para cima do meu rosto e peito, tirando-me o fôlego. Além de tudo, meu braço direito estava começando a inchar e eu com esse relógio estúpido, de modo que à medida que meu braço ia aumentando, o relógio ia ficando mais e mais apertado, até quase cortar o suprimento de sangue para minha mão. Mas com as duas mãos nesse estado, não tinha como tirar a maldita coisa. Gritei por socorro, mas não apareceu ninguém. Foi uma longa noite, pode crer. Como fiquei feliz de ver sua cara quando você botou a cabeça na porta!".

Ao encontrar Beck na barraca, daquele jeito, fiquei tão chocado de ver seu estado pavoroso — e com a maneira imperdoável como nós o tínhamos deixado na mão mais uma vez — que quase chorei. "Tudo vai terminar bem", menti, sufocando meus soluços enquanto puxava os sacos de dormir sobre ele, fechava de novo as portas com o zíper e tentava reerguer o abrigo danificado. "Não se preocupe, amigo. Está tudo sob controle agora."

Assim que deixei Beck tão confortável quanto possível, entrei em contato por rádio com a dra. Mackenzie, no acampamento-base. "Caroline!", implorei com voz histérica. "O que eu faço com Beck? Ele ainda está vivo, mas não creio que consiga sobreviver por muito mais tempo. Está realmente muito mal!"

"Tente manter a calma, Jon", ela respondeu. "Você precisa descer com Mike e o resto do grupo. Onde estão Pete e Todd? Peça-lhes para cuidarem de Beck, depois comece a descer." Num frenesi, acordei Athans e Burleson, que saíram imediatamente rumo à barraca de Beck, com um cantil de chá quente. Enquanto eu me apressava em deixar o acampamento, para reunir-me a meus companheiros, Athans estava se preparando para injetar quatro miligramas de dexametasona na coxa do texano moribundo. Esses eram gestos dignos de admiração, mas era difícil imaginar que pudessem lhe fazer algum bem.

20. ESPORÃO DE GENEBRA
9H45
12 DE MAIO DE 1996
7900 M

> *A única grande vantagem que a inexperiência confere ao futuro alpinista é a de não estar atrelado a tradições ou precedentes. Tudo lhe parece simples e ele escolhe sempre soluções diretas para os problemas que enfrenta. Muitas vezes, é claro, isso aniquila o sucesso que está buscando, às vezes com consequências trágicas, mas ele próprio não sabe disso quando parte para sua aventura. Maurice Wilson, Earl Denman, Klaus Becker-Larsen — nenhum deles sabia grande coisa sobre alpinismo, caso contrário jamais teriam partido em sua busca infrutífera, no entanto, desvencilhados das técnicas, foi a determinação que os levou tão longe.*
>
> Walt Unsworth, *Everest*

QUINZE MINUTOS APÓS DEIXAR O COLO SUL, na manhã de domingo, 12 de maio, alcancei os companheiros que estavam descendo o esporão de Genebra. Era uma visão patética: estávamos tão debilitados que o grupo levou um tempo incrivelmente longo apenas para descer uns poucos metros até a encosta de neve logo abaixo. O mais dilacerante, contudo, era ver ao que fôramos reduzidos: três dias antes, quando subimos este trecho, éramos onze; agora só havia seis de nós.

Stuart Hutchison, na rabeira da turma, ainda estava no topo do esporão quando o alcancei, preparando-se para fazer um *rappel* pelas cordas fixas. Reparei que não estava usando os óculos de proteção. Ainda que estivesse um dia nublado, a fortíssima radiação ultravioleta nessa altitude o deixaria cego bem depressa. "Stuart!", gritei, por cima do vento, apontando para meus olhos. "Seus óculos!"

"Ah, sim", ele respondeu, com voz exausta. "Obrigado por me lembrar. Escuta, já que você está aqui, importa-se de checar minha cadeirinha? Estou tão cansado que não consigo mais pensar com clareza. Eu apreciaria se você ficasse de olho em mim." Examinando sua cadeirinha, logo vi que a fivela não estava apertada como deveria. Se tivesse se atrelado à corda, o fecho teria se aberto sob o peso do corpo e ele teria despencado pelo flanco do Lhotse. Quando apontei para o fecho, ele disse: "É, foi o que pensei, mas minhas mãos estão frias demais para fechar direito". Tirando minhas luvas no vento cortante, afivelei rapidamente sua cadeirinha, bem firme em torno da cintura, e ele começou a descer o esporão, atrás dos outros.

Quando atrelou sua corda à corda fixa, jogou de lado o piolet e deixou-o ali, enquanto embarcava no primeiro *rappel*. "Stuart!", gritei. "Seu piolet."

"Estou cansado demais para carregá-lo", ele gritou de volta. "Deixe aí." Eu também estava tão exausto que não discuti. Deixei o piolet onde estava, atrelei a corda e segui Stuart pela parede empinada do esporão de Genebra.

Uma hora depois, chegamos no topo da Franja Amarela e então houve um congestionamento, à medida que cada alpinista ia descendo com cautela o penhasco vertical de calcário. Enquanto esperava, no fim da fila, vários dos sherpas de Scott Fischer nos alcançaram. Lopsang Jangbu, meio enlouquecido de dor e exaustão, estava entre eles. Colocando a mão em seu ombro, disse-lhe que sentia muito por Scott. Lopsang esmurrou o peito e disse, aos soluços: "Eu traz azar, muito azar. Scott está morto; é culpa minha. Eu traz azar. É culpa minha. Eu traz muito azar".

Arrastei-me para dentro do acampamento 2 por volta das 13h30. Embora segundo qualquer padrão racional eu ainda estivesse a uma grande altitude — 6490 metros —, esse lugar era bem diferente do colo sul. O vento assassino sumira completamente. Em vez de tremer e preocupar-me com congelamento, agora estava suando profusamente debaixo do sol escaldante. Não parecia mais estar agarrado à sobrevivência por um cordão esfiapado.

Nosso refeitório, logo percebi, fora transformado num hospital improvisado de campanha, atendido por Henrik Jessen Hansen, médico dinamarquês da equipe de Mal Duff, e Ken Kamler, médico da expedição de Todd Burleson. Às 15h00, enquanto eu tomava uma xícara de chá, seis sherpas arrastaram Makalu Gau para dentro da barraca e os médicos entraram em ação.

Imediatamente o puseram deitado, tiraram toda a sua roupa e enfiaram um tubo intravenoso em seu braço. Examinando suas mãos e seus pés congelados, que tinham um brilho fosco esbranquiçado, como o de uma pia suja de banheiro, Kamler comentou soturno: "Esse é o pior caso de congelamento que já vi". Quando perguntou a Gau se poderia tirar algumas fotos de seus membros, para registro médico, o taiwanês consentiu com um amplo sorriso: feito um soldado mostrando velhas feridas de batalha, ele parecia quase orgulhoso de seus terríveis ferimentos.

Noventa minutos mais tarde, os médicos ainda trabalhando em Makalu, a voz de David Breashears ressoou pelo rádio: "Estamos descendo com Beck. Estaremos com ele aí por volta do anoitecer".

Passou um longo momento até eu perceber que Breashears não estava falando em trazer um corpo de lá de cima; ele e seus companheiros estavam trazendo Beck com vida. Eu não podia acreditar. Quando o deixei no colo sul, sete horas antes, tinha certeza de que não iria sobreviver à manhã.

Dado como morto de novo, Beck simplesmente se recusou a sucumbir. Mais tarde fiquei sabendo por Pete Athans que, pouco depois da injeção de dexametasona, o texano teve uma melhora espantosa. "Por volta das dez e meia nós o vestimos, pusemos a cadeirinha e descobrimos que na verdade ele era capaz de se levantar e de andar. Ficamos todos bastante surpresos."

Começaram a descer o colo sul, com Athans logo à frente de Beck, dizendo-lhe onde pôr o pé. Com um braço no ombro de

Athans e Burleson bem atrás, agarrado a sua cadeirinha, eles foram se arrastando com cuidado, montanha abaixo. "Houve momentos em que tivemos que ajudá-lo bastante", diz Athans, "mas de fato ele se movimentou surpreendentemente bem."

Aos 7620 metros, chegando ao topo dos penhascos de calcário da Franja Amarela, foram recebidos por Ed Viesturs e Robert Schauer, que baixaram Beck com a maior eficiência pela rocha vertical. No acampamento 3 foram assistidos por Breashears, Jim Williams, Veikka Gustafsson e Araceli Segarra; os oito alpinistas, saudáveis e descansados, desceram Beck pelo flanco do Lhotse num tempo consideravelmente menor do que meus colegas e eu tínhamos conseguido fazer aquela manhã.

Quando fiquei sabendo que Beck estava descendo, fui até minha barraca, calcei minhas botas de alpinismo com uma certa dificuldade e comecei a subir, para me encontrar com o grupo de resgate, esperando cruzar com eles na porção inferior do flanco do Lhotse. Porém vinte minutos acima do acampamento 2 fiquei surpreso ao topar com toda a equipe. Embora estivesse sendo repesado com uma corda, Beck estava se movimentando sozinho. Breashears e os outros desceram com ele num ritmo tão rápido que eu próprio, em meu estado debilitado, mal pude acompanhá-los.

Beck foi colocado ao lado de Gau, na barraca do hospital, e os médicos começaram a tirar-lhe as roupas. "Meu Deus!", exclamou o dr. Kamler ao ver a mão direita de Beck. "O congelamento é ainda pior que o de Makalu." Três horas depois, quando me enfiei no saco de dormir, os médicos ainda estavam descongelando os membros de Beck em água morna, trabalhando à luz das lanternas frontais.

Na manhã seguinte — segunda-feira, 13 de maio — saí da barraca com as primeiras luzes do dia e andei uns quatro quilômetros através da vala profunda do Circo Oeste, até a beirada da cascata de gelo. Ali, agindo sob as instruções transmitidas por Guy Cotter, do acampamento-base, procurei uma área plana que pudesse servir de aterrissagem para um helicóptero.

Nos dias anteriores, Cotter vinha tentando com insistência organizar um resgate por helicóptero da parte inferior do Circo, para que Beck não tivesse que descer pelas cordas e escadas traiçoeiras da cascata de gelo, o que teria sido difícil e muito arriscado com suas mãos no estado em que estavam. Em 1973, alguns helicópteros pousaram no Circo Oeste, quando uma expedição italiana usou dois deles para transportar a carga do acampamento-base. Ainda assim era perigoso demais voar até lá, no limite do alcance da aeronave, e uma das máquinas italianas se chocara de encontro ao glaciar. Nos 23 anos seguintes, nunca mais ninguém tentou aterrissar acima da cascata de gelo.

Cotter, porém, era persistente e graças a seus esforços a embaixada norte-americana conseguiu persuadir o exército nepalês a tentar um resgate no Circo. Por volta das 8h00 da segunda-feira de manhã, enquanto eu procurava em vão um local aceitável de pouso entre a mixórdia de *seracs* na borda da cascata de gelo, ouvi a voz de Cotter dizendo, pelo rádio: "O helicóptero está a caminho, Jon. Deve chegar aí a qualquer minuto. É melhor você achar um lugar para ele bem rápido". Na esperança de encontrar um terreno plano mais alto, no glaciar, dei de cara com Beck sendo repesado Circo abaixo por Athans, Burleson, Gustafsson, Breashears, Viesturs e demais integrantes da equipe da IMAX.

Breashears, que trabalhara com muitos helicópteros durante sua longa e eminente carreira em filmes, encontrou na hora um local de pouso, margeado por duas enormes gretas a 6053 metros. Amarrei um *kata* de seda numa vara de bambu, para servir de indicador de vento, enquanto Breashears — usando uma garrafa de Kool-Aid vermelho, como tinta — marcou um X gigantesco na neve, no centro da zona de pouso. Alguns minutos depois Makalu Gau apareceu, tendo sido arrastado glaciar abaixo num pedaço de plástico por meia dúzia de sherpas. Após um instante, ouvimos os rotores de um helicóptero girando furiosamente no ar rarefeito.

Pilotado pelo tenente-coronel Madan Khatri Chhetri, do Exército nepalês, o helicóptero Squirrel B-2, sarapintado de verde-oliva — esvaziado de todo combustível e equipamento desnecessário —, fez duas tentativas, mas em cada uma delas abortou no último momento. Na terceira tentativa, entretanto, Madan pousou o Squirrel precariamente no glaciar, com a cauda pendurada sobre uma greta sem fim. Mantendo os rotores girando em potência máxima, sem nunca tirar os olhos do painel de controle, Madan levantou um único dedo, indicando que só poderia levar um passageiro; nessa altitude, qualquer peso adicional poderia fazer com que o helicóptero caísse na hora de decolar.

Como os pés congelados de Gau tivessem sido descongelados no acampamento 2, ele não podia mais andar, nem mesmo ficar de pé, de modo que Breashears, Athans e eu concordamos que o alpinista taiwanês era quem deveria ir. "Desculpe", eu gritei para Beck, por cima dos gritos das turbinas do helicóptero. "Talvez ele consiga fazer um segundo voo." Beck balançou a cabeça como um filósofo.

Levantamos Gau até a traseira do helicóptero e a máquina se mexeu, hesitante. Assim que as bequilhas de Madan soltaram-se do glaciar, ele embicou o helicóptero para a frente, caiu feito uma pedra pela cascata de gelo e desapareceu nas sombras. Um denso silêncio encheu o Circo.

Trinta minutos mais tarde, nós continuávamos na zona de pouso discutindo sobre como descer Beck, quando um ruído distante de helicóptero reverberou no vale abaixo. Aos poucos o barulho foi crescendo, crescendo, e enfim apareceu o pequeno helicóptero verde. Madan voou um pouco mais acima do Circo, antes de trazê-lo de volta, de modo que o nariz da aeronave ficasse apontado para baixo. Então, sem hesitar, pousou o Squirrel mais uma vez na marca vermelha e Breashears e Athans embarcaram Beck. Segundos depois o helicóptero estava no ar, passando pelo ombro oeste do Everest feito uma estranha libélula de metal. Uma hora depois, Beck e Makalu Gau estavam recebendo tratamento num hospital de Katmandu.

Depois que a equipe de resgate se dispersou, fiquei sentado na neve um tempão, sozinho, olhando minhas botas, tentando avaliar o que tinha acontecido nas 72 horas anteriores. Como é que as coisas podiam ter fugido ao controle dessa maneira? Como é que Andy, Rob, Scott, Doug e Yasuko podiam estar realmente mortos? Porém, por mais que tentasse, não havia respostas. A magnitude dessa calamidade estava tão além de qualquer coisa que eu pudesse imaginar que meu cérebro simplesmente se fechou e escureceu. Abandonando toda e qualquer esperança de compreender o que se passara, pus minha mochila nas costas e comecei a descer o encantamento gelado da cascata de gelo, nervoso como um gato, nessa última viagem pelo labirinto de *seracs*.

21. ACAMPAMENTO-BASE DO EVEREST
13 DE MAIO DE 1996
5400 M

> *É inevitável que me peçam um julgamento maduro sobre a expedição, do tipo que seria impossível fazer quando estávamos todos tão próximos dela. [...] Por um lado, Amundsen indo direto para lá, chegando lá primeiro, regressando sem perder um único homem e sem ter exigido, de si ou de seus homens, qualquer esforço extraordinário, além do necessário para o trabalho de exploração polar. De outro lado nossa expedição corria riscos tremendos, executando prodígios de resistência sobre-humana, atingindo renome imortal; era celebrada com sermões em augustas catedrais, com estátuas públicas e, no entanto, alcançava o polo apenas para descobrir que nossa viagem fora supérflua e para deixar nossos melhores homens mortos no gelo. Ignorar tamanho contraste seria ridículo; escrever um livro sem lhe dar o peso devido, uma perda de tempo.*
> Apsley Cherry-Garrard, *The worst journey in the world*, um relato sobre a fatídica expedição de 1912 de Robert Falcon Scott ao Polo Sul

CHEGANDO AO FIM DA CASCATA DE GELO do Khumbu, na segunda-feira de manhã, 13 de maio, desci a encosta final e encontrei Ang Tshering, Guy Cotter e Caroline Mackenzie à minha espera, na beirada do glaciar. Guy me deu uma cerveja, Caroline um abraço e, quando percebi, estava sentado no gelo, com a cabeça nas mãos e lágrimas escorrendo pelo rosto, chorando como não chorava desde bem pequeno. A salvo agora, aliviada a tensão esmagadora dos dias anteriores, chorei por meus companheiros perdidos, chorei por estar vivo, chorei porque me sentia péssimo por ter sobrevivido enquanto outros morreram.

Na terça à tarde, Neal Beidleman presidiu a um serviço em memória dos desaparecidos, no acampamento da Mountain Madness. O pai de Lopsang Jangbu, Ngawang Sya Kya — ordenado lama — queimou incenso de junípero e entoou as escrituras budistas sob um céu cinza metálico. Neal disse algumas palavras, Guy falou, Anatoli Boukreev lamentou a perda de Scott Fischer. Eu me levantei e gaguejei algumas recordações de Doug Hansen. Pete Schoening tentou levantar o ânimo de todos pedindo que olhássemos para a frente, e não para trás. Porém, quando o serviço terminou e nos dispersamos, cada um para sua barraca, havia um clima fúnebre pairando sobre o acampamento-base.

Na manhã seguinte bem cedo, chegou um helicóptero para transportar Charlotte Fox e Mike Groom, ambos com congelamento nos pés e precisando de imediata atenção médica. John Taske, que era médico, foi com eles, para tratar dos dois no caminho. Aí, pouco antes do meio-dia, enquanto Helen Wilton e Guy Cotter ficavam para trás para supervisionar o desmanche do acampamento da Adventure Consultants, Lou Kasischke, Stuart Hutchison, Frank Fischbeck, Caroline e eu saímos do acampamento-base para voltarmos para casa.

Na quinta-feira, 16 de maio, fomos de helicóptero de Pheriche até a aldeia de Syangboche, pouco acima de Namche Bazaar. Ao cruzarmos a pista de terra, para esperar um segundo voo até Katmandu, Stuart, Caroline e eu fomos abordados por três japoneses muito pálidos. O primeiro disse que seu nome era Muneo Nukita — era um experiente alpinista do Himalaia, que já atingira o topo do Everest duas vezes — e explicou-nos que estava agindo como guia e intérprete para os outros dois, a quem nos apresentou como sendo o marido de Yasuko Namba, Kenichi Namba, e o irmão dela. Durante os 45 minutos seguintes, eles fizeram muitas perguntas e poucas foram as que pude responder.

Àquela altura, a morte de Yasuko tornara-se manchete em todo o Japão. Na verdade, no dia 12 de maio — menos de 24 horas depois que ela morreu no colo sul —, um helicóptero pousara no meio do acampamento-base e dois jornalistas japoneses saltaram, usando máscaras de oxigênio. Aproximando-se da primeira pessoa que viram — um alpinista americano chamado Scott Darsney —, pediram informações sobre Yasuko. Agora, quatro dias mais tarde, Nukita advertiu-nos de que um enxame igualmente predador de repórteres da imprensa e televisão estava à nossa espera em Katmandu.

Já no final daquela tarde, subimos a bordo de um gigantesco helicóptero Mi-17 e decolamos em meio a uma brecha nas nuvens. Uma hora depois o helicóptero pousou no Aeroporto Internacional de Tribhuvan e, ao sairmos, fomos recebidos por uma floresta de microfones e câmeras de televisão. Como jornalista, achei edificante experimentar as coisas do outro lado da cerca. A multidão de repórteres, em sua maioria japoneses, queria uma versão concisa da calamidade, repleta de vilões e heróis. Porém o caos e o sofrimento que eu testemunhara não eram facilmente reduzidos a curtos trechos sonoros. Depois de vinte minutos sendo assolado por perguntas na pista, fui salvo por David Schensted, o cônsul da embaixada norte-americana, que me deixou no Hotel Garuda.

Seguiram-se entrevistas mais difíceis — feitas por outros repórteres e, depois, por uma enfiada de funcionários carrancudos do Ministério do Turismo. Na sexta-feira à noite, vagando pelas vielas do Thamel, em Katmandu, busquei alívio para uma depressão cada vez mais profunda. Entreguei a um garoto magricela nepalês um punhado de rúpias e recebi um minúsculo pacote em troca, brasonado com um tigre rugindo. De volta ao hotel, desembrulhei o pacote e esfarelei seu conteúdo num papel de cigarro. Os brotos verde-claros estavam grudentos de resina, cheirando a fruta podre. Enrolei o baseado, fumei inteirinho, enrolei um segundo, mais gordo, e fumei quase a metade daquele também, antes que o quarto começasse a girar. Então o apaguei.

Fiquei deitado nu, na cama, ouvindo os sons da noite que entravam pela janela aberta. O tilintar dos sinos dos riquixás misturava-se às buzinas, aos apelos dos ambulantes, à risada de uma mulher, à música de um bar nas redondezas. Deitado de costas, pirado demais para me mexer, fechei os olhos e deixei que o calor pré-monção me cobrisse inteiro, como um bálsamo. Senti-me como se estivesse derretendo no colchão. Uma procissão de cata-ventos intrincadamente desenhados e figurinhas de desenho animado, com grandes narigões, flutuavam pelos meus olhos fechados, em tons de néon.

Quando virei a cabeça de lado, minha orelha encostou em algo molhado; lágrimas, percebi então, estavam escorrendo pelo meu rosto e encharcando os lençóis. Senti uma bolha cada vez maior de dor e de vergonha subindo pela espinha, vinda de algum lugar lá no fundo. Irrompendo de meu nariz e de minha boca num fluxo de ranho, o primeiro soluço foi seguido de outro, depois de outro e mais outro.

No dia 19 de maio voltei aos Estados Unidos, levando duas mochilas com os pertences de Doug Hansen para devolvê-los às pessoas que o amavam. No aeroporto de Seattle, fui recebido por seus filhos, Angie e Jaime; sua namorada, Karen Marie; e outros amigos e membros da família. Senti-me abobalhado e totalmente impotente diante de suas lágrimas.

Respirando o ar marinho denso que trazia o aroma da maré baixa, espantei-me com a fecundidade da primavera em Seattle e apreciei seus charmes úmidos e musgosos como nunca acontecera antes. Devagar e com hesitação, Linda e eu começamos o processo de reaproximação. Recuperei, e logo, os onze quilos que perdera no Nepal. Os prazeres comuns da vida rotineira — tomar o café da manhã com minha mulher, ver o sol baixando no estreito de Puget, acordar no meio da noite e ir descalço até um banheiro quente — geravam ondas de prazer que beiravam o êxtase. Entretanto, esses momentos eram temperados pela longa penumbra lançada pelo Everest, que parecia retroceder muito pouco com a passagem do tempo.

Ainda com sentido de culpa, adiei os telefonemas para a companheira de Andy Harris, Fiona McPherson, e para a mulher de Rob Hall, Jan Arnold, por tanto tempo que no fim foram elas que me ligaram da Nova Zelândia. Quando veio a ligação, não fui capaz de dizer nada para diminuir a raiva e o espanto de Fiona. Durante minha conversa com Jan, ela passou mais tempo me consolando do que eu a ela.

Eu sempre soube que escalar montanhas era uma atividade de alto risco. Eu aceitava que o perigo era um componente essencial do jogo — sem ele, escalar seria o mesmo que uma centena de outras diversões corriqueiras. Era emocionante confrontar o enigma da mortalidade, dar uma espiada de leve em suas fronteiras proibidas. Eu de fato acreditava que o alpinismo era uma atividade magnífica, justamente pelos perigos inerentes do esporte e não apesar deles.

Até que eu visitasse o Himalaia, porém, nunca vira a morte de perto. Antes de ir para o Everest, nunca tinha ido a um enterro! A mortalidade permanecera um conceito de hipotética conveniência, uma ideia para se pensar de modo abstrato. Mais cedo ou mais tarde era inevitável que eu perdesse tal inocência privilegiada, mas quando isso enfim ocorreu, o choque foi magnificado pelo caráter supérfluo da carnificina: tudo somado, o Everest matou doze homens e mulheres na primavera de 1996, o pior desastre numa única estação desde que os alpinistas puseram o pé no topo pela primeira vez, 75 anos antes.

Dos seis alpinistas da expedição de Hall que chegaram ao topo, apenas Mike Groom e eu descemos com vida: quatro companheiros com quem eu rira, vomitara e tivera longas e íntimas conversas perderam a vida. Meus atos — ou a falta deles — tiveram uma influência direta na morte de Andy Harris. E enquanto Yasuko Namba jazia, às portas da morte no colo sul, eu me achava a meros 350 metros dali, protegido dentro de uma barraca, ignorante de sua luta, preocupado apenas com minha segurança. A mancha que isso deixou em minha psique não é o tipo de coisa que se lava após alguns meses de dor e autocensura culpada.

Acabei falando de minha inquietude a Klev Schoening, que morava bem perto. Klev disse que também se sentia péssimo com a perda de tantas vidas mas que, ao contrário de mim, não sentia a "culpa do sobrevivente". Explicou-me ele: "Lá no colo sul, aquela noite, eu consumi tudo que tinha para tentar salvar-me e às pessoas que estavam comigo. Quando cheguei de volta às barracas, não tinha mais nada para dar. Estava com uma córnea congelada e quase cego. Estava com hipotermia, delirante e tremendo sem parar. Foi terrível perder Yasuko, mas já fiz as pazes comigo mesmo sobre esse assunto, porque sei, sinceramente, que não havia mais nada que pudesse fazer por ela. Você não deveria ser tão duro consigo mesmo. Foi uma tempestade terrível. No estado em que estava, o que poderia ter feito por ela?".

Talvez nada, concordei. Porém, ao contrário de Schoening, jamais terei certeza. E a paz invejável de que ele fala continua inatingível para mim.

Com tantos alpinistas apenas marginalmente preparados acorrendo ao Everest, hoje em dia, muita gente acreditava que uma tragédia dessa magnitude aconteceria, mais cedo ou mais tarde. Mas ninguém cogitava na possibilidade de que uma expedição liderada por Rob Hall fosse estar no centro dela. Hall dirigia a operação mais segura da montanha, sem exceção. Homem metódico por compulsão, elaborara sistemas que supostamente evitariam uma catástrofe dessas. Então o que houve? Como explicar isso, não apenas aos entes queridos que ficaram para trás, mas também a um público severo em suas críticas?

O excesso de autoconfiança provavelmente desempenhou seu papel. Hall tornara-se tão versado em subir e descer o Everest com clientes de todas as habilidades que talvez tenha ficado meio presunçoso. Ele vangloriou-se em mais de uma ocasião que poderia levar qualquer pessoa mais ou menos em forma até o topo; sua ficha parecia apoiá-lo. Também demonstrara uma notável capacidade de superar as adversidades.

Em 1995, por exemplo, Hall e seus guias tiveram que se haver não só com os problemas de Hansen, já bem no topo, como também tiveram que lidar com o colapso total de uma outra cliente, chamada Chantal Mauduit, célebre alpinista francesa, que estava fazendo sua sétima escalada do Everest sem oxigênio. Chantal

Mauduit desmaiou aos 8747 metros e teve que ser arrastada e carregada o tempo todo, do cume sul ao colo sul, "feito um saco de batatas", como disse Guy Cotter. Depois que todos saíram vivos desse ataque ao cume, Hall pode muito bem ter imaginado que não havia nada com que não pudesse lidar.

Antes de 1996, porém, Hall teve uma tremenda sorte com o tempo, o que pode ter prejudicado sua faculdade de julgamento. "Temporada após temporada", confirmou David Breashears, que já esteve em mais de uma dúzia de expedições ao Himalaia e que já escalou o Everest três vezes, "Rob encontrou um tempo magnífico no dia do ataque ao cume. Nunca fora apanhado por uma tempestade na parte alta da montanha." Na verdade, o vendaval de 10 de maio, embora violento, não foi extraordinário: foi uma tempestade típica do Everest. Se tivesse caído duas horas mais tarde, é provável que ninguém tivesse morrido. Por outro lado, se tivesse caído uma hora antes, a tempestade poderia ter matado dezoito ou vinte alpinistas — eu inclusive.

Com certeza a hora também teve muito a ver com a tragédia, tanto quanto o tempo, e ignorar o relógio não é um ato da natureza. Atrasos na fixação das cordas eram previsíveis e poderiam muito bem ter sido evitados. Os horários predeterminados para dar meia-volta foram solenemente ignorados.

Prorrogar o horário de volta pode ter sido consequência, em parte, da rivalidade entre Fischer e Hall. Fischer nunca tinha guiado uma expedição ao Everest, antes de 1996. Da perspectiva dos negócios, havia uma pressão tremenda em cima dele para conseguir chegar ao topo. Estava motivadíssimo a levar os clientes até lá, em especial uma celebridade como Sandy Hill Pittman.

Da mesma forma, não tendo conseguido levar ninguém até o topo em 1995, seria muito mau para os negócios de Hall se ele falhasse de novo em 1996 — sobretudo se Fischer conseguisse. Scott tinha uma personalidade carismática e esse carisma fora divulgado de forma agressiva por Jane Bromet. Fischer estava tentando de tudo para engolir a fatia de Hall, e Rob sabia disso. Diante das circunstâncias, a perspectiva de fazer seus clientes darem meia-volta enquanto os clientes de seu rival estavam avançando rumo ao topo pode ter tido um gosto suficientemente ruim para embotar o julgamento de Hall.

Nunca é demais enfatizar, além disso, que Hall, Fischer, nós todos, fomos forçados a tomar tais decisões críticas enquanto estávamos sob os efeitos severos da hipóxia. Ao se ponderar como esse desastre pode ter ocorrido, é imperativo lembrar que pensar com lucidez é impossível a 8800 metros de altitude.

A sabedoria vem fácil depois do fato. Chocados pelo número de vidas perdidas, os críticos logo sugeriram procedimentos para garantir que as catástrofes dessa estação não se repetissem. Propôs-se, por exemplo, que fosse estabelecida uma política de um guia por cliente como padrão para o Everest — ou seja, cada cliente subiria com seu guia pessoal e permaneceria amarrado a esse guia o tempo todo.

Talvez a forma mais simples de reduzir calamidades futuras fosse proibir o uso de oxigênio engarrafado, exceto em emergências médicas. Umas poucas almas inquietas poderiam perecer, tentando chegar ao topo sem oxigênio, mas a grande maioria dos alpinistas marginalmente competentes seria forçada a voltar por conta de suas próprias limitações físicas antes de subirem o suficiente para se meter em apuros mais sérios. E uma proibição dessas teria como benefício automático a redução de lixo e de gente, porque um número consideravelmente menor de pessoas tentaria subir o Everest, se soubessem que não haveria a opção de oxigênio suplementar.

Porém, o serviço de guia, no Everest, é um negócio muito mal regulamentado e, o que é mais, administrado por burocracias bizantinas de Terceiro Mundo, pessimamente equipadas para avaliar as qualificações tanto dos guias como dos clientes. Além disso, os dois países que controlam o acesso ao pico — o Nepal e a China — são paupérrimos. Desesperados atrás de moeda forte, os governos dos dois países têm interesse em conceder quantas permissões de escalada o mercado puder suportar; é improvável que estabeleçam medidas que reduzam significativamente seus dividendos.

Analisar o que deu errado no Everest é uma atividade bastante útil; é de se imaginar que possa evitar algumas mortes no caminho. Mas acreditar que dissecar os eventos trágicos de 1996 nos mínimos detalhes possa de fato reduzir a taxa de mortes de modo expressivo é bobagem. A necessidade de se catalogar a infinidade de pequenos erros para "aprender com eles" é, em grande parte, um exercício de rejeição e autoilusão. Se você conseguir se convencer de que Rob Hall morreu porque cometeu uma série de erros estúpidos e de que você é esperto demais para repetir esses mesmos erros, fica mais fácil ainda tentar o Everest, em que pesem evidências bem nítidas de que fazê-lo seria uma insensatez.

Na verdade, o resultado assassino de 1996 foi, de muitas maneiras, o de sempre. Embora um número recorde de pessoas tenha morrido na temporada de primavera, as doze mortes significaram apenas 3% dos 398 alpinistas que subiram além do acampamento-base — o que vem a ser um número pouco inferior à taxa histórica de vítimas de 3,3%. Ou então coloquemos assim: entre 1921 e maio de 1996, 144 pessoas morreram e o pico foi escalado umas 630 vezes — uma proporção de um para quatro. Na última primavera, doze alpinistas morreram e 84 chegaram ao topo — numa proporção de um para sete. Comparado a esses padrões históricos, 1996 foi, com efeito, um ano mais seguro que a média.

Verdade seja dita, escalar o Everest sempre foi um empreendimento extraordinariamente perigoso e sem dúvida sempre será, sejam os envolvidos neófitos acompanhados de guias ou alpinistas de classe internacional escalando junto com seus pares. Vale a pena notar que antes de a montanha reivindicar as vidas de Hall e Fischer, ela já tinha varrido todo um conjunto de alpinistas de elite, inclusive Peter Boardman, Joe Tasker, Marty Hoey, Jake Breitenbach, Mike Burke, Michel Parmentier, Roger Marshall, Ray Genet e George Leigh Mallory.

No caso da turma de guiados, ficou bem claro para mim, em 1996, que poucos dos clientes (eu inclusive) tinham plena consciência da gravidade dos riscos que enfrentaríamos — da margem ultratênue na qual a vida humana se sustém acima dos 7620 metros. Heróis sonhadores que deliram com o Everest precisam ter em mente que, quando as coisas dão errado acima da zona da morte — e mais cedo ou mais tarde elas sempre dão —, nem o melhor guia do mundo consegue salvar a vida de um cliente; na realidade, como ficou provado com os acontecimentos de 1996, os melhores guias do mundo às vezes são impotentes para salvar até sua própria vida. Quatro de meus companheiros morreram não tanto porque os sistemas de Rob Hall tivessem falhas — na verdade, ninguém poderia tê-los preparado melhor — e sim porque falhar, no Everest, faz parte da natureza dos sistemas, e de forma violenta.

No meio de todo esse raciocínio póstumo, é fácil perder de vista o fato de que escalar montanhas jamais será um empreendimento seguro, previsível e regido por regras rígidas. Trata-se de uma atividade que idealiza os riscos; as figuras mais celebradas do esporte são sempre aquelas que mais arriscam seu pescoço e saem vencedoras. Os alpinistas, como uma espécie, não são dotados de um excesso de prudência. E isso é especialmente verdadeiro para aqueles que escalam o Everest: quando se veem diante da oportunidade de chegar ao pico mais alto do mundo, como mostra a história, as pessoas abandonam os julgamentos racionais com surpreendente rapidez. "Algum dia", adverte Tom Horbein, 33 anos depois de sua escalada da crista oeste, "o que houve no Everest esta temporada vai acontecer de novo."

Como prova de que pouquíssimas lições foram aprendidas com os erros do dia 10 de maio, não é preciso olhar muito mais longe do que o que houve no Everest nas semanas imediatamente seguintes.

No dia 17 de maio, dois dias depois que a equipe de Hall abandonou o acampamento-base, do lado tibetano da montanha um austríaco chamado Reinhard Wlasich e um companheiro húngaro, escalando sem oxigênio suplementar, alcançaram o acampamento avançado a 8300 metros, na crista nordeste, onde ocuparam uma das barracas abandonadas pela malfadada expedição de Ladakh. Na manhã seguinte, Wlasich queixou-se de que se sentia mal, em seguida perdeu a consciência; um médico norueguês, que também estava presente, determinou que o austríaco estava sofrendo de edemas cerebral e pulmonar. Embora o médico tenha administrado oxigênio e medicação, por volta da meia-noite Wlasich estava morto.

Enquanto isso, no lado nepalês do Everest, a equipe da IMAX, de David Breashears, reuniu-se e pesou as opções. Uma vez que tinham 5,5 milhões de dólares investidos no projeto do filme, havia um belo incentivo para permanecer na montanha e tentar chegar ao topo. Com a presença de Breashears, Ed Viesturs e Robert Schauer, eram sem dúvida alguma a equipe mais forte e competente na montanha. E apesar de terem dado metade de seu suprimento de oxigênio para ajudar o pessoal do resgate e os alpinistas necessitados, conseguiram, na sequência, arranjar oxigênio suficiente com as expedições que estavam saindo da montanha, substituindo assim boa parte do que haviam perdido.

Paula Barton Viesturs, mulher de Ed, estivera monitorando o rádio como gerente do acampamento-base da IMAX quando houve o desastre de 10 de maio. Amiga tanto de Hall quanto de Fischer, ficou arrasada; e imaginou, depois da tragédia, que a equipe da IMAX logo iria dobrar as barracas e voltar para casa. Aí ouviu uma conversa de rádio entre Breashears e um outro alpinista, na qual o líder do grupo da IMAX dizia, muito casualmente, que sua equipe pretendia tirar uns dias de descanso no acampamento-base e depois partir para o cume.

"Depois de tudo que tinha acontecido, eu não podia acreditar que eles fossem subir", Paula admite. "Quando ouvi a conversa pelo rádio, perdi o controle." Estava tão perturbada que saiu do acampamento-base e andou até Tengboche, onde passou cinco dias para se recuperar do choque.

No dia 22 de maio, uma quarta-feira, a equipe da IMAX chegou ao colo sul com um tempo perfeito e partiu aquela noite mesmo para o topo. Ed Viesturs, que tinha o papel principal no filme, chegou ao cume às 11h00 da manhã de quinta-feira, sem usar oxigênio suplementar.* Breashears chegou vinte minutos depois,

---

* Viesturs já tinha escalado o Everest, em 1990 e 1991, sem oxigênio. Em

seguido por Araceli Segarra, Robert Schauer e Jamling Norgay — filho do primeiro sherpa a escalar o Everest, Tenzing Norgay, e o nono membro do clã Norgay a chegar ao topo. Dezesseis alpinistas chegaram ao cume aquele dia, inclusive o sueco que fora de bicicleta de Estocolmo até o Nepal, Göran Kropp, e Ang Rita Sherpa, cuja escalada marcou sua décima visita ao teto do mundo.

Na subida, Viesturs passara pelos corpos congelados de Fischer e Hall. "Tanto Jean [mulher de Fischer] quanto Jan [mulher de Hall] me pediram para trazer algumas coisas pessoais deles", Viesturs diz, encabulado. "Eu sabia que Scott usava a aliança no pescoço e queria trazê-la de volta para Jeannie, mas não consegui ter coragem de procurar. Simplesmente não consegui fazer isso." Em vez de pegar qualquer lembrança, Viesturs sentou-se ao lado de Fischer, durante a descida, e passou alguns minutos sozinho com ele. "Ei, Scott, como é que vai indo?", Ed perguntou com tristeza ao amigo. "O que houve, cara?"

Na sexta à tarde, 24 de maio, enquanto a equipe da IMAX descia do acampamento 4 para o acampamento 2, encontraram o que sobrara da equipe sul-africana — Ian Woodall, Cathy O'Dowd, Bruce Herrod e três sherpas — na Franja Amarela, a caminho do colo sul e do topo. "Bruce me pareceu forte, estava com bom aspecto", recorda-se Breashears. "Ele apertou minha mão bem forte, nos cumprimentou, disse que estava se sentindo ótimo. Meia hora atrás dele estavam Ian e Cathy, caídos sobre o piolet, com uma cara péssima — estavam mal de verdade."

"Fiz questão de passar um tempinho com eles", Breashears continua. "Eu sabia que não tinham experiência, de modo que disse: 'Por favor, tomem cuidado. Vocês viram o que aconteceu lá em cima no começo do mês. Lembrem-se de que chegar ao topo é a parte mais fácil; descer é que é duro'."

Os sul-africanos partiram para o topo aquela noite. O'Dowd e Woodall deixaram as barracas vinte minutos depois da meia-noi-

---

1994, ele escalou a montanha uma terceira vez, com Rob Hall; dessa vez usou oxigênio porque estava guiando e achou que seria irresponsabilidade não usar.

te, com os sherpas Pemba Tendi, Ang Dorje* e Jangbu levando oxigênio para eles. Herrod parece ter deixado o acampamento minutos depois do grupo principal, mas foi ficando cada vez mais para trás, durante a escalada. No sábado, dia 25 de maio, às 9h50 Woodall chamou Patrick Conroy, o operador de rádio no acampamento-base, para dizer que estava no topo com Pemba e que O'Dowd estaria lá em cima dali a quinze minutos, com Ang Dorje e Jangbu. Woodall disse ainda que Herrod, que não tinha rádio, estava a uma distância incerta, mais embaixo.

Herrod, a quem eu encontrara várias vezes na montanha, era um sujeito afável, de 37 anos, de constituição grandalhona. Embora não tivesse experiência prévia em grandes altitudes, era um alpinista competente que passara dezoito meses nas vastidões geladas da Antártida, trabalhando como geofísico — era de longe o melhor alpinista da atual equipe sul-africana. Desde 1988 vinha trabalhando duro para ser fotógrafo freelance e esperava que chegar ao topo do Everest lhe daria o tão necessário empurrão na carreira.

Quando Woodall e Cathy O'Dowd estavam no cume, conforme transpareceu depois, Herrod ainda estava bem mais abaixo, subindo com dificuldade a crista sudeste sozinho, num ritmo perigosamente lento. Por volta das 12h30, passou por Woodall, O'Dowd e os três sherpas, que já estavam voltando. Ang Dorje lhe passou um rádio e descreveu o lugar onde guardara uma garrafa de oxigênio para ele, em seguida Herrod prosseguiu sozinho rumo ao topo. Ele só chegou ao cume às 17h00, ou um pouco mais, sete horas após os outros que, a essa altura, já estavam de volta às barracas no colo sul.

Por coincidência, no mesmo momento em que Herrod chamou o acampamento-base para dizer que estava no topo, sua namorada, Sue Thompson, estava chamando Conroy ao telefone, via satélite, de sua casa em Londres. "Quando Patrick me

* Um lembrete: o sherpa Ang Dorje da expedição sul-africana não é o mesmo Ang Dorje da equipe de Rob Hall.

disse que Bruce estava no topo", Thompson relembra, "eu disse: Droga! Ele não pode estar no topo assim tão tarde — são cinco e quinze! Não gosto disso."

Momentos depois, Conroy estabeleceu uma conexão entre ela e Herrod, no topo do Everest. "Bruce me parecia perfeitamente são", diz Sue Thompson. "Estava consciente de que levara um tempão para chegar lá, mas parecia tão normal quanto se pode estar àquela altitude, tendo tirado a máscara de oxigênio para falar. Não me pareceu nem mesmo muito ofegante."

Ainda assim, Herrod levara dezessete horas para subir do colo sul até o topo. Embora houvesse pouco vento, as nuvens agora envolviam a montanha e a escuridão não tardaria a chegar. Completamente só no teto do mundo, extenuado de cansaço, devia estar sem, ou quase sem, oxigênio. "Que ele estivesse ali assim tão tarde, sem mais ninguém por perto, era uma loucura", diz seu ex-colega de equipe, Andy de Klerk. "É absolutamente impensável."

Herrod tinha estado no colo sul de 9 a 12 de maio. Sentira a ferocidade da tempestade, ouvira os chamados desesperados por rádio pedindo ajuda, vira Beck Weathers afetado por congelamentos horríveis. Durante sua escalada de 25 de maio, Herrod passara ao lado do cadáver de Scott Fischer e várias horas mais tarde, no cume sul, teria de pular as pernas sem vida de Rob Hall. Aparentemente, porém, os corpos não deixaram grandes marcas em Herrod, porque apesar do ritmo lento e do avançado da hora, ele continuou subindo rumo ao topo.

Não houve mais nenhuma comunicação via rádio da parte de Herrod, após sua chamada das 17h15, ainda no topo. "Sentamos à espera dele no acampamento 4 com o rádio ligado", O'Dowd explicou numa entrevista publicada no *Mail & Guardian* de Johannesburg. "Estávamos muito cansados e acabamos pegando no sono. Quando acordei na manhã seguinte, por volta das 5h00, e ele não havia chamado, percebi que o havíamos perdido."

Presumia-se que Bruce Herrod estivesse morto, a décima segunda vítima da temporada.

Epílogo
SEATTLE
29 DE NOVEMBRO DE 1996
82 M

> *Agora sonho com o toque macio das mulheres, música de pássaros, cheiro de terra esmigalhada nos dedos, com o esplêndido verde de plantas bem cuidadas. Estou procurando umas terras para comprar e vou enchê-las de veados, javalis, pássaros, choupos e plátanos, vou construir uma lagoa, patos hão de surgir, os peixes subirão à tona, à luz da tarde, para apanhar os insetos. Haverá alamedas por essa floresta e você e eu nos perderemos nas curvas e dobras suaves do terreno. Iremos até a beira da água, deitaremos na grama e haverá uma pequena placa discreta dizendo: "Este é o mundo real, muchachos, e estamos todos nele" B. Traven. [...]*
> Charles Bowden, *Blood orchid*

VÁRIAS PESSOAS QUE ESTIVERAM no Everest em maio passado disseram-me que conseguiram superar a tragédia. Em meados de novembro, recebi uma carta de Lou Kasischke, na qual escreveu:

> Levou alguns meses, no meu caso, até que os aspectos positivos começassem a surgir. Porém surgiram. O Everest foi a pior experiência de minha vida. Mas isso já passou. Agora é agora. Estou centrado no positivo. Aprendi algumas coisas importantes sobre a vida, sobre os outros e sobre mim mesmo. Sinto que agora tenho uma perspectiva mais clara da vida. Hoje vejo coisas que nunca havia visto antes.

Lou tinha acabado de passar um fim de semana com Beck Weathers, em Dallas. Depois de ser levado por helicóptero do Circo Oeste, Beck teve seu braço direito amputado até pouco abaixo do cotovelo. Todos os quatro dedos e o polegar de sua mão esquerda foram removidos. Seu nariz foi amputado e reconstruído com tecido de sua orelha e testa. Lou refletiu, depois de visitar Beck,

> [que] foi ao mesmo tempo triste e triunfante. Dói ver Beck desse jeito: nariz reconstruído, cicatrizes no rosto, mutilado para sempre, ele se pergunta se poderá voltar a exercer a medicina e coisas assim. Porém, também foi extraordinário ver como um homem pode aceitar tudo isso e estar pronto para continuar com a vida. Ele está conquistando isso. Será vitorioso.
> Beck só teve coisas boas para dizer a respeito de todos. Beck não joga o jogo da culpa. Você pode não partilhar de suas ideias políticas, mas partilharia de meu orgulho em ver como ele está lidando com isso. De alguma forma, algum dia, tudo isso vai render dividendos positivos para ele.

Sinto-me contente que Beck, Lou e outros tenham, aparentemente, conseguido ver o lado positivo da experiência — e os invejo. Talvez, depois de mais algum tempo, também eu seja capaz de reconhecer parte do bem maior que resultou de tanto sofrimento, mas neste exato momento não posso.

Enquanto escrevo estas palavras, meio ano já se passou desde que voltei do Nepal e em cada um desses dias, durante esses seis meses, não se passaram mais de duas ou três horas sem que o Everest voltasse a monopolizar meus pensamentos. Nem mesmo no sono há uma trégua: imagens da escalada e do que houve depois continuam a permear meus sonhos.

Depois de meu artigo sobre a expedição ter sido publicado, na edição de setembro da *Outside*, a revista recebeu um volume inesperadamente grande de correspondência. Boa parte dela oferecia apoio e simpatia para aqueles de nós que havíamos regressado, mas também houve muitas cartas fazendo críticas contundentes. Por exemplo, um advogado da Flórida disse:

> Tudo que posso dizer é que concordo com Krakauer quando ele diz: "Meus atos — ou a falta deles — desempenharam um papel direto na morte de Andy Harris". Também concordo com ele quando diz: "[Ele estava] a menos 350 metros [de distância], deitado dentro de uma barraca, sem fazer absolutamente nada. [...]" Não sei como ele pode viver consigo mesmo.

Algumas das cartas mais iradas — e de longe as mais perturbadoras de ler — vieram de parentes dos mortos. A irmã de Scott Fischer, Lisa Fischer-Luckenbach, escreveu:

> Baseado em sua palavra escrita, *você* com certeza parece ter uma capacidade excepcional para saber exatamente o que estava se passando no coração e na mente de cada um dos indivíduos da expedição. Agora que *você* está em casa, a salvo e bem, julgou a decisão dos outros, analisou suas intenções, comportamentos, personalidades e motivações. Comentou o que *deveria* ter sido feito pelos líderes, pelos sherpas, pelos clientes e fez muitas acusações arrogantes a seus erros. Tudo segundo Jon Krakauer que, após pressentir a catástrofe, voltou rapidinho para sua barraca, para sua própria segurança e sobrevivência. [...]
>
> Quem sabe deveria dar uma espiada no que está fazendo ao, aparentemente, *saber tudo*. Você já havia se enganado com suas *especulações* em torno do que acontecera com Andy Harris, causando muita dor e angústia à família e aos amigos dele. E agora denigre também o caráter de Lopsang com "conversa fiada".
>
> O que estou lendo é *seu próprio* ego lutando com desespero para dar sentido ao que aconteceu. Por mais que você analise, critique, julgue ou teça hipóteses, isso não lhe trará a paz que está procurando. Não há respostas. A culpa não

foi de ninguém. Estavam todos fazendo o melhor possível naquele momento, nas circunstâncias dadas.

Ninguém pretendia prejudicar ninguém. Ninguém queria morrer.

Esta última carta foi, em particular, desconcertante, porque eu a recebi pouco depois de ficar sabendo que a lista de vítimas crescera para incluir também Lopsang Jangbu. Em agosto, após o fim da monção no alto Himalaia, Lopsang retornara ao Everest para guiar um cliente japonês pela rota do colo sul e crista sudeste. No dia 25 de setembro, enquanto estavam subindo do acampamento 3 para o acampamento 4, para escalar o cume, uma avalanche engoliu Lopsang, um outro sherpa e um alpinista francês pouco abaixo do esporão de Genebra e carregou-os pelo flanco do Lhotse. Lopsang deixou uma mulher jovem e um bebê de dois meses em Katmandu.

E houve mais notícias más. Em 17 de maio, depois de descansar apenas dois dias no acampamento-base, após ter descido do Everest, Anatoli Boukreev escalou sozinho o cume do Lhotse. "Estou cansado", ele me disse, "mas vou por Scott." Continuando sua tentativa de escalar o cume das catorze montanhas com mais de 8 mil metros, em setembro Boukreev viajou para o Tibete e escalou o Cho Oyu e o Shisha Pangma, de 8013 metros. Porém, em meados de novembro, durante uma visita a seu Cazaquistão natal, o ônibus em que viajava sofreu um acidente. O motorista morreu e Anatoli teve sérios ferimentos na cabeça, inclusive um bastante grave, e possivelmente permanente, num dos olhos.

No dia 14 de outubro, 1996, a seguinte mensagem foi colocada na Internet, como parte do fórum de discussões sul-africano sobre o Everest:

Sou um órfão sherpa. Meu pai morreu na cascata de gelo do Khumbu enquanto transportava carga para uma expedição, no final dos anos 1960. Minha mãe morreu logo abaixo de Pheriche, quando seu coração acabou cedendo sob o peso da carga que levava para uma outra expedição, em 1970.

Três de meus irmãos morreram de causas variadas, minha irmã e eu fomos mandados para casas de adoção, na Europa e nos Estados Unidos.

Nunca mais voltei à minha terra natal porque acho que está amaldiçoada. Meus ancestrais chegaram à região do Khumbu fugindo de perseguições nas terras baixas. Ali encontraram um santuário, à sombra do "Sagarmathaji", "deusa mãe da terra". Em troca, meu povo deveria proteger o santuário dos estranhos.

Porém, eles foram pelo caminho oposto. Ajudaram os estranhos a encontrar um caminho até o santuário e violar cada membro de seu corpo, ao se postarem em cima da deusa, bradando vitória, sujando e poluindo seu seio. Alguns se sacrificaram, outros escaparam por um triz ou ofereceram outras vidas em seu lugar. [...]

Portanto, acredito que até os sherpas são responsáveis pela tragédia de 1996 em "Sagarmatha". Não lamento nunca mais ter voltado, porque sei que o povo da região está condenado, assim como estão aqueles ricos e arrogantes forasteiros que acham que podem conquistar o mundo. Lembrem-se do *Titanic*. Até mesmo o que não poderia ser afundado afundou, e o que são tolos mortais como Weathers, Pittman, Fischer, Lopsang, Tenzing, Messner, Bonington perante a "Deusa Mãe"? Como tal, jurei nunca mais regressar e participar desse sacrilégio.

O Everest parece ter envenenado muitas vidas. Houve relacionamentos rompidos. A mulher de uma das vítimas foi hospitalizada, com depressão. Quando falei pela última vez com um certo companheiro, sua vida estava em turbilhão. Ele contou que a dificuldade em lidar com os efeitos da expedição estava ameaçando seu casamento. Não conseguia se concentrar no trabalho e estava recebendo insultos e censuras de estranhos.

Ao voltar para Manhattan, Sandy Pittman descobriu que se tornara um para-raio para grande parte da ira pública diante do que acontecera no Everest. A revista *Vanity Fair* publicou um artigo devastador sobre ela, na edição de agosto de 1996. Uma equipe de televisão de um programa em forma de tabloide, chamado *Hard Copy*, cercou-a na frente do prédio onde mora. O escritor Christopher Buckley usou os problemas que ela teve em grande altitude como fecho de ouro de uma piada na última página do *The New Yorker*. Por volta do outono, as coisas estavam tão malparadas que ela confessou a uma amiga, chorando, que o filho estava sendo ridicularizado e evitado pelos colegas, numa escola particular de elite. A intensidade cáustica da ira pública em torno do que houve no Everest — e o fato de que boa parte foi dirigida contra ela — tomou Sandy Pittman de surpresa, deixando-a abalada.

Em relação a Neal Beidleman, que ajudou a salvar a vida de cinco clientes guiando-os montanha abaixo, entretanto, continua a perseguição por uma morte que ele não pôde evitar, a de uma cliente que não estava em sua equipe e que, portanto, não era sequer sua responsabilidade oficial.

Conversei com Beidleman depois de já termos os dois passado pelo período de readaptação e ele se lembrou de como foi estar lá no colo sul, com seu grupo, naquele vento terrível, tentando desesperadamente manter todos vivos. "Assim que o céu clareou o suficiente para nos dar uma ideia de onde ficava o acampamento", ele contou, "foi como um 'Ei, essa trégua na tempestade pode não durar muito, por isso *vamos*!'. Eu estava gritando com todo mundo para que se mexessem, mas ficou claro que algumas pessoas não tinham forças para andar, nem mesmo para ficar em pé."

"As pessoas estavam chorando. Ouvi alguém gritar: 'Não me deixe morrer aqui!'. Estava óbvio que era agora ou nunca. Tentei pôr Yasuko de pé. Ela agarrou meu braço, mas estava fraca demais para levantar mais que os joelhos. Comecei a andar e arrastei-a um ou dois passos, depois ela foi se soltando e caiu. Eu precisava continuar andando. Alguém tinha que chegar às barracas e conseguir ajuda, senão todos morreriam."

Beidleman parou. "Mas não posso evitar de lembrar de Yasuko", ele disse, quando voltou a falar, a voz abafada. "Ela era tão pequena. Ainda hoje sinto seus dedos escorregando pelo meu braço e depois me soltando. Eu nem parei para olhar para trás."

NOTA DO AUTOR

Meu artigo na *Outside* deixou irritadas muitas pessoas sobre as quais escrevi e magoou amigos e parentes de algumas das vítimas do Everest. Lamento sinceramente que isso tenha ocorrido — não era meu objetivo fazer mal a ninguém. Minha intenção no artigo, e em muito maior grau neste livro, foi contar o que aconteceu na montanha da forma mais correta e honesta possível, fazendo-o de maneira sensível e respeitosa. Acredito com firmeza que essa é uma história que precisa ser contada. É óbvio que nem todos acham o mesmo e peço desculpas àqueles que se sentirem ofendidos com minhas palavras.

Além disso, gostaria de expressar minhas profundas condolências a Fiona McPherson, Ron Harris, Mary Harris, David Harris, Jan Arnold, Sarah Arnold, Eddie Hall, Millie Hall, Jaime Hansen, Angie Hansen, Bud Hansen, Tom Hansen, Steve Hansen, Diane Hansen, Karen Marie Rochel, Kenichi Namba, Jean Price, Andy Fischer-Price, Katie Rose Fischer-Price, Gene Fischer, Shirley Fischer, Lisa Fischer-Luckenbach, Rhonda Fischer Salerno, Sue Thompson e Ngawang Sya Kya.

Ao escrever este livro, recebi a valiosa assistência de muita gente, porém Linda Mariam Moore e David S. Roberts merecem menção especial. Não apenas por seus conselhos experientes e fundamentais a este volume como também porque, sem seu apoio e incentivo, eu jamais teria tentado esse dúbio negócio de ganhar a vida escrevendo, nem teria ficado nele tanto tempo.

No Everest, tive o privilégio da companhia de Caroline Mackenzie, Helen Wilton, Mike Groom, Ang Dorje, Lhakpa Chhiri, Chhongba, Ang Tshering, Kami, Tenzing, Arita, Chuldum, Ngawang Norbu, Pemba, Tendi, Beck Weathers, Stuart Hutchison, Frank Fischbeck, Lou Kasischke, John Taske, Guy Cotter, Nancy

283

Hutchison, Susan Allen, Anatoli Boukreev, Neal Beidleman, Jane Bromet, Ingrid Hunt, Ngima Kale, Sandy Hill Pittman, Charlotte Fox, Tim Madsen, Pete Schoening, Klev Schoening, Lene Gammelgaard, Martin Adams, Dale Kruse, David Breashears, Robert Schauer, Ed Viesturs, Paula Viesturs, Liz Cohen, Araceli Segarra, Sumiyo Tsuzuki, Laura Ziemer, Jim Litch, Peter Athans, Todd Burleson, Scott Darsney, Brent Bishop, Andy de Klerk, Ed February, Cathy O'Dowd, Deshun Deysel, Alexandrine Gaudin, Philip Woodall, Makalu Gau, Ken Kamler, Charles Corfield, Becky Johnston, Jim Williams, Mal Duff, Mike Trueman, Michael Burns, Henrik Jessen Hansen, Veikka Gustafsson, Henry Todd, Mark Pfetzer, Ray Door, Göran Kropp, Dave Heddleston, Chris Jillet, Dan Mazur, Jonathan Pratt e Chantal Mauduit.

Sou muito grato a meus editores da Villard Books/Random House, David Rosenthal e Ruth Fecych. Obrigado, também, a Adam Rothberg, Annik LaFarge, Dan Rembert, Diana Frost, Kirsten Raymond, Jennifer Webb, Melissa Milsten, Dennis Ambrose, Bonnie Thompson, Brian McLendon, Beth Thomas, Caroline Cunningham, Dianne Russel, Katie Mehan, Suzanne Wickham e Randy Rackliff.

Este livro começou com um artigo encomendado pela revista *Outside*. Minha gratidão especial a Mark Bryant, que vem editando meu trabalho com uma inteligência e uma sensibilidade fora do comum há quase quinze anos e a Larry Burke, que vem publicando meu trabalho há mais tempo ainda. Também contribuíram para meu artigo sobre o Everest Brad Wetzler, John Alderman, Katie Arnold, John Tayman, Sue Casey, Greg Cliburn, Hampton Sides, Amanda Stuermer, Lorien Warner, Sue Smith, Cricket Lengyel, Lolly Merrel, Stephanie Gregory, Laura Hohnhold, Adam Horowitz, John Galvin, Adam Kicks, Elizabeth Rand, Chris Czmyrid, Scott Parmalee, Kim Gattone e Scott Mathews.

Sou também muito grato a John Ware, meu magnífico agente. Obrigado, ainda, a David Schensted e Peter Bodde, da embaixada norte-americana em Katmandu, a Lisa Choegyal da Tiger Mountain e a Deepak Lama, da Wilderness Experience Trekking, por sua assistência depois da tragédia.

Por fornecerem inspiração, hospitalidade, amizade, informação e sábios conselhos, sou grato a Tom Hornbein, Bill Atkinson, Madeleine David, Steve Gipe, Don Peterson, Martha Kongsgaard, Peter Goldman, Rebecca Roe, Keith Mark Johnson, Jim Clash, Muneo Nukita, Helen Trueman, Steve Swenson, Conrad Anker, Alex Lowe, Colin Grissom, Kitty Calhoun, Peter Hackett, David Shlim, Brownie Schoene, Michael Chessler, Marion Boyd, Graem Nelson, Stephen P. Martin, Jane Tranel, Ed Ward, Sharon Roberts, Matt Hale, Roman Dial, Peggy Dial, Steve Rottler, David Trione, Deborah Shaw, Nick Miller, Dan Cauthorn, Greg Collum, Dave Jones, Fran Kaul, Dielle Havlis, Lee Joseph, Pat Joseph, Pierret Vogt, Paul Vogt, David Quammen, Tim Cahill, Paul Theroux, Charles Bowden, Alison Lewis, Barbara Detering, Lisa Anderheggen-Leif, Helen Forbes e Heidi Baye.

Fui ajudado pelos esforços dos companheiros escritores e jornalistas Elizabeth Hawley, Michael Kennedy, Walt Unsworth, Sue Park, Dile Seitz, Keith McMillan, Ken Owen, Ken Vernon, Mike Loewe, Keith James, David Beresford, Greg Child, Bruce Barcott, Peter Potterfield, Stan Armington, Jennet Conant, Richard Cowper, Brian Blessed, Jeff Smoot, Patrick Morrow, John Colmey, Meenakshi Ganguly, Jennifer Mattos, Simon Robison, David Van Biema, Jerry Adler, Rod Nordland, Tony Clifton, Patricia Roberts, David Gates, Susan Miller, Peter Wilkinson, Claudia Glenn Dowling, Steve Kroft, Joanne Kaufman, Howie Masters, Forrest Sawyer, Tom Brokaw, Audrey Salkeld, Liesl Clark, Jeff Herr, Jim Curran, Alex Heard e Lisa Chase.

BIBLIOGRAFIA SELECIONADA

ARMINGTON, Stan. *Trekking in the Nepal Himalaya*. Oakland, CA: Lonely Planet, 1994.

BASS, Dick, e WELLS, Frank, com RIDGEWAY, Rick. *Seven summits*. Nova York: Warner Books, 1986.

BAUME, Louis C. *Sivalaya: explorations of the 8000-metre peaks of the Himalaya*. Seattle: The Mountaineers, 1979.

CHERRY-GARRARD, Apsley. *The worst journey in the world*. Nova York: Carroll & Graf, 1989.

DYRENFUTH, G. O. *To the third pole*. Londres: Werner Laurie, 1955.

FISHER, James F. *Sherpas: reflections on change in Himalayan Nepal*. Berkeley: Universidade da Califórnia, 1990.

HOLZEL, Tom, e SALKELD, Audrey. *The mistery of Mallory and Irvine*. Nova York: Henry Holt, 1986.

HORBEIN, Thomas F. *Everest: the west ridge*. San Francisco: The Sierra Club, 1966.

HUNT, John. *The ascent of Everest*. Seattle: The Mountaineers, 1993.

LONG, Jeff. *The ascent*. Nova York: William Morrow, 1992.

MESSNER, Reinhold. *The crystal horizon: Everest — the first solo ascent*. Seattle: The Mountaineers, 1989.

MORRIS, Jan. *Coronation Everest: the first ascent and the scoop that crowned the queen*. Londres: Boxtree, 1993.

ROBERTS, David. *Moments of doubt*. Seattle: The Mountaineers, 1986.

SHIPTON, Eric. *The six mountain-travel books*. Seattle: The Mountaineers, 1985.

UNSWORTH, Walt. *Everest*. Londres: GraftonBooks, 1991.

JON KRAKAUER (1954) é norte-americano. Escreve para diversas revistas e jornais de circulação nacional nos Estados Unidos. Vencedor do prêmio do Clube Alpino Americano de literatura sobre montanhismo, já foi também finalista do National Magazine Award. É autor de *Na natureza selvagem*, *Sobre homens e montanhas*, *Pela bandeira do Paraíso*, *Onde os homens conquistam a glória* e *Missoula*, todos publicados pela Companhia das Letras.

1ª edição Companhia das Letras [1997] 3 reimpressões
2ª edição Companhia das Letras [1998]
3ª edição Companhia das Letras [1998] 8 reimpressões
1ª edição Companhia de Bolso [2006] 8 reimpressões

Esta obra foi composta pela Verba Editorial em Janson Text
e impressa pela Gráfica Bartira em ofsete sobre papel Pólen
da Suzano S.A. para a Editora Schwarcz em agosto de 2025

A marca FSC® é a garantia de que a madeira utilizada na fabricação do papel deste livro provém de florestas que foram gerenciadas de maneira ambientalmente correta, socialmente justa e economicamente viável, além de outras fontes de origem controlada.